AF532815

La Réunion
23 Tage
77 Tage
Richards Bay
dt
Neu-
kaledonien

DELIUS KLASING

Yann Quenet

Mein Tiny Boot

Im winzigen Segelboot einmal um die Welt

Aus dem Französischen
von Sarah Pasquay

DELIUS KLASING VERLAG

Für Corentin

INHALT

»Kommt, meine Freunde,
Noch ist es nicht zu spät, nach einer neuen Welt zu suchen. […]
Denn ich will segeln bis hinter die untergehende Sonne. […]
Und obwohl wir nicht die Kraft haben,
Die Erde und Himmel einst bewegte,
Sind wir doch, was wir sind:
Helden mit Herzen vom gleichen Schlag,
Geschwächt von Zeit und Schicksal,
Aber stark in dem Willen,
Zu streben, zu suchen, zu finden und nicht nachzugeben.«

Alfred Tennyson
Auszug aus dem Gedicht »Ulysses«

PRÄAMBEL

ERSTER VERSUCH: SCHIFFBRUCH MIT DER SKROWL

AUGUST 2015

Ich bin der König der Welt! Vor einer guten Woche bin ich von La Coruña in Spanien gestartet und habe gerade wieder ein heftiges Unwetter überstanden. Die SKROWL, mein 4,30 Meter langes Mini-Segelboot, mit dem ich vor zwei Monaten von der Bretagne aus zu einer Weltumrundung aufgebrochen bin, hat sich super geschlagen. Wir sind nur noch 450 Seemeilen von Madeira entfernt und bewegen uns in flottem Tempo auf die Insel zu. Ich genieße meine Reise bei weit geöffnetem Luk, höre Musik und überlasse das Steuern der Windsteueranlage, einer Art Autopilot, die mit Hilfe des Windes funktioniert und besser steuert als alle Matrosen der Welt zusammen.

Der König der Welt? Von wegen!

Gerade ist es dunkel geworden. Ich suche den Horizont ab um sicherzustellen, dass keine anderen Schiffe in der Gegend unterwegs sind. Dann stelle ich meinen Wecker so ein, dass er 45 Minuten später klingelt, mache es mir bequem und schließe die Augen.

Plötzlich ein gewaltiges Krachen. Ich bekomme einen Schwall Wasser ins Gesicht. »Que pasa?!« In einer Flut von Wasser und Gegenständen werde ich quer durch die Kajüte geschleudert. In Sekundenschnelle füllt sich das Boot mit Wasser. Meine Rettungsweste löst aus und katapultiert mich mit solcher Wucht nach oben, dass ich mit dem Kopf gegen die neue Decke pralle, die nur wenige Augenblicke zuvor noch der Boden war. Der Katapulteffekt ist so heftig, dass ich das Gefühl habe, über den Bug gekentert zu sein. Im Innern des Bootes hat sich eine Luftblase gebildet. Es ist dunkler als in einem Ofenrohr. Überall blubbert es. Ich muss dringend etwas unternehmen! Eine kleine Stimme sagt mir, dass ich ruhig bleiben soll, aber ich bin ruhig. Ein wenig schläfrig und ziemlich durchnässt, aber ruhig.

Ich schaffe es nicht mehr, mich im Boot zu orientieren, dabei ist es gar nicht groß. Die Taschenlampe! Ja, genau: die Taschenlampe! Die brauche ich zuallererst. Sie ist am Pfosten der Kombüse festgemacht. Ich finde den Pfosten, aber da ist keine Taschenlampe mehr. Das kann doch nicht wahr sein!

Ein kleiner Lichtschein treibt an mir vorbei: Es ist mein Tablet, das in einer luftgefüllten Plastiktüte steckt und Musik ausspuckt. Ein Typ mit hoher Stimme fleht seine Geliebte an, dass sie ihm bitte nicht die Zöpfe abschneiden soll – dieser Song wird mir in den folgenden Stunden nicht mehr aus dem Kopf gehen. Mir fällt ein, dass ich hier ganz in der Nähe noch eine zweite Taschenlampe festgemacht habe, eine wasserfeste Lampe, die nur fünf Euro gekostet hat, aber trotzdem gut ist. Ich finde sie und es wird hell.

Im Licht wirkt alles noch albtraumhafter: das grüne Wasser, die Paddel und hunderte Gegenstände, die an ihrem Platz bleiben sollten, treiben in einem Höllenlärm umher und stoßen gegeneinander.

Ich versuche, das Boot von rechts nach links zu krängen, in der stillen Hoffnung, dass es sich wieder aufrichtet. Dabei hatte ich doch beim Bau nach bestem Gewissen mithilfe von Augenmaß und sogenanntem gesunden Menschenverstand eine ganze Menge sehr, sehr komplizierter Berechnungen angestellt. Die Möglichkeit eines geöffneten Luks hatte ich dabei allerdings nicht bedacht. Jetzt, kopfüber und vollgelaufen, treibt das Boot mit der Nase im 45-Grad-Winkel gen Himmel gerichtet über das Meer. Da kann ich noch so viel in alle Richtungen zappeln, es bringt nichts. Die arme SKROWL hat ihre stabilste Position gefunden und präsentiert dem Mond ungeniert ihr Unterteil.

Und jetzt? Muss ich dringend die Tasche mit der EPIRB finden, meiner Notfunkbake. Als starker Legastheniker tue ich mich schon unter normalen Umständen sehr schwer damit, rechts und links zu unterscheiden. Jetzt muss ich mir auch noch alles umgekehrt vorstellen, da ja aus rechts links geworden ist und umgekehrt. Um mich zu konzentrieren, schließe ich einen Moment lang die Augen. Es gelingt mir, die Tasche im Geiste zu orten. Ich strecke den Arm nach ihr aus, aber sie ist zu weit weg. Ich muss mit dem Kopf unter Wasser tauchen, um sie zu erreichen, aber mit meiner Weste geht das nicht. Ich ziehe sie aus und sie wird Teil des umhertreibenden Durcheinanders. Geschafft, endlich habe ich die verdammte Tasche!

Es ist ein wasserdichter Rucksack, an den die EPIRB geschnürt ist. »Scheiße! Wie funktioniert das Ding nochmal?« Mit der Lampe zwischen den Zähnen versuche ich die Anweisungen zu lesen, aber ich sehe rein gar nichts. Ich drücke allerlei Knöpfe, das Gerät beginnt zu blinken. Keine Ahnung, ob der Alarm auslöst, das wird sich später zeigen. Ich setze mir den Rucksack auf.

Und dann beginne ich, meinen restlichen Verstand zusammenzuklauben. Ich muss jetzt die Prozedur in Gang setzen, die ich im Kopf viele Male durchgegangen bin. Als erstes muss ich die Rettungsinsel, die auf dem Boden im Innern des Bootes befestigt ist, nach draußen befördern. Ich durchtrenne die Halteriemen mit meinem Schweizer Messer, das ich immer bei mir trage. Keine Ahnung warum, aber ich dachte, durch das Gewicht der Rettungsinsel würde das Archimedische Prinzip neutralisiert und das Ding ließe sich leicht durchs Wasser nach unten drücken. Von wegen! Der hydrostatische Auftrieb ist enorm. Vergeblich versuche ich, das Mistding nach unten in Richtung Ausgang zu bewegen, aber es bleibt hartnäckig an der Decke kleben. Schließlich umklammere ich es mit beiden Beinen und drücke es mit meinem ganzen Körper nach unten. Auf diese Weise gelingt es mir, mit der Rettungsinsel unterzutauchen und sie durch das Luk zu schieben. Jetzt treibt sie wahrscheinlich unter dem Cockpit. Ich ziehe an der Leine, mit der die Rettungsinsel ausgelöst wird. Wie lang ist die denn bloß? Endlich erreiche ich die eigentliche Auslöseleine und ziehe heftig daran, damit die Insel sich aufbläst, und um zu sehen, ob sich das Boot durch den Stoß vielleicht wieder aufrichtet. Aber nichts geschieht … Ich habe nicht stark genug gezogen! Pech, darum kümmere ich mich später. Ich binde mir die Leine an der Taille fest. Meine Beine fangen langsam an zu schlottern; das liegt sicher an der körperlichen Anstrengung, aber auch an der Kälte und am Adrenalin.

Jetzt kommt der nächste Schritt: die große wasserdichte Notfalltasche sichern, die überlebenswichtige Ausrüstung und Lebensmittel für mehrere Tage enthält. Ich schnappe mir den Lifebelt der Rettungsweste und befestige die Tasche daran. Dann schaffe ich sie auf demselben Weg nach draußen wie die Rettungsinsel. Danach greife ich mir den kleinen Behälter mit den Signalraketen, die werden draußen schließlich nützlicher sein als hier drinnen, und befestige ihn an meiner Taille.

Eigentlich ist es langsam an der Zeit, zu tauchen und das Bootsinnere zu verlassen, aber ich darf nichts vergessen und zwinge mich zum Nachdenken. Ich trage Shorts und T-Shirt. Wenn ich jetzt rausschwimme, werde ich mir in den kommenden Stunden mächtig einen abfrieren. Die Kiste mit meinen Klamotten stößt schon seit einer Weile gegen meinen Rücken. Ich öffne sie, hole eine Hose und einen Pulli raus und lasse den Behälter davontreiben – einer weniger, der mich nerven kann. Ich ziehe mir die neuen Klamotten an. Ein Schuh treibt direkt vor meiner Nase entlang. Ihn ziehe ich ebenfalls an, dann bleibt wenigstens ein Fuß warm.

Meine Lampe zeigt erste Anzeichen von Schwäche. Ich spanne die Leine der Rettungsinsel, damit sie sich nicht irgendwo auf dem Weg zum Ausgang verhakt, öffne mein Schweizer Messer und mache mich bereit, jedes Seil zu zertrennen, das mir den Weg versperrt. Dann hole ich einmal tief Luft, nehme die Lampe zwischen die Zähne und tauche – gluck gluck gluck!

In meinem Kopf singt der Typ immer noch von der Geliebten und den Zöpfen. Verdammt nochmal! Der hat sich beim Text aber wirklich gar keine Mühe gegeben! Ich schwimme aus dem Boot, gefolgt von dem Behälter mit den Signalraketen. Geschafft! Endlich bin ich draußen. Ich klammere mich an eines der Ruderblätter und ziehe an dem Behälter, aber er hat sich irgendwo verklemmt. Er kann nicht weit weg sein, ich werde ihn bestimmt leicht wiederfinden. Ich binde ihn fest und versuche, auf den Schiffsrumpf zu klettern. Das ist eine einzige Rutschpartie, und die Wellen spülen mich immer wieder runter, aber irgendwie schaffe ich es nach oben. Ich klemme mich zwischen den Kiel und eines der Schwerter und wickele meine Leine auf. Puh, was für eine Schinderei!

Ich leuchte um mich herum. Der Mast treibt auf dem Wasser und schlägt wie ein durchgeknallter Bock gegen den Rumpf. Wie kann es sein, dass er nicht mehr im Boot steckt? Auch den Deckel des Vorluks sehe ich umhertreiben. Keine Ahnung, wie er sich losreißen konnte. Das Segel wabert im Wasser und das drachenartige Geschöpf darauf, das eine Art »S« für SKROWL bildet, scheint mich belustigt anzusehen. Das Segel! Na klar! Ich muss es herholen, um mich vor der Gischt zu schützen. Und auch die Spriet, die ich in einen der Schwertkästen stecken kann. Dann bin ich besser zu sehen, falls ich in den nächsten Tagen einem Schiff begegne.

Ich mache mich gerade für einen erneuten Tauchgang bereit, als ich in nicht allzu großer Entfernung die Lichter eines Frachters sehe. Nicht einen Moment kommt mir in den Sinn, dass er extra meinetwegen hier sein könnte. Mir fällt ein, dass ich ein Handfunkgerät und ein Rettungslicht in meinem Rucksack habe. Scheiße! Der Rucksack ist vollgelaufen, wohl doch nicht so wasserdicht. Nicht so schlimm: Die Funke steckt in einem Beutel mit ZIP-Verschluss. Dummerweise ist auch der Beutel voll Wasser. Die Funke schwimmt in ihrem eigenen Saft und lässt sich natürlich nicht einschalten. Ich hole das Rettungslicht heraus, schalte es ein und schwenke es in Richtung des Frachters. Es ist ziemlich unwahrscheinlich, dass das bei dem Wellengang funktioniert, denn ich selbst kann den Frachter nur zeitweise sehen.

Unglaublich! Da ist ein zweiter Frachter! Ich schwenke mein Licht im Rhythmus von »Geliebte, oh, meine Geliebte«. Was für ein idiotischer Song! Der erste Frachter entfernt sich, aber ich befinde mich offenbar auf einer Schifffahrtsroute. Hab ich ein Glück!

Nicht zu fassen! Ich sehe gleichzeitig die grünen und die roten Lichter des zweiten Frachters. Das bedeutet, dass er direkt auf mich zukommt. Er sucht das Meer mit seinen Scheinwerfern ab. Mir fällt die EPIRB wieder ein, sie hat also tatsächlich ausgelöst. Ich kann nicht glauben, dass ein so großes Schiff nur für mich von seiner Route abweicht. Das schmeckt mir nicht recht. Trotzdem schwenke ich mein Rettungslicht noch stärker und wechsele dabei immer öfter den Arm, denn meine Schultern tun langsam verdammt weh.

Plötzlich werde ich von einer riesigen Welle getroffen und mehrere Meter weit weggespült. Was für ein Schlag, Herr im Himmel! Ich bin ganz benommen. Zum Glück bin ich festgebunden. Schnell klettere ich wieder auf den Rumpf, aber ich habe die Taschenlampe und mein Schweizer Messer verloren. Mir bleibt nur noch das Rettungslicht, das ich an meinem Handgelenk befestigt habe. Als ich wieder auf dem Rumpf bin, ist der Frachter nur noch wenige hundert Meter entfernt. Ein Scheinwerfer ist auf mich gerichtet und blendet mich. Ich schwenke mein Licht, um ihm zu sagen, dass ich ihn auch sehe! (Manchmal frage ich mich wirklich, ob ich noch alle Tassen im Schrank habe.) Auf dem Vordeck erkenne ich drei Männchen mit orangefarbenen Anzügen und Helmen. Bestimmt verfluchen sie mich, dass sie meinetwegen bei diesem Wetter nach draußen müssen, anstatt in ihren warmen Kojen zu liegen.

50 Meter noch. Der Frachter kommt immer näher und hebt und senkt sich dabei um mehrere Meter. Das ist ziemlich beeindruckend. An Deck erkenne ich jede Menge Container. Ich muss mich konzentrieren, das wird jetzt brenzlig. Wenn ich nicht aufpasse, werde ich am Ende womöglich gegen den Rumpf des Frachters gequetscht. Ich löse die Leine von meiner Taille, behalte aber die

Schlaufe in der Hand. Ich habe keine Ahnung, wie sie mich hier auflesen wollen, also kann ich wenigstens versuchen, mich nicht allzu dumm anzustellen. Einer der orangenen Männer schwenkt ebenfalls ein Rettungslicht. Er hat sich getäuscht, wenn er glaubt, dass ich bei diesen Wellen, die mit enormer Wucht gegen die Metallwand schlagen, ins Wasser springe.

Gleich wird die SKROWL den Frachter berühren. Auf dem Gipfel einer Welle entdecke ich ein Speigatt mit einer angeschweißten Querstrebe – das ist der Moment! Ich lasse die Leine los, springe an die Strebe und halte mich daran fest, als hinge mein Leben davon ab, was ja gar nicht so falsch ist. Ich klammere mich so stark daran, dass niemand mich davon wegreißen könnte. Die SKROWL ist wieder mehrere Meter nach unten gesunken. Ich hänge über dem Abgrund.

Ein Witzbold direkt über mir schreit mir zu, dass ich ihm die Hand geben soll. Der hat Nerven! Ohne einen dritten Halt, auf den ich einen Fuß setzen kann, werde ich diese verdammte Strebe ganz bestimmt nicht loslassen. Wenn ich eine Hand löse, bin ich tot! Instinktiv hebe ich die Beine, denn ich habe Angst, dass mein geliebtes Boot sie zerquetscht aus Rache, dass ich es allein gelassen habe. Doch nichts dergleichen passiert. Ganz im Gegenteil: Dieses tapfere kleine Boot kommt mir ein letztes Mal zu Hilfe. Ich spüre etwas unter meinen Füßen. Das ist die SKROWL! Mithilfe einer Welle trägt sie mich mindestens einen Meter nach oben. Ich bekomme die Oberkante der Reling zu fassen. Ein kräftiges Paar Hände ergreift meinen Arm. Ich setze einen Fuß in das Speigatt, spüre, dass mein anderes Bein gepackt wird, und fliege – schwupps! – über die Reling in Sicherheit. Ich hätte es gern mit einem lässigen »Hallo Leute« versucht, aber das ist vermutlich etwas unhöflich, nachdem sie meinetwegen bei diesem Wetter nach draußen mussten.

Meine Retter lächeln über das ganze Gesicht und genau das tue ich in diesem Augenblick wahrscheinlich auch. Sie bedeuten mir, ihnen zu folgen. Der Frachter hat wieder seine Route aufgenommen. Er schwankt fast noch mehr als mein kleines, vollgelaufenes Boot, das bereits außer Sichtweite sein muss. Ich bringe es nicht über mich zurückzublicken.

Der Typ mit den Zöpfen und der Frauenstimme hat aufgehört zu singen.

EIN NEUES BOOT: DIE BALUCHON

Als ich ein paar Wochen später wieder zuhause in der Bretagne bin, ziehe ich Bilanz: Ich bin grandios gescheitert, aber alles andere als entmutigt. Meinen Traum von der Weltumsegelung aufzugeben kommt für mich nicht in Frage. Ich muss nur ein wenig Abstand gewinnen und versuchen zu analysieren, was schiefgelaufen ist.

Außerdem muss ich wieder ein bisschen Geld verdienen und darüber nachdenken, wie die Nachfolgerin der SKROWL aussehen könnte. Nach dutzenden schlaflosen Nächten und ebenso vielen Litern Tee, hunderten Entwürfen und neuen Ideen steht der Plan für mein neues Boot, die BALUCHON (dt. Bündel). Ich finde, der Name passt sehr gut, denn das Boot ist klein, leicht, schnell gebaut, ohne Schnickschnack und mit einem Spritzer Humor. Ganz anders als SKROWL. Dieser Name ist damals aus einer gelehrten Mischung aus »Krill« (kleine Tiefseegarnelen, von denen Wale sich ernähren) und »scow« (englische Bezeichnung für ein Flachboot, also ein Boot mit breitem Bug) entstanden und erscheint mir aus heutiger Sicht ein wenig zu kriegerisch, ja prätentiös.

Die vier Meter lange und 1,60 Meter breite BALUCHON unterscheidet sich ein wenig von der SKROWL. Sie ist schmaler, aber vor allem hat sie einen tieferen Kiel mit einem Wulst, eine Art stählerner Torpedo, der 150 Kilogramm wiegt und 90 Zentimeter unter der Wasserlinie liegt. Dadurch sollte sich das aufrichtende Moment, das der SKROWL so gefehlt hat, entscheidend verbessern und meine neue Reisegefährtin im Falle einer Kenterung nicht kopfüber im Wasser liegen bleiben. Jeder macht Fehler, aber man sollte versuchen, nicht zweimal denselben Fehler zu begehen.

Seit dem Tag, als mein Sohn flügge geworden ist und unser beider Nest verlassen hat um Compagnon du Devoir zu werden, ein Handwerksgeselle auf Wanderschaft, bin ich einerseits voller Stolz auf ihn, andererseitshabe ich auch das Gefühl, meine Pflicht jetzt getan zu haben. An diesem Tag habe ich beschlossen, mich künftig in erster Linie um mich selbst zu kümmern und nur noch schöne Dinge zu tun. Ich habe eine lange Liste mit Projekten, die ich unbedingt umsetzen will, bevor es zu spät ist. Vor allem will ich meinen alten Traum von einer Weltumsegelung verwirklichen.

Ich kündigte meinen sehr, sehr langweiligen Bürojob (den ich aufgrund einer gewissen Trägheit länger als nötig ausgeübt habe) in der französischen Bauaufsichtsbehörde DDE, der Direction départementale de l'équipement, um mich nur noch den Dingen zu widmen, die für mich von Bedeutung sind. Um meine geringen Lebenshaltungskosten zu decken, gründete ich parallel dazu ein Kleinstunternehmen zur Planung und Konstruktion kleiner Sperrholzboote. Das ist zwar eine spannende Tätigkeit, doch leider mangelt es mir an Cleverness und Geschäftssinn. Die Gewinne erwiesen sich als wenig vereinbar mit meinem Wunsch, schnell wieder in See zu gehen. Die finanziellen Mittel für meine zweite Reise aufzutreiben, kostete mich daher mehr Zeit als gedacht. Das könnte man dann wohl als »Preis der Freiheit« bezeichnen.

Im Frühjahr 2016, also acht Monate nach meinem Schiffbruch, beginne ich mit der Konstruktion der BALUCHON, wobei ich natürlich auch immer wieder Zeit für die Aufträge meiner Miniwerft aufwenden muss. Außerdem verbringe ich jeden Sommer mehrere Wochen in Kanada, um einem Freund bei der Restaurierung seines 20-Meter-Schoners zu helfen. Eine Zeit lang helfe ich auch meinem Freund Hervé Le Merrer bei der Vorbereitung seiner verrückten Atlantiküberquerung mit dem Ruderboot und unterstütze das Team von Yvan Bourgnon bei der Vorbereitung seines Plans, mit einem Sportkatamaran durch die Nordwestpassage zu segeln. Neben der Arbeit an meinem eigenen Boot arbeite ich also auch an anderen Booten mit. Im Herbst 2018 ist die BALUCHON komplett fertig, aber die Saison schon zu weit fortgeschritten, um einen Aufbruch zu wagen. Daher muss ich mich leider noch etwas gedulden.

Ich beschließe, von Lissabon aus zu starten, etwa auf dem gleichen Breitengrad, auf dem ich die SKROWL verloren habe – eine Art logische Fortsetzung meiner vorherigen Reise. Eine Rolle spielt dabei auch, dass die BALUCHON in Frankreich nicht behördlich zugelassen ist und ich nicht die vorgeschriebene Ausrüstung besitze, um in mehr als drei Seemeilen Entfernung von der Küste zu segeln. Mit einem Start von Lissabon entgehe ich also auch den kleinen Schikanen der französischen Bürokratie und laufe nicht Gefahr, von einem übereifrigen Beamten der Schifffahrtsbehörden am Auslaufen gehindert zu werden.

Seit meiner Heimkehr nach dem Missgeschick mit der SKROWL habe ich mir eine Menge Spott, beißende Kritik und »Ich hab's ja gleich gesagt«-Sprüche anhören müssen. Daher versuche ich mich so unauffällig wie möglich zu verhalten, aber die BALUCHON ist, trotz ihrer kleinen Größe, nicht wirklich unauffällig. Und meine Kumpels vom Hafen in Saint-Brieuc haben mühelos durchschaut, dass ich die geplante Weltumsegelung noch lange nicht an den Nagel gehängt habe. Mein Projekt sorgt für Gesprächsstoff auf den Bootsanlegern. Manche halten mich für einen großen Spinner. Andere haben erhebliche Zweifel an meinen Fähigkeiten und vergleichen sie mit ihren eigenen. Wieder andere behaupten aus reinem Trotz, dass es zwar vielleicht möglich, aber nicht sehr vernünftig wäre mit einem Vier-Meter-Boot aufs offene Meer zu fahren und dass die Idee ziemlich verrückt sei.

Ich unternehme einige Testfahrten auf See, bei denen ich prüfe, ob die BALUCHON gut schwimmt und vor allem, ob sie sich wieder aufrichtet, wenn sie gekentert auf dem Wasser liegt. Dann modifiziere ich einen winzigen Kippanhänger, indem ich eine Öffnung in die Mitte der Ladefläche fräse, um den Kiel dort einpassen zu können, kuppele das Ganze an meinen betagten Kleintransporter und verlasse eines schönen Morgens im Frühjahr 2019 die Bretagne mit Kurs auf das 1.700 Kilometer südlich gelegene Portugal, dem zweiten Ausgangspunkt meiner Reise zu fernen Zielen.

Frankreich, Spanien und Portugal auf kleinen Landstraßen zu durchqueren, ist ein Abenteuer für sich. Mein Anhänger entspricht nicht wirklich der Straßenverkehrsordnung und ist nicht versichert. Obendrein habe ich aus Nachlässigkeit den TÜV-Termin für meinen Transporter verstreichen lassen. Dessen Kupplung zeigt ernstliche Anzeichen von Schwäche, was mir große Sorgen bereitet. In den abgelegensten Winkeln Spaniens schaffe ich es nur mit Mühe und Not über einige ziemlich steile Pässe.

Da ich nicht sonderlich gern Auto fahre und nie die Autobahn nehme, brauche ich fast drei Tage bis nach Lissabon. Dort angekommen, will keine Marina mein Boot aufnehmen, obwohl es überall, wo ich frage, ganz offensichtlich genug Platz gibt (zumal für ein vier Meter langes Boot). Jedes Mal erhalte ich die Antwort, dass man im Voraus reservieren müsse, aber ich glaube, es liegt eher daran, dass mein wenig ansprechendes Äußeres und das seltsame Aussehen meines Bootes nicht wirklich den Standards portugiesischer Yachthäfen entsprechen. Nachdem ich fast einen ganzen Tag umhergefahren bin, finde ich endlich eine Werft, in der ich die BALUCHON für ein paar Tage auf dem Trockenen stehen lassen kann, während ich meinen Transporter nach Hause bringe (ich kann ihn natürlich nicht einfach hier zurücklassen).

Meine Rückkehr nach Portugal ist ebenfalls wunderschön: 25 Stunden Busfahrt, die ich sehr genieße. Ich bin zwar ebenso kontaktfreudig wie eine alte, leere Batterie, aber ich beobachte gern Menschen, vor allem in öffentlichen Verkehrsmitteln und ganz besonders in Überlandbussen. Dort trifft man einen völlig anderen Typ Mensch als im Zug oder im Flugzeug – die meisten sind einfachere Leute. Ich liebe es mir auszumalen, welche Berufe die einzelnen Fahrgäste ausüben und was für ein Leben sie führen. Mein Sitznachbar zum Beispiel ist ein knorriger, alter Portugiese, der einen leicht verschlissenen Anzug trägt. Die Vorstellung, dass er seit Ewigkeiten in Frankreich malocht und nur von Zeit zu Zeit in sein abgelegenes Dorf in Portugal zurückkehrt, bewegt mich zutiefst. Auch wenn ich ihm, nachdem er an meiner Schulter eingeschlafen ist, am liebsten einen kräftigen Stoß mit dem Ellbogen versetzen würde. Das einzig wirklich Ärgerliche auf der Reise ist, dass mein Rucksack im Laderaum des Busses komplett geplündert wird. Die Leinen, Blöcke, Klemmen und die nagelneue französische Flagge, die ich noch in letzter Minute für meine kleine BALUCHON eingepackt habe, bleiben verschwunden.

WARUM EIN SO KLEINES BOOT?

Zunächst einmal möchte ich klarstellen, dass meine Entscheidung, in einem Miniboot zu reisen, keineswegs damit zu tun hat, dass ich Aufmerksamkeit erregen oder mich interessant machen will. Allein die Vorstellung verursacht mir Unbehagen und entspricht so gar nicht meinem Selbstverständnis.

Zu meinem Glück gibt es bereits einen Rekord mit einem noch kleineren Segelboot: Ein Australier namens Serge Testa hat in den 80er-Jahren auf einem 3,60 Meter langen Boot die Welt umrundet. Ihn zu übertrumpfen, interessiert mich ebenso wenig wie ein Eintrag im Buch der Rekorde. Dieses alberne Spiel, bei dem es darum geht, wer das kleinste hat – das Gegenteil des berühmten, weit verbreiteten Wettbewerbs um das Größte –, entspricht nicht wirklich meinem Plan. Mir geht es nur darum, in aller Einfachheit zu segeln. Obwohl der Rumpf des kleinsten Bootes, das erfolgreich um die Welt gesegelt ist, nur 3,60 Meter lang war, besaß es allerdings noch einen Bugspriet. Die Gesamtlänge unserer Boote dürfte sich letztlich also kaum unterscheiden.

Die Idee, mit einem ganz kleinen Boot zu segeln, ist nach und nach entstanden. Sie ist das Ergebnis jahrelanger Überlegungen, Konstruktionen und Fahrten auf mehr oder weniger großen Segelschiffen.

Der wahre Grund, warum ich mich für diese Art Boot entschieden habe, mag aber auch darin liegen, dass große Schiffe für die Großen gemacht sind, für Menschen mit gesicherten Lebensverhältnissen, die ein komfortables, massives Haus einem Baumhaus vorziehen. Im Grunde meines Herzens sehe ich mich trotz meines immer näher rückenden 50. Geburtstags eher als kleinen Jungen denn als verantwortungsbewussten Erwachsenen. Die Freude, die ich beim Bauen und Segeln meiner kleinen »Spielzeugboote« empfinde, gleicht der eines Kindes, das ein Modellsegelboot bastelt und sich darauf freut, es auf einem Bach oder dem Teich der nahegelegenen Grünanlage auszuprobieren.

Für fast alle gilt: Bevor man sich ein Boot anschafft, muss man ein bisschen gearbeitet und Geld gespart haben, um es sich leisten zu können. Und wenn man einmal eins besitzt, bringt es stets eine Vielzahl technischer und finanzieller Probleme mit sich, die es fortwährend zu lösen gilt, was auf die Dauer sehr anstrengend werden kann. Auf einem Segelboot geht alles eines Tages kaputt, nichts hält ewig. Dadurch ist man gezwungen, noch mehr zu arbeiten, um diese verdammte Nussschale seetüchtig zu halten.

Ich erzähle niemandem etwas Neues, wenn ich sage, dass unsere Zeit auf Erden begrenzt ist. Meiner Ansicht nach sollte man sie daher besser zum Segeln anstatt zum Finanzieren und Instandhalten eines Bootes nutzen. Wobei ich zugeben muss, dass es manchen auch echte Freude bereitet, Zeit in die Pflege ihres Bootes zu stecken und es mit der modernsten Ausrüstung auszustatten. Das muss man respektieren, doch bei mir verhält es sich anders: Je weniger Zeit ich am Kai oder bei der Arbeit zubringe, desto besser.

Ich wollte ein Boot haben, das sich einfach segeln und günstig herstellen lässt und auf das man sich verlassen kann (also ein Faulenzerboot). Aber auf keiner Bootsmesse dieser Welt findet man ein solches Boot, aus dem einfachen und sehr guten Grund, dass diejenigen, die Boote entwerfen und bauen, ebenso wie diejenigen, die sie kaufen, komplizierte und wenig verlässliche Boote haben wollen. Das mag paradox klingen, es sei denn, man ergänzt das Lastenheft noch um Geschwindigkeit und Komfort, zwei Merkmale, auf die ich wenig Wert lege und die die modernen Segelkreuzer unendlich kompliziert und problemanfällig machen.

Da ich die Dinge gern selbst in die Hand nehme, beschloss ich, das Boot in Eigenregie zu entwerfen und zu konstruieren. Das brachte eine weitere Vorgabe im Anforderungskatalog mit sich:

Es musste sich megaschnell bauen lassen. Ich hatte keine Lust, mich jahrelang mit dem Bau eines Bootes zu befassen. Ein weiterer interessanter Vorteil: Ein Miniboot lässt sich sehr einfach auf dem Landweg transportieren, ohne dass dafür ein Auto mit besonders starkem Motor erforderlich wäre. Die Vorstellung, ein Land auf diese Weise zu durchqueren und zu besichtigen, erschien mir sehr verlockend, genau wie die Möglichkeit, das Boot fernab eines Yachthafens oder einer Werft einzulagern für den Fall, dass es auf unbestimmte Zeit an Land bleiben müsste. Das gab mir ein noch größeres Gefühl von Freiheit und Gelassenheit.

In Bezug auf die Sicherheit erschien mir das Abenteuer nicht gefährlicher, als es auf den ersten Blick wirkt. Vor allem, wenn ich das Boot von Anfang an so konzipierte, dass es unsinkbar und selbstaufrichtend war. Bei sehr schlechtem Wetter verhält sich ein sehr kleines, leichtes Boot wie ein Korken und bietet den Elementen nur wenig Angriffsfläche. Für mich wäre es im Innern des Bootes natürlich nicht sehr komfortabel, aber solange ich nicht in Küstennähe unterwegs wäre, stünden die Chancen gut, dass ich wieder rauskäme (vorausgesetzt, ich vergaß nicht, das Luk zu schließen!). Außerdem hatte ich das Boot von Anfang an so konzipiert, dass ich es komplett vom Einstiegsluk aus steuern kann. So brauchte ich kein richtiges Cockpit und muss auch nicht auf dem Deck herumturnen – die Hauptursache für tödliche Unfälle auf Segelbooten.

Durch die Kombination all dieser Faktoren näherte ich mich nach vielen Stunden des Nachdenkens dem Konzept des sehr kleinen, hochseetauglichen Bootes. Zuerst dem der SKROWL und dann, unter Berücksichtigung ihrer Mängel, dem der BALUCHON. Um die Sache noch etwas spannender zu machen, setzte ich mir das Ziel, für die BALUCHON mit einem maximalen Budget von 4.000 Euro (meine Ersparnisse zu Beginn der Arbeiten) und einer Bauzeit von 400 Stunden auszukommen – meiner Meinung nach hilft ein gewisser Zeitdruck sehr dabei, ein Projekt erfolgreich abzuschließen.

Ich habe es fast geschafft, diese Vorgaben einzuhalten. Allerdings brauchte ich noch etwa 100 weitere Arbeitsstunden, um den Kiel schwerer zu machen und hier und da ein paar Dinge zu verändern, sowie weitere 1.500 Euro um Segelausrüstung zu kaufen: einen günstigen elektrischen Autopiloten, zwei Batterien, zwei kleine Solarpaneele, ein gebrauchtes Handfunkgerät und einen persönlichen Notsender sowie einen AIS-Empfänger. AIS (Automatic Identification System) ist ein Funksystem, mit dem Informationen etwa über den Namen, die Größe, die Geschwindigkeit oder den Kurs von Schiffen in der Umgebung sowie über das Alter des Kapitäns und einige andere, nicht ganz so nützliche Dinge gesammelt werden. Das Versenden eines AIS-Signals ist normalerweise für Frachter und Schiffe ab einer bestimmten Tonnage vorgeschrieben. Bei einem solchen Budget war natürlich weder ein Motor noch ein ausgereiftes Navigationssystem drin und auch kein noch so kleines Gerät, über das ich mit dem Festland kommunizieren könnte.

Ich muss auch dazusagen, dass es mir nur dank eines gewissen Sinns für Wiederverwertung gelungen ist, mit diesem Budget zurechtzukommen. Der Kiel zum Beispiel hat mich nur die acht Bolzen gekostet, mit denen ich ihn am Rumpf befestigt habe. Er ist komplett aus zwei ein Zentimeter dicken Stahlblechen hergestellt, die ich vor einigen Jahren aus einer im Abriss befindlichen Fabrik bei mir in der Nähe mitgenommen habe, ergänzt um ein paar hier und da aufgelesene Bleistücke. Ähnlich verhält es sich mit der Farbe und einem Großteil der Schrauben, die hauptsächlich aus Überresten meiner früheren Boote und Werftprojekte stammen. Das Plexiglas für meine Luken erhielt ich im Tausch gegen eine Platte Sperrholz und einige Reste exotischen Holzes. Die Decksluken hingegen habe ich gebraucht für wenig Geld gekauft. Etwa 40 Prozent meines Gesamtbudgets gingen für den Kauf von zwei Carbonstangen drauf, aus denen ich meinen Mast herstellte, sowie für die professionelle Anfertigung des Segels.

Man muss kein genialer Schiffsarchitekt sein, um sich klarzumachen, dass es für den Entwurf eines Minibootes nicht ausreicht, ein größeres Boot zu kopieren oder sich von ihm inspirieren zu lassen und es dann zu verkleinern. Das nennt man »Extrapolation« und Extrapolationen führen im Bootsbau wie anderswo häufig zu idiotischen, wenig wirklichkeitstauglichen Ergebnissen.

Egal, ob man als Einhandsegler auf einem Boot von zehn oder vier Metern Länge unterwegs ist: Die benötigte Menge an Trinkwasser, Lebensmitteln und Grundausrüstung ist dieselbe, im letzteren Fall ist sie sogar noch größer, da die Fahrt logischerweise länger dauert. Deshalb musste ich einen speziellen Rumpf entwickeln, der im Verhältnis zu seiner Größe viel Ladung aufnehmen kann, ohne dadurch zu viel Tempo zu verlieren. Das erforderte natürlich eine Menge Gehirnschmalz. Mein Ziel war nicht, ein besonders schnelles Boot zu haben. Trotzdem galt es, eine komplizierte Gleichung zu lösen: Je länger eine Überfahrt dauert, desto mehr Lebensmittel und Trinkwasser müssen mit an Bord, aber je schwerer das Boot beladen ist, desto langsamer kommt es voran, desto länger dauert also die Überfahrt ... Wie man sieht, ist es gar nicht so einfach, den Rumpf eines ganz kleinen Bootes zu entwerfen.

Außerdem wollte ich eine ziemlich bizarre Theorie in die Praxis umsetzen, die mir seit geraumer Zeit durch den Kopf ging. Schon seit einigen Jahrzehnten vollzieht sich bei der Konzeption der Rümpfe von Einrumpf-Renn- und -Fahrtenbooten ein bedeutender Wandel: Von schmalen, schweren, tiefen Rümpfen, die das Wasser wie ein Messer zerteilen, ist man nach und nach zu leichteren, flacheren Rümpfen übergegangen, deren Verhalten ein bisschen an das eines Löffels erinnert, den man über das Wasser gleiten lässt, oder sogar an das eines Kiesels, den man über das Wasser flitscht, oder eines Surfbretts. Dieser Wandel erklärt teilweise die unglaubliche Leistungssteigerung bei Segelbooten in den vergangenen Jahren. Betrachtet man die Form eines modernen Einrumpfbootes von unten, stellt man fest, dass der vordere Teil an der Wasserlinie relativ breit ist. Die Schwierigkeit für Yachtkonstrukteure besteht darin, dieses Volumen mit einem Bug zu kombinieren, der so schmal ist, dass er beim Stampfen in den Wellen das Wasser schneidet anstatt es zu verdrängen. Nun ist die Stampfbewegung bei einem ganz kleinen Boot aber praktisch gleich null (im Gegensatz zur Rollbewegung, die sehr stark ausgeprägt ist). Ein spitz zulaufender Bug, wie man ihn bei den meisten Booten findet, ist theoretisch also überhaupt nicht zu rechtfertigen. Im Grunde dürfte das allgemeine Verhalten eines sehr kleinen Bootes eher dem eines Schlittens im Schnee ähneln als dem eines großen, spitz zulaufenden Bootes, das kraftvoll die Wellen zerteilt. Ein fast quadratischer Bug hat meiner Meinung nach nichts Ketzerisches, ganz im Gegenteil. Er hat auch den Vorteil, dass er das Ladevolumen deutlich erhöht und verhindert, dass man bei unkontrollierten Surfs in den Wellen steckenbleibt. (Was mich in meiner Entscheidung bestärkte, ist die Tatsache, dass sich diese Art Bug bei einigen Hochseerennbooten, vor allem in der Mini-Klasse, immer mehr verbreitet.) Natürlich ist das alles sehr grob zusammengefasst und vereinfacht dargestellt. Die Regeln der Hydrodynamik sind ein wenig komplexer. Aber im Großen und Ganzen sind es diese Gedanken, die meinen Überlegungen zugrunde liegen.

Auch über die Takelung wollte ich ganz neu nachdenken. Heutzutage sind die meisten Segelboote mit zwei mehr oder weniger dreieckigen Segeln ausgestattet: eines vor dem Mast und eines dahinter. Diese Art Takelung, das Ergebnis einer jahrzehntelangen Entwicklung, eignet sich bestens für Regatten oder auch für schnelle Segeltörns und Fahrten mit einer Crew, ist aber für das gemütliche Einhandsegeln, insbesondere auf einem Miniboot, nicht wirklich praktisch. Außerdem ist so ein System , meiner Meinung nach, sehr empfindlich, da es aus Hunderten von kleinen Teilen mit komplizierten Namen besteht: Wanten, Püttinge, Wantenspanner, Salings, Bolzen, Splinte, Blöcke, Schäkel, kilometerlange Leinen aller Art und einer Rollreffanlage für das Vorsegel, die allein schon Lager,

Kugellager und eine ganze Menge anderer Dinge enthält, die nicht wirklich an die Meeresumgebung angepasst sind. Wenn auch nur eines dieser Teile bricht, fällt der Mast mit großer Wahrscheinlichkeit um, was ziemlich ärgerlich wäre. Deshalb versuchte ich, das Rigg so einfach und schlicht wie möglich zu halten, einerseits, um es verlässlicher zu machen, andererseits, um es einfacher bedienen zu können. Dafür konstruierte ich es selbstdrehend und vereinfachte das System zum Verkleinern der Segelfläche weitestmöglich.

Im Gegensatz zu meinem Projekt, bei dessen Planung ich von einem völlig unbeschriebenen Blatt ausgehen konnte, hat sich die Konstruktionsweise größerer Segelkreuzer langsam weiterentwickelt und verbessert. Jeder Schiffsarchitekt, jeder Erfinder, jeder Wettkampfsegler hat nach und nach seinen Teil dazu beigetragen. Das hat jene sehr leistungsstarken Rumpf- und Riggformen hervorgebracht, die man heute bei den meisten Segelbooten findet. Die Erfahrungen meiner wenigen Vorgänger, die ihre ganz kleinen Hochseebooten sicher wie ich auf recht empirische Art und Weise konzipiert haben, waren mir hingegen nicht sehr nützlich. Aber sie zeigten mir, dass es durchaus möglich ist, auf einem solchen Boot auf hoher See zu segeln.

Da ich ein absoluter Autodidakt bin, sowohl als Schiffsdesigner wie auch als Schiffsbauer und Segler, hatte ich einen großen Vorteil gegenüber Kollegen mit langjähriger Erfahrung in ihrem jeweiligen Bereich: Ich war nicht von einem von Gewohnheiten und Konventionen geleiteten Denksystem beeinflusst und konnte die Pläne für mein Boot immer weiter vereinfachen, ohne meine Arbeit und mein mühsam angeeignetes Wissen abzuwerten und deshalb Komplexe zu bekommen. Ich konnte mir problemlos extreme Kompromisse erlauben, alle Parameter und Schwierigkeiten zusammenfassen ohne endlose Besprechungen abzuhalten oder mich wegen jeder Kleinigkeit über mich selbst ärgern zu müssen und wurde auch nicht mit den ewigen Egoproblemen konfrontiert, die bei jeder Teamarbeit auftreten.

Beim Bau des Bootes ging ich nach einer Methode vor, die ich ganz besonders mag. Sie besteht darin, gleichzeitig mit drei Materialien zu arbeiten:

1. Sperrholz: großen Platten, die aus sehr dünnen Holzlagen bestehen, die mit wechselnder Faserrichtung im 90-Grad-Winkel aufeinander geklebt sind.

2. Glasfaser: eine Art sehr festes Gewebe.

3. Epoxidharzkleber: ein sehr widerstandsfähiger Zweikomponentenkleber, den man entweder so verwenden kann wie er ist oder zu einer mehr oder weniger festen Masse verdicken kann, mit der die Sperrholzplatten miteinander verbunden werden können und Glasfasergewebe auf Holz geklebt werden kann.

Mit nur diesen drei Materialien, etwas gesundem Menschenverstand, einer Stichsäge, einem Spachtel, einer Schere zum Zuschneiden von Glasfasergewebe, einer Küchenwaage zum Dosieren der Klebstoffmischung und natürlich einem Schweizer Messer kann man ein superrobustes Boot bauen. Die einzige wirkliche Einschränkung besteht darin, dass man Epoxidharzkleber unter 18 Grad Celsius nicht wirklich verwenden kann. Das bedeutet: Wer in gemäßigten Breiten lebt, muss entweder seinen Arbeitsraum im Winter beheizen oder den Bootsbau in den Sommer verlegen (auch auf die Gefahr hin, ein paar Klischees zu entlarven: Selbst in der Bretagne ist das für ein paar Monate im Jahr durchaus möglich!).

Was ich mit alldem sagen will: Es hat mir einen Riesenspaß gemacht, die SKROWL und später die BALUCHON zu entwerfen und zu bauen. Denn um zur bestmöglichen Rumpfform, dem bestmöglichen Segel und der bestmöglichen Ausrüstung zu gelangen, bedurfte es neuer Richtlinien, neuer Denkansätze und radikaler Innovationen. Und dabei habe ich stets darauf geachtet, die Dinge so einfach wie möglich zu halten.

Klar, ich habe zwei Boote gebraucht, um ein bestimmtes Ergebnis zu erzielen, das sich sicher noch verbessern lässt. Aber diese Boote zu bauen, war für mich ein echtes Abenteuer und Vergnügen.

ERSTER TEIL: DER ATLANTIK

ÜBERFAHRT LISSABON-KANARISCHE INSELN
MAI 2019

Ich finde meine geliebte BALUCHON genauso vor, wie ich sie vor zwei Wochen verlassen habe. Wunderhübsch steht sie mit ihrem schönen neuen Anstrich in der Werft, von der aus man über den Tejo blickt. Mein kleiner Korken scheint es kaum erwarten zu können, endlich in See zu gehen, aber so eingezwängt zwischen all den portugiesischen Militärschnellbooten und den großen Yachten, die hier zur Reparatur oder zum Überwintern liegen, erscheint mir mein Boot plötzlich winzig.

Wie als Anspielung glaube ich in der Ferne die SETE CIDADES vorbeifahren zu sehen, den Frachter, der mich vor fast vier Jahren gerettet hat. Er ist eines der Schiffe, die zwischen den Azoren und dem Festland hin und her fahren.

Wie üblich verhalte ich mich unauffällig. Wenn mich jemand fragt, wohin ich mit diesem seltsamen Boot will, antworte ich stets, dass ich plane irgendwo im Süden an der Küste entlang zu segeln, ohne genauere Angaben zu machen – eine völlig falsche Information, denn ich habe keinerlei Absicht, in Küstennähe zu segeln. Das mag ich überhaupt nicht. Man kann dabei nie seine Gedanken schweifen lassen, muss immer konzentriert sein und die Gezeiten sowie die Lage der Strömungen, der Felsen und der unzähligen Klippen im Kopf haben. Außerdem muss man permanent auf den Wetterbericht, die Fischerbojen und die anderen Boote achten. Außer zum Broterwerb, für Regatten, zum Angeln oder zum Angeben gibt es für mich keinen triftigen Grund, den Felsen oder anderen Gefahren zu nahe zu kommen. Auf hoher See fühle ich mich sehr viel wohler und sicherer. Außerdem kann ich dort niemandem auf die Nerven gehen (außer wenn ich mich in einer kritischen Lage befinde, mit dem Kiel nach oben, mitten in der Nacht, bei einem Unwetter … Aber ich gehe nicht davon aus, dass mir ein solches Missgeschick noch einmal passiert).

Mein Plan ist einfach: Ich will die BALUCHON am späten Nachmittag zu Wasser lassen und im Schutz der Dunkelheit unauffällig aufs offene Meer hinausfahren, mich also aus der Welt der Landbewohner davonstehlen. Das Ziel meiner weiteren Reise besteht, grob gesagt, darin, die Passatwinde zu erwischen, die auf Höhe der Tropen von Ost nach West rund um den Globus wehen, und ihnen so lange wie möglich zu folgen. Tief in mir drin träume ich immer noch davon, eine komplette Weltumsegelung zu wagen, aber jetzt, da es ernst wird, erscheint mir dieser Traum wie eine Art Trugbild: schwer erreichbar und etwas zu groß, um Wirklichkeit zu werden. Wenn ich es bis nach Polynesien oder sogar Australien schaffe, wäre das fabelhaft, aber im Moment wird mir schon schwindelig bei der Vorstellung, den Atlantik zu überqueren. Ich habe seltsame, widersprüchliche Gefühle, eine Mischung aus Angst und Aufregung.

Die größte Schwierigkeit bei einer Weltumsegelung besteht darin, genau zu überlegen, wann man am sinnvollsten lossegelt um das Risiko, in richtig schlechtes Wetter zu geraten, möglichst klein zu halten. Man kann natürlich auch auf den Wetterbericht pfeifen und aufs offene Meer hinausfahren, wann immer es einem beliebt, ganz gleich, ob mitten im Winter in Regionen mit Tiefdrucksystemen oder mitten im Sommer in Regionen mit hohem Risiko für Wirbelstürme. Ozeanüberquerungen sind immer mit gewissen Unwägbarkeiten verbunden, selbst bei großen Schiffen. Aber zur falschen Saison zu starten und sich damit wissentlich in Schwierigkeiten zu bringen, ist nicht wirklich ratsam.

Mit dem Start in Lissabon habe ich nicht nur das Problem der Biskaya-Überquerung gelöst, die selbst im Hochsommer sehr anstrengend sein kann. Er bietet auch wettertechnisch einige Vorteile. Aus eigener Erfahrung weiß ich, dass auch an den portugiesischen Küsten starke Winde herrschen können, doch ab Mai setzen für gewöhnlich Nordwinde ein, der sogenannte portugiesische Nortada. Genau diese Winde will ich für den Beginn meiner Reise abpassen, auch wenn ich dann auf den Kanaren einige Monate auf die richtige Saison für die Atlantiküberquerung warten muss, die etwa im November beginnt.

Diese erste Etappe von Lissabon bis zu den Kanarischen Inseln ist für mich nur eine Art Probelauf und nicht mein eigentlicher Start. Wenn alles klappt wie geplant, will ich die BALUCHON den Sommer über auf einer der Inseln lassen und in die Bretagne zurückkehren, um etwas Geld zu verdienen, mit dem ich dann so lange wie möglich hinkommen will. Ich kann mir natürlich auch unterwegs kleine Jobs suchen, aber auf der stark frequentierten Passatroute ist es sehr wahrscheinlich, dass ich mit allerlei anderen Freizeitseglern konkurrieren muss, die gute Chancen haben, mir jeden noch so kleinen Job wegzuschnappen, weil sie sich besser verkaufen und mit Leuten umgehen können als ich. Und für den Fall, dass sich die BALUCHON auf dieser kurzen Strecke nicht so verhält wie erwartet, kann ich die Zeit auf den Kanaren nutzen, um Veränderungen vorzunehmen und meine Reise dann unter besseren Bedingungen fortzusetzen. Doch zu meiner großen Überraschung verhält sich die BALUCHON ganz fabelhaft und übertrifft meine Erwartungen bei weitem.

Die Vorstellung, ganz allein auf einem Segelboot unterwegs zu sein, Tag und Nacht bis zur Erschöpfung das Ruder zu bedienen und dabei die eigenen physischen und psychischen Reserven mehr als nötig zu beanspruchen, muss für viele Menschen einem Höllentrip gleichkommen. Dabei sieht die Wirklichkeit anders aus. Schon lange bedient kein Einhandsegler mehr das Ruder, abgesehen von ein paar Regattaseglern, die noch einen Zehntelknoten mehr rausholen wollen. Und das ist oft wenig produktiv, denn in der Regel steuern die Autopiloten viel besser als ein Mensch und zwar ohne sich je zu beschweren oder zu ermüden.

Kurzer technischer Exkurs: Es gibt zwei Arten von Systemen, mit denen ein Segelboot sich selbst steuern kann. Das eine ist der elektrische Autopilot, bei dem ein elektronischer Kompass den Kurs vorgibt und ein Elektromotor eine kleine Schubstange antreibt, die entweder an der Pinne zieht oder wegdrückt, um den Kurs zu korrigieren. Ein solches Gerät findet man auf den meisten Booten. Es hat den Vorteil, dass es einfach zu bedienen und zu installieren ist, aber, wie der Name schon sagt, braucht es Strom, um zu funktionieren. Zudem ist es sehr empfindlich und lässt sich auf hoher See kaum reparieren. Das andere System zur automatischen Steuerung von Booten ist die Windfahnensteuerung. Dabei wird eine große Windfahne entsprechend der Windrichtung eingestellt. Wenn das Schiff aus dem Kurs läuft und sich damit der Windeinfallwinkel verändert, setzt die Windfahne einen Mechanismus in Gang, der auf das Ruder wirkt und das Schiff wieder auf Kurs bringt. Die Windfahnensteuerung ist meiner Meinung nach das genialste und autonomste System, das es gibt. Man kann es sogar recht einfach selbst bauen, wenn man ein bisschen findig ist und ein gewisses handwerkliches Geschick besitzt (die Windsteueranlagen, die man im Handel findet, sind völlig überteuert und viel zu kompliziert und leistungsstark für ein einfaches Vier-Meter-Boot). Im Gegensatz zum elektrischen Autopiloten lässt sich eine Windsteueranlage fast immer reparieren. Für meine Reise schien mir diese Art der Steuerung sehr viel besser geeignet als ein elektrischer Autopilot.

Um jedoch eine Windsteueranlage zu konzipieren, die perfekt auf das Boot abgestimmt ist, muss man das Segelverhalten dieses Bootes genau kennen und viele Tests auf dem Meer unter ganz verschiedenen Bedingungen durchführen. Daher will ich diese erste Etappe nutzen, um das Segelverhalten der BALUCHON genau zu beobachten und dann eine möglichst einfache und funktionale Windfahnensteuerung entwerfen und bauen. Da sich die BALUCHON aber so tadellos verhält, ist die Herstellung einer solche Anlage gar nicht notwendig. Als ich in Lissabon starte, habe ich lediglich einen kleinen elektrischen Autopiloten, der sich als völlig ausreichend erweist, um mein Boot über viele Seemeilen zu steuern. Das hängt auch mit einer weiteren Besonderheit meiner BALUCHON zusammen: ihrer Besegelung.

Damit sich ein Boot selbst steuert, müssen die Segel, ganz gleich nach welcher Takelung, perfekt ausgetrimmt und die Segelfläche darf weder zu groß noch zu klein sein. Letzteres lässt sich leicht herausfinden: Ist das Boot luvgierig, also neigt es dazu, den Bug in den Wind zu drehen, hat es zu viel Segelfläche. Neigt es dazu abzufallen, also dreht das Heck in den Wind, ist es zu wenig. Liegt es ausgeglichen auf dem Ruder, ist es genau richtig eingestellt. Die BALUCHON hat den unbestreitbaren Vorteil, dass sie nur ein einziges Segel besitzt, das an einem einzigen Mast befestigt ist. Dieser besteht aus einer einfachen Carbonstange, die sich um die eigene Achse dreht. Dadurch kann die Segelfläche im Handumdrehen verkleinert oder vergrößert werden und da sie sich quasi quadratzentimetergenau einstellen lässt, kann sich die BALUCHON praktisch selbst steuern. Der elektrische Autopilot wird kaum gebraucht. Er setzt nur hin und wieder kurz die Schubstange in Bewegung, ohne die ganze Energie zu verbrauchen, die meine beiden Solarpaneele liefern. Diese Methode ist natürlich nur auf das Fahrtensegeln anwendbar. Bei Regatten (oder wenn man nicht so gern auf hoher See unterwegs ist und so schnell wie möglich wieder an Land will) sollte man mit größtmöglichem Segel fahren. Die Autopiloten leiden allerdings darunter und verbrauchen sehr viel mehr Strom.

Die Überfahrt zu den Kanarischen Inseln ist ein echtes Vergnügen bei großartigem Wetter. Die BALUCHON erweist sich als ideales Boot, quasi das beste Boot der Welt. Doch nichts auf dieser Welt ist wirklich perfekt. Als ich in Sichtweite der Insel Lanzarote und in Reichweite eines Mobilfunknetzes komme, erhalte ich eine Nachricht auf meinem Handy. Ich höre die Mailbox ab und bin ich wie vom Donner gerührt. Vor meiner Abreise hat man mir einen

Tracker geliehen, ein kleines Gerät, das ein Signal an einen Satelliten versenden soll, der dann über einen Internetlink, den ich an Familie und Freunde verschickt habe, auf einer Karte meine Position anzeigt. An Land würde man so wissen, wo ich bin und könnte meine Route mitverfolgen. Ich hatte diesen verdammten Tracker vor meiner Abreise ausprobiert. Er funktionierte perfekt. Also habe ich jeden Abend wie ein gehorsamer kleiner Soldat auf den Knopf dieser kleinen orangenen Box gedrückt. Tja, aber so ein Tracker frisst unglaublich viel Strom. Trotz neuer Batterien ist bereits nach vier Tagen kein Signal mehr rausgegangen, ohne dass mir das aufgefallen wäre. An Land haben alle begonnen, sich Sorgen zu machen. Diese Sorgen wurden noch verstärkt durch die sozialen Netzwerke und vor allem das begrenzte Vertrauen meiner Angehörigen und Freunde in meine Segelfähigkeiten und die Zuverlässigkeit meines Bootes (als gäbe es da eine Vorgeschichte!). Es ist eine große Aufregung entstanden, von der ich nichts ahnte. Sogar die Seenotrettung ist darüber informiert worden, dass ein Komiker ganz illegal aufs offene Meer hinausgefahren ist und man seit einer Woche weder von ihm noch von seinem Boot gehört hat. Als ich davon erfahre, fühle ich mich sehr unwohl ... Ich hasse es zu telefonieren, bin nun aber gezwungen, die Seenotrettung anzurufen, damit sie die Suchaktion abbläst, die gerade auf die Beine gestellt wird. Das verhagelt mir die Laune.

Dieser Tracker hat mich in eine sehr unangenehme Lage gebracht. Ich überlege, ihn künftig nicht mehr zu benutzen. Letztlich bringt diese Technologie vor allem Querelen mit sich. Wenn ich je ein Problem haben sollte, habe ich eine EPIRB, die ich natürlich nur im größten Notfall auslösen will, nicht wie bei meinem Schiffbruch mit der SKROWL. Was auch immer passiert: Ich allein entscheide und niemand anders. Doch die Unabhängigkeit, die ich um jeden Preis haben wollte, ist gerade dabei, in eine Art extreme Abhängigkeit umzuschlagen. Eine Überwachung, der ich nicht mal mitten auf dem Ozean entkommen kann. Und daran bin ich selbst schuld.

Ich habe den anderen die Möglichkeit gegeben, auf meinen Verantwortungsbereich Einfluss zu nehmen und das hat zu großen Scherereien geführt. Ich habe kein Problem damit, mit ein paar Leuten an Land Kontakt zu halten, mein Abenteuer ein wenig mit ihnen zu teilen, aber meine Freiheit will ich dafür auf keinen Fall opfern. Was mich eigentlich am meisten stört, ist meine eigene widersprüchliche Haltung. Wenn ich nicht will, dass man sich Sorgen um mich macht, kann ich doch einfach losfahren, ohne mit dem Rest der Welt zu kommunizieren. Viele andere haben genau das getan und werden es noch tun. Ich stecke in einer Zwickmühle: Ich will ein radikales Abenteuer erleben, möchte es aber gern teilen – offenbar lässt sich das nicht gut miteinander vereinbaren.

ÜBERQUERUNG DES ATLANTIKS: HAFEN VON ARRECIFE AUF DER INSEL LANZAROTE, KANARISCHE INSELN

NOVEMBER 2019

Vier lange Monate habe ich meine geliebte BALUCHON allein gelassen, um mir mühsam ein bisschen Geld für die Weiterreise zu verdienen. Jetzt sind wir endlich wieder vereint. Ich bin ganz ergriffen. Ich sehne mich so nach dem offenen Meer. Das Boot ist fast startklar. Ich muss nur noch meine Kanister mit etwa 60 Litern Wasser befüllen und ein bisschen Proviant einkaufen: rund 30 Dosen Ölsardinen und ebenso viele Portionen chinesische Nudeln, trockene Kekse, Beuteltee und Tomatensauce – dann bin ich bereit für die Atlantiküberfahrt. Außerdem investiere ich in Zitronensaftkonzentrat und gemahlenen Ingwer für meinen Tee.

Das Problem ist, dass ich ganz hinten im Hafen liege. Nicht bei den anderen auslaufenden Segelbooten, sondern bei den kleinen lokalen Fischerbooten. Eigentlich ist das völlig egal, es passt mir sogar gut in den Kram, weil mein Boot hier vor Blicken und Fragen geschützt ist. Aber von hier aus ist es ohne Motor ein verdammt langer Weg bis zum offenen Meer. Es wäre natürlich ein Leichtes, einen Fischer zu finden, der mich an den Haken nimmt. Aber um Hilfe zu bitten, kommt nicht in Frage.

Normalerweise bläst der Wind genau am Hafeneingang extrem stark. Doch ausgerechnet heute Morgen ist das Meer spiegelglatt, was bestimmt nur etwa einmal im Jahr vorkommt. Das ist sicher ein Zeichen: Es ist Zeit aufzubrechen. Nachdem ich das Boot eine halbe Stunde mit dem Wriggriemen vorwärtsbewegt habe, rolle ich endlich das Segel aus: »Ich bin frei! Endlich frei!«, soll die Prinzessin mit der anstrengenden Stimme gejohlt haben. Mein Ziel:

Fünf, sechs Tage lang genau nach Süden segeln, dann nach Westen abdrehen und Pi mal Daumen einen Punkt in der Karibik ansteuern – das ist die sogenannte Passatroute.

Der erste Tag verläuft ohne Probleme, sogar ohne die geringste Seekrankheit, die mich auf dem offenen Meer manchmal erwischt. Das lässt sich gut an! In der Nacht wird der Wind stärker. Ich lasse die Insel Fuerteventura an Steuerbord liegen; es wird unruhig und nass. Für die Nacht ziehe ich mich ins Boot zurück und verschließe das Luk.

Am nächsten Morgen habe ich höllische Kopfschmerzen, es geht mir gar nicht gut. Ich strecke den Kopf aus dem Luk und übergebe ich mich über Bord. Aber da ich am Vortag nichts gegessen habe, kommt nichts raus. Mein Bauch tut verdammt weh. Keine Ahnung, was ich habe, ich fühle mich total elend. Einen Moment lang erwäge ich, solange dafür noch Zeit ist, Kurs auf die Insel Gran Canaria zu nehmen, die noch querab liegt, aber eine kleine innere Stimme sagt mir, dass das nicht in Frage kommt. Wir fahren weiter, komme was wolle. Niemals zurück, ganz gleich, was passiert.

Ich brauche einen großen Teil des Tages, um zu begreifen, dass ich mich nach und nach mit meinem eigenen Kohlendioxid (und vermutlich auch mit anderen Körpergasen) vergifte. Das Boot wird offensichtlich nicht ausreichend belüftet. Ich werde mich darauf einstellen müssen: Entweder ich muss alle 15 Minuten an die Luft, tief einatmen, dann zurück in die Kajüte und dort eine weitere Viertelstunde die Luft anhalten. Oder ich lasse das Luk einen Spalt breit geöffnet und mich alle fünf Minuten von den Wellen beregnen. Ich entscheide mich für Letzteres. Die Weiterreise könnte also ein bisschen feucht werden!

Da mir das Unglück mit der SKROWL noch gut in Erinnerung ist, ängstigt mich das nicht vollständig verschlossene Luk ein wenig. Ich löse das Problem, indem ich eine Wäscheklammer ein Stück weit in die Öffnung klemme und den Deckel des Luks mit einem Spanngummi fixiere. Bei Gefahr oder wenn sich das Boot auf die

Seite legt, muss ich nur an einer Schnur ziehen. Dann springt die Wäscheklammer heraus und das Spanngummi verschließt sofort das Luk. Diese instabile Vorrichtung beruhigt mich zwar, jagt mir aber auch gehörige Schrecken ein: Manchmal springt die Wäscheklammer von selbst heraus und das Luk schließt sich mit lautem Klatschen, was mich jedes Mal hochschrecken lässt.

Obendrein rollt die BALUCHON so sehr, dass mein Körper auf meiner Matratze, die mit einer Art sehr solidem, aber auch sehr scheuerndem Nylon überbezogen ist, ununterbrochen hin und her geschleudert wird. Meine Haut fühlt sich an, als hätte jemand sie mit Schleifpapier bearbeitet und beginnt, weh zu tun. Wenn ich bei meiner Ankunft noch Haut haben will, muss ich schnell etwas unternehmen. Um mich zu schützen, ziehe ich eine Hose und ein Sweatshirt über, aber jetzt sterbe ich fast vor Hitze. Also lege ich eine Plastikplane über die Matratze und binde meinen Kleidersack an der einen Seite der Koje fest, damit ich nicht mehr hin und her fliegen kann. Das funktioniert einigermaßen, auch wenn die Plane ein bisschen klebt, was nicht sehr angenehm ist.

Nach drei Tagen auf See habe ich mich endlich so weit eingewöhnt, dass ich beginnen kann, die kleinen Alltagsprobleme eines nach dem anderen zu lösen. Der Wind ist stark, und das Boot flitzt wie ein Rennwagen mit nur einem winzigen Stück Segel über die Wellen. Das macht wirklich Spaß, aber das Rollen ist furchtbar. Kochen kann ich vergessen. Ich habe keine Wahl, die Küche wird wohl kalt bleiben. Ich finde heraus, dass man chinesische Nudeln gar nicht in heißem Wasser garen muss. Es funktioniert auch mit kaltem Wasser wunderbar. Das gleiche gilt für den Tee, man muss ihn nur ein bisschen länger ziehen lassen.

Ich versuche einmal am Tag den Tracker in Gang zu setzen. Dieses Mal wechsele ich alle vier bis fünf Tage die Batterien. Allmählich gewöhne ich mich an die Vorstellung, überwacht zu werden. Meinen paar Kumpels und meiner Familie macht es Freude, meine Reise mitzuverfolgen, und ich habe an mir gearbeitet, sodass es mich nicht mehr allzu viel belastet. Trotzdem habe ich vor meiner Abfahrt klargestellt, dass ein ausbleibendes Signal nicht zwangsläufig bedeutet, dass ich mit Mann und Maus untergegangen bin.

Ich bin gern allein auf See. Das gibt mir ein Gefühl von Macht, als wäre ich eine Art König. Was ein Glück! Es gibt im Leben nicht viele Gelegenheiten, König zu werden. Klar, ich muss keine Kriege führen, keine Bündnisse schließen, keine Komplotte vereiteln und nicht den Ansturm einer Menge wunderbarer Kurtisanen erdulden, die zu allem bereit sind um in meine Koje zu gelangen. Aber man darf sich nicht täuschen lassen: König eines vier Meter langen Reiches zu sein, bedeutet auch Arbeit! Man muss das Segel trimmen, seine Position auf der Karte im Blick behalten, den Kurs in den Autopiloten eingeben, ihn von Zeit zu Zeit ölen, damit er nicht wie ein halb verhungertes Triceratops-Baby brüllt, Essen zubereiten, ein bisschen aufräumen und ... und das ist eigentlich alles! Da bleibt noch ziemlich viel Raum für andere schöne Dinge. Wenn die Zeit es erlaubt, kann ich zum Beispiel:

- lesen
- das Meer betrachten
- Musik hören
- Filme schauen
- Liegestütze machen
- schreiben
- zeichnen
- das Meer betrachten
- mir neue Boote ausdenken
- von den Projekten träumen, die ich nach meiner Rückkehr nach Frankreich angehen will
- schlafen
- an ganz viele Dinge denken
- an nichts denken
- singen und die Möwen ärgern
- das Meer betrachten

Auf einem so kleinen Boot allein auf hoher See zu sein, bedeutet für die meisten normalen Menschen schreckliche Langeweile. Doch nach einer gewissen Zeit merke ich gar nicht mehr, wie die Tage vergehen. Es ist, als triebe ich durch die Zeit, so wie ich über das Meer treibe. Die Zeit ist auf den gegenwärtigen Moment zusammengeschrumpft, die Vergangenheit in weite Ferne gerückt und die Zukunft absolut ungewiss. Vielleicht passiert gar nichts und ich erreiche mein nächstes Ziel ohne Zwischenfälle. Vielleicht erlebe ich aber auch Stürme oder gerate in Seenot, werde von Seeungeheuern, blutrünstigen Piraten oder bezaubernden Meerjungfrauen angegriffen. Was kommt, das kommt. Ich bin ein König, also werde ich bis zuletzt kämpfen. Aber ich muss mir nicht den Kopf über Dinge zerbrechen, die vielleicht gar nicht eintreten.

Die einzigen Momente, in denen mich die Wirklichkeit einholt, sind die, wenn ich einem anderen Boot begegne. Das kommt zwar selten vor, aber manchmal eben doch. Wenn die Route dieses Eindringlings meine eigene Route nicht kreuzt, stört mich das nur ein kleines bisschen. Ich bin ein großherziger König. Jeder hat das Recht auf meinen Gewässern zu fahren, auch ohne meine hochherrschaftliche Erlaubnis. Aber wenn ich von meinem Kurs abweichen muss, ärgert mich das sehr. Ich brauche immer eine Weile, bis ich mir grummelnd eingestehe, dass auch für einen König die Regel gilt, dass das kleinere Boot das größere passieren lassen muss.

Der starke Wind hält die ganze erste Woche über an und wird dann gut zwei Wochen lang etwas besser zu handhaben. In dieser Zeit ist das Segeln ein echter Genuss. Die BALUCHON läuft ganz von selbst wie eine Große. Aber wegen des verdammten, nicht ganz verschlossenen Luks muss ich die Kajüte ständig mit dem Schwamm auswischen, um sie einigermaßen trocken zu halten. Außerdem muss ich meinen ganzen Körper abspülen, ihn komplett mit Kölnisch Wasser einreiben und mit einer Feuchtigkeits- und Wundcreme einschmieren – letztere besteht aus einfachem Melkfett, das man für Kühe verwendet und dessen Wirksamkeit an ein

Wunder grenzt. Dank dieser Grundbehandlung, die ich zweimal täglich durchführe, und obwohl ich sehr empfindliche Haut habe und mein Körper quasi ständig in Kontakt mit dem Meerwasser ist, habe ich nicht das kleinste Wehwehchen an der Haut.

Als ich endlich die Möglichkeit habe ein bisschen zu kochen, motiviert mich das nicht im Geringsten. Generell empfinde ich das Zubereiten von Essen eher als Belastung. Angesichts meiner Vorräte kann ich mir auch kaum raffinierte Gerichte kochen. Angeln wäre eine gute Möglichkeit, meine Mahlzeiten etwas aufzupeppen und mich mit frischen, kostenlosen Proteinen zu versorgen. Manche meinen, man müsse schon ein echter Idiot sein, um sich nicht an den schönen, glänzenden Fischen zu bedienen, von denen es im Ozean nur so wimmelt und die nur darauf warten, gefangen zu werden. Für viele ist das Angeln der einzige triftige Grund, sich aufs Meer hinauszuwagen und ein Boot zu haben. Ich hingegen angele selten. Erstens hat mir kein Fisch je etwas getan, also muss ich ihnen auch nichts antun. Völlig fadenscheinige Ausrede eines viel zu sensiblen Jungen, der sich seine Nahrung nie selbst suchen musste, sondern immer in den Supermarkt um die Ecke gehen konnte. Um meine Argumentation noch ein wenig mehr ad absurdum zu führen: Auf See esse ich fast täglich Fische, die andere gefangen, gegart und in kleine, praktische Blechdosen verpackt haben. Aber der wahre Grund, warum ich ein so ein miserabler Angler bin, ist wahrscheinlich einfach der, dass das Angeln auf einem winzigen, ständig rollenden Segelboot wirklich schwierig und überhaupt nicht praktisch ist. Da man sich mit einer Hand immer irgendwo festhalten muss, kann man an Bord kaum etwas mit beiden Händen tun. Eine Schleppleine mit einem Fisch, der meist größer ist als ein Arm, mit nur einer Hand einzuholen, ist alles andere als einfach. Und wenn der Fisch noch größer ist, besteht eine hohe Wahrscheinlichkeit, dass es zu einer Neuauflage von *Der alte Mann und das Meer* kommt, was ebenfalls ziemlich dumm wäre. Und selbst wenn es mir mit großer Anstrengung gelingen sollte, einen Fisch in mein winziges Cockpit zu ziehen, würden damit die Probleme erst anfangen. Ich müsste ihn mit einer Hand töten und zerlegen, mit dem einzigen Messer an Bord, einem Schweizer Messer, dessen Klinge kaum sieben Zentimeter lang ist. Und da ich das arme Tier unmöglich in meinem Topf zubereiten könnte, der kaum größer ist als eine große Kaffeetasse, müsste ich es roh verzehren. Obendrein könnte ich nur die Menge des Inhalts einer Sardinenbüchse zu mir nehmen, da mein Magen daran gewöhnt ist, sich mit dieser Tagesration zu begnügen. Den Rest des Fisches, den ich unter tropischen Bedingungen ohne Kühlschrank nicht aufbewahren und auf meinem ständig von den Wellen überspülten Cockpit auch nicht in der Sonne trocknen lassen könnte, müsste ich ins Meer zurückwerfen. Das würde seine Kumpels freuen, mir aber ein Gefühl von Verschwendung geben. Einen prächtigen Fisch kaltzumachen, nur um ein winziges Stück davon herauszuschneiden und den Kadaver dann ins Meer zu werfen, erscheint mir etwas fies. Die Fische haben in dieser Hinsicht mehr Sinn fürs Praktische. Wenn ich eines Tages versehentlich ins Wasser fallen sollte und dort so lange bliebe, bis ich ertrinke, würde sich kein Fisch dieser Welt solche existenziellen Fragen stellen. Sie würden mich umgehend und ohne Zögern auffressen und nicht das kleinste Stückchen Fleisch an meinem Gerippe lassen. Und sie hätten damit Recht.

Einige wenige Male esse ich frischen Fisch, wenn ich am frühen Morgen in meinem Cockpit ein paar fliegende Fische finde. Ich mariniere sie dann in etwas konzentriertem Zitronensaft, den ich normalerweise für meinen Tee benutze. Aber man darf die Flügel nicht mitessen. Sie bleiben oft im Hals stecken, was ein unangenehmes Räuspern verursacht, das mehrere Tage anhält. Außerdem schmecken in industriellen Zitronensaft eingelegte fliegende Fische nicht wirklich gut.

Anders als bei den meisten Menschen wirkt es sich nicht auf meine Stimmung aus, wenn ich jeden Tag das Gleiche esse. Das

Einzige, was für mich auf See wirklich unverzichtbar ist und mich zutiefst glücklich macht, ist, wenn ich spüre, wie mein Boot die Wellen rauf und runter segelt und der Horizont immer weiter zurückweicht. Auf gutes Essen und Getränke, wie man sie an Land bekommt, kann ich problemlos verzichten.

Im Großen und Ganzen verläuft meine weitere Überfahrt ohne größere Hindernisse, abgesehen von einem für mich äußerst seltsamen Problem: Die BALUCHON fährt zu gut, so gut, dass ich davon ein wenig plemplem werde. Ein Teil von mir berechnet immer wieder den Tag meiner Ankunft, als wollte ich einen Rekord brechen. Einen Rekord brechen – das ergibt keinen Sinn! Ich habe dieses Boot nur aus einem einzigen Grund entworfen und gebaut: um mir eine Freude zu machen. Ich muss niemandem etwas beweisen. Warum also dieses Verhalten?! Vielleicht will ich tief in mir drin den anderen zeigen, dass mein Boot nicht so lächerlich ist, wie es scheint. Ich hoffe zweifellos auf eine Art Anerkennung. Das finde ich zwar bescheuert, aber es beschäftigt mich trotzdem weiterhin. Von wegen Einzelgänger!

Dieses Problem hätte durchaus ein unbedeutendes bleiben können, hätte nicht der Wind nach etwa 20 Tagen fast ekstatischer Fahrt nach Süden gedreht und dann allmählich nachgelassen, bis er schließlich komplett abflaut. Das Meer ist jetzt spiegelglatt, und meine tapfere kleine BALUCHON kommt fast einen ganzen Tag lang in der höllischen Hitze nicht vom Fleck. Da wird mir klar, dass irgendetwas nicht stimmt. Der Teil von mir, der immer die Seemeilen gezählt hat, löst sich ab. In meinem Wahn stelle ich mir vor, dass der Wind niemals wiederkommt, dass ich monatelang dort stecken bleiben werde und die ganze Welt feststellen wird, dass dieses komische Boot nichts anderes ist als eine gewöhnliche, rot angestrichene Badewanne. Ich versuche mich zur Vernunft zu bringen und mir zu sagen, dass das alles nicht wichtig ist, aber die Gedanken lassen mich nicht los. Auch ein kleiner Schwimmausflug rund um mein Boot und eine ordentliche Portion Nudeln mit

Tomatensauce können nichts daran ändern (in diesem Moment sehne ich mich nach einem Spiegelei mit Speck und einer Scheibe frischem Brot).

In der nächsten Nacht kommt von Südwesten ein zaghafter Wind auf. Das zwingt mich, meinen Kurs von Martinique auf Guadeloupe zu korrigieren: 40 Seemeilen pro Tag hoch am Wind – das ist besser als nichts! Meine Stimmung bessert sich ein wenig. Dann dreht der Wind auf Süd und wird etwas stärker. Mich erwischen ziemlich viele Windböen und der Himmel wird immer dunkler. Den ganzen Nachmittag über schüttet es aus Kübeln. Zeitweise ist der Himmel so dunkel, dass die Solarpaneele keinen Strom mehr erzeugen. Ich muss alle Stromkreise unterbrechen, auch den für die Positionsbeleuchtung, damit der Autopilot noch ein bisschen Saft abbekommt. Dann kehrt endlich der Ostwind zurück und die BALUCHON nimmt wieder volle Fahrt auf. Meine Stimmung steigt. Dämliche Rekorde spielen keine Rolle mehr, es gibt nur noch das reine Vergnügen. Das ist letztlich alles, was zählt.

Am Vormittag des 29. Tages, nach etwas mehr als 3.000 durchsegelten Seemeilen, erkenne ich am Horizont einen dunklen Fleck, die Île de la Désirade. Dann, am Nachmittag, Guadeloupe. Ich bin sehr froh und stolz auf mein kleines Boot: Seine Durchschnittsgeschwindigkeit lag bei etwas mehr als 4 Knoten, also 105 Seemeilen pro Tag, trotz einer eintägigen Flaute und ein bisschen Gegenwind. Das ist für ein Boot dieser Größe gar nicht mal schlecht – und macht Hoffnung für die weitere Reise.

GUADELOUPE

Als ich die Pointe des Châteaux, die östlichste Spitze der Insel, erreiche, beginnt es gerade dunkel zu werden. Pointe-à-Pitre ist noch rund 20 Seemeilen entfernt. Da ich von der Überfahrt etwas erschöpft bin und die Küste von Fischerbojen übersät ist, die in der Nacht schwer zu sehen sind, beschließe ich, in die Bucht von Saint-François einzufahren. Der Ankerplatz erscheint mir nicht allzu schlecht. Aber gerade als ich auf einer langen Welle durch die Fahrrinne surfe, wobei ich einige Ängste ausstehe, bemerke ich meinen Fehler: Der ziemlich kräftige Passatwind steht genau auf die Einfahrt; hier wieder rauszukommen, wird nicht einfach. Ich schimpfe innerlich mit mir selbst. Regel Nummer Eins beim Segeln lautet: Nur in Buchten hineinfahren, aus denen man leicht wieder herauskommt, wenn das Wetter schlechter wird. Nun, das ist hier nicht wirklich gegeben. Aber ich bin so müde und so euphorisch darüber, endlich angekommen zu sein, dass ich das Problem auf morgen verschiebe. Ich werfe den Anker zwischen große Katamarane, diesen schwimmenden Einzimmerwohnungen, die bei Freizeitkapitänen immer mehr zum Standard werden.

Einen Moment lang überkommt mich die Lust, an Land zu gehen und mir ein schönes Hacksteak mit Pommes zu gönnen. Doch die Vorstellung, im Dunkeln bis zum Strand zu schwimmen, schreckt mich ab. Ich mache mich über eines meiner letzten Päckchen chinesischer Nudeln her; dazu gibt es Tomatensauce aus Tomatenkonzentrat. Ich weiß nicht, ob es daran liegt, dass ich wieder an Land bin, aber ich finde dieses Abendessen ausgesprochen widerlich. Das Niveau meiner Küche ist wirklich verbesserungswürdig.

Am nächsten Morgen bemerke ich die Landschaft. Sie ist bezaubernd: türkisblaues Wasser, weißer Sand, Palmen, die sich im

Passatwind wiegen – ein echtes Postkartenidyll. Sofort wandert mein Blick zur Einfahrt der Bucht, wo Touristenschiffe und Saintoises (schnelle, kleine Fischerboote) ein- und ausfahren. Wie komme ich bloß ohne Motor hier wieder raus? Es gibt zwar noch eine zweite, inoffizielle Fahrrinne, die in einem besseren Winkel zum Wind liegt, der mit über 25 Knoten bläst. Aber meine Karte gibt eine Wassertiefe von nur 70 Zentimetern an. Bei Flut kann man dort wahrscheinlich rausfahren, aber ich kenne die Zeiten nicht. Außerdem scheint es mir etwas gefährlich, dort entlangzufahren, ohne über die Lage der Korallenriffe Bescheid zu wissen, insbesondere bei solchem Wind.

Ein motorisiertes Dingi bietet an, mich an Land zu bringen – da sage ich nicht nein. Ich stürze in das erstbeste Café mit WLAN, um meine Ankunft zu verkünden. Ich habe keine Ahnung, ob der Tracker dieses Mal funktioniert hat und möchte nicht noch einmal eine so übertriebene Suchaktion auslösen. Offenbar hat er funktioniert. Auf meiner Facebook-Seite finde ich sogar ein paar Kommentare, die ich leider nicht alle lesen kann. Die Zeit reicht gerade so, um ein »Gut auf Guadeloupe angekommen« zu posten. Dann gibt der Akku meines Smartphones seinen Geist auf; ich habe vergessen, ihn zu laden.

Als die Kellnerin mir die Rechnung für den Kaffee bringt, den ich bestellt habe um Zugang zum Internet zu erhalten, bekomme ich vor Schreck einen Hustenanfall. Ist das teuer! Das Leben auf den Antillen ist generell nicht billig und Saint-François eine Art Touristenfalle mit völlig überteuerten Preisen. Ich habe meinen Ankerplatz wirklich schlecht gewählt. Beim Blick auf die Karten der umliegenden Restaurants vergeht mir endgültig der Appetit auf ein Hacksteak. Von meinem restlichen Bargeld kaufe ich in einem Supermarkt einen Trinkjoghurt und ein paar Bananen.

Als ich per Dingi-Anhalter auf die BALUCHON zurückkehre, fühle ich mich ziemlich unwohl. Dies ist ganz und gar nicht der richtige Ort für einen Zwischenstopp. Ich beschließe, eine Schleppleine vorzubereiten und das erste motorisierte Boot heranzuwinken, das an mir vorbeikommt. Es ist mir unangenehm, um Hilfe zu bitten, aber ich muss so schnell wie möglich aus dieser Falle raus. In diesem Moment taucht ein Schwimmer neben mir auf. Der Anblick meines seltsamen Bootes versetzt ihn in Staunen. Er ist vom Fach, kennt sich mit allem aus, was mit Schiffen zu tun hat. Wir plaudern eine lange Weile. Letztlich ist es hier doch nicht so schlecht. Mein neuer Freund rät mir zum Bleiben und zeigt mir, wo ich mein Miniboot besser verankern kann. »Hier ist es viel besser als in Pointe-à-Pitre. Da ist es heiß und wimmelt von Kakerlaken.«

Ich bleibe mehrere Tage in Saint-François, auch wenn das für mich nicht wirklich praktisch ist, denn um meine Wasser- und Lebensmittelvorräte aufzufüllen, muss ich an Land schwimmen. Aber die Verlängerung meines Zwischenstopps ermöglicht es mir herauszufinden, wie ich die Bucht selbständig wieder verlassen kann. Über eine kleine Fahrrinne kann ich den Fischereihafen erreichen, den die Saintoises ansteuern, die die Bucht durchqueren. Es gibt nur ein kleines Problem: Dieser kleine Meeresarm wird von einem Steg überspannt, der eine Durchfahrtshöhe von nur drei Metern hat. Aber da der Wind günstig steht, beschließe ich, mit gelegtem Mast darunter durchzufahren. Das Mastlegen auf der BALUCHON ist ein Kinderspiel, da der Mast gerade mal sieben Kilo wiegt. Der Vorgang dauert nur wenige Sekunden. Ich bewege das Boot mit dem Wriggriemen unter dem Steg hindurch und stelle den Mast gleich dahinter wieder auf. Mein Kumpel, der Schwimmer, begleitet mich auf dieser kurzen Überfahrt bis nach Pointe-à-Pitre. Zu zweit auf der BALUCHON zu sein, ist schon ein wenig grenzwertig, aber dank unserer guten Laune und unserer gemeinsamen Leidenschaft für Boote können wir die Fahrt trotzdem genießen.

Der Empfang in der Marina Bas-du-Font in Pointe-à-Pitre ist ein wenig kühl. Der Angestellte, der keinen guten Tag zu haben scheint, erklärt mir, dass man weit im Voraus anrufen muss, um einen Liegeplatz zu bekommen. Wahrscheinlich denkt er, dass ich mit meinem Beiboot gekommen bin und an irgendeinem Ankerplatz mein größeres Boot auf mich wartet. Nach einigem Zögern und da sich immer mehr Neugierige um die BALUCHON versammeln, weist er mir einen Platz an einem Steg zu, der für kleine lokale Motorboote reserviert und gut vor Blicken geschützt ist. Der Preis ist völlig in Ordnung, ich habe es nicht schlecht getroffen. Jetzt muss ich mich nur noch auf meine Weiterreise vorbereiten.

Im Allgemeinen mag ich Zwischenstopps nicht sonderlich, selbst wenn die Landschaften bezaubernd sind. Ich fühle mich an Land selten wohl. Außerdem spüre ich, dass mein Boot unglücklich ist, wenn es an einem Kai oder Steg festgebunden liegt oder wie ein gewöhnlicher Köter an einer Ankerkette hängt. Anders als die großen Ritte auf offenem Meer langweilen mich Landgänge. Das heißt ... sie haben mich gelangweilt, denn mit diesem ersten Halt beginnt für mich ein ziemlich eigenartiger Prozess: das allmähliche Aufbrechen des Panzers, in dem ich seit sehr, sehr langer Zeit gefangen bin.

Ich bin zwar schon mit meinem alten Boot, der LITTLE BIGORNEAU, ein wenig herumgekommen, einem antiken, neun Meter langen Riesensegelschiff aus Holz, das schneller verrottete, als ich es reparieren konnte. Aber bislang ist es mir nie gelungen, Kontakte zu knüpfen oder die Begegnungen, die man auf Reisen normalerweise macht, wirklich wertzuschätzen. Ohne es eigentlich wirklich zu wollen, fange ich dank meiner BALUCHON ab diesem Zwischenstopp in Guadeloupe an zu kommunizieren. Alle möglichen Leute kommen spontan auf mich zu. Sie fragen sich: Wer ist der Typ auf diesem komischen Boot? Und ich frage mich, warum sie sich das fragen.

Ich bewundere die verrückten Typen aufrichtig, die regelmäßig auf allen möglichen seltsamen Gefährten, vom Fass bis zum Tretboot, den Atlantik überqueren, aber ich selbst zähle mich nicht dazu. Meine Reise ist mir bisher ziemlich einfach erschienen und mein Boot nicht so anders als die anderen Segelboote, die jedes Jahr zu hunderten die Karibik ansteuern. Es ist einfach ein bisschen kleiner. Doch auf die anderen wirkt die BALUCHON so untypisch und sie weckt so viel Neugier, dass ich quasi auf einen Schlag vom einsamen, komplett anonymen Wolf mit dem Charisma einer leeren Konservendose zu einem ziemlich normalen Typen werde, der sich mühelos ein paar Kumpels macht. Während meines zweimonatigen Zwischenstopps knüpfe ich praktisch mehr freundschaftliche Kontakte als in den 30 Jahren zuvor (und das ist nur der Anfang; dieses Phänomen wird sich im Lauf der Reise verstärken, aber davon habe ich zu diesem Zeitpunkt noch keinen Schimmer.)

Jedes Mal, wenn jemand an der BALUCHON vorbeikommt, spielt sich in etwa folgende Szene ab:

»Hallo!«

»Hallo!«

»Sie haben ja ein seltsames Boot.« (Ich übersetze: Es sieht echt beknackt aus …)

»Och, solange es schwimmt …«

»Wo wollen Sie denn damit hin?« (Es stimmt schon, die BALUCHON glänzt noch so, als käme sie frisch aus der Werft. Auf den ersten Blick fällt es schwer zu glauben, dass sie gerade den Atlantik überquert hat, zumal ich keine Sponsorenaufkleber auf dem Rumpf habe und die Medien nicht über mein Abenteuer berichten.)

»Zum Pazifik, wenn alles klappt.«

»Mit dem Ding?!« (Ich übersetze: Armer Kerl, noch einer, der den Verstand verloren hat!)

»Naja, wenn ich's langsam angehe, müsste das klappen.«

»Ha, ha, ha! Wenn Sie meinen. (Ich übersetze: Der Typ ist wirklich völlig durchgeknallt.)

»Sie haben aber ein paar Probefahrten gemacht, oder?«

»Ja, ich bin damit von Portugal hergesegelt.«

»Neeeiiin!« (Ich übersetze: Achtung, vielleicht haben wir es mit einem notorischen Lügner zu tun.) »Aber warum haben Sie keinen spitzen Bug?«

»Ähm, spitze Buge sind nutzlos.«

»Aaah! Und haben Sie keine Wanten, die Ihren Mast halten?«

»Wanten? Nein, die sind nutzlos.«

»Und Sie haben auch keinen Baum?«

»Nein, Bäume sind nutzlos.«

»Aber einen Motor, den haben Sie, oder?«

»Ähm, nein, der ist n…

»Ok, ok, verstanden.«

Dann lege ich meine Zurückhaltung ab und erkläre, warum ich auf einen spitzen Bug, Wanten, Baum und das ganze Tralala verzichtet habe. Sobald es um meine BALUCHON geht, werde ich zu meiner eigenen Überraschung zu einer echten Quasselstrippe. Offenbar können meine Ausführungen ein wenig überzeugen und ich wirke gar nicht so distanziert, wie ich dachte, denn in der Regel setzen wir das Gespräch fort, und oft werde ich anschließend auf einen Kaffee oder einen Drink eingeladen.

Leute kennenzulernen ist wider Erwarten überraschend angenehm. Auch wenn ich tief in mir drin das Gefühl habe, ein bisschen zu schummeln: Die anderen sind nicht an mir interessiert, sondern an der BALUCHON, sie ist schließlich der Star. Sie ist zu meinem Ausweis geworden, einem Hilfsmittel, durch das ich lerne, Beziehungen zu knüpfen, was mich nach und nach von meiner alten Freundin befreien wird: der Einsamkeit.

Ich erinnere mich genau an den Tag, an dem ich die Welt der Menschen verlassen habe. Ich muss damals etwa acht Jahre alt gewesen sein. Es war das erste Mal, dass ich ein Schulzeugnis mit nach Hause brachte. Ich hatte dem keine große Bedeutung beigemessen, aber dieses Zeugnis sollte mein Leben für immer verändern. Aus einem mir völlig unbekannten Grund hatten meine aus einfachen Verhältnissen stammenden, unter großen Komplexen leidenden Eltern weit vor meiner Geburt beschlossen, dass aus mir ein Genie würde. Dass ich studieren würde, um als Erwachsener einen Beruf ausüben zu können, bei dem man in einem Anzug auf einem Stuhl sitzen muss. An diesem berühmten Zeugnistag also saß ich im Schneidersitz vorm Fernseher und war ganz vertieft in eine blödsinnige Kindersendung, in der ein dicker, orangener, näselnder Dinosaurier lustige Dinge erzählte. Mein Zeugnis, das nicht richtig schlecht, aber auch nicht brillant war, konnte meine Eltern nicht wirklich zufriedenstellen. Sie beschlossen, mir ordentlich Druck zu machen. Von da an war Schluss mit lustig. Es gab es keine Sendungen mit Dinosauriern oder japanischen Robotern mehr, kein Fahrradfahren mit den anderen Kindern aus dem Viertel, keinerlei Spaß. Für mich brachen harte Zeiten an. Nun war büffeln, büffeln, büffeln angesagt, bis ich Klassenerster wäre, wenn nötig auch mithilfe von Schlägen und Bestrafungen. Ein brillanter Schüler zu werden, war plötzlich eine Frage von Leben und Tod.

Zugegeben, ich war nie eine Leuchte – sehr zum Leidwesen meiner Eltern. Ein bisschen langsam, verträumt und viel zu sensibel ... Aber der ständige Druck, den sie auf mich ausübten – natürlich nur zu meinem Besten –, machte es nur noch schlimmer. Von diesem Tag an brachte ich kein einziges ordentliches Zeugnis mehr mit nach Hause. Von einem durchschnittlichen Schüler wurde ich zum Klassenletzten. Ich war so gestresst, dass ich stundenlang reglos auf der Schulbank saß wie ein Roboter mit einem Kurzschluss. Ich fühlte mich wie ein Zwergpony, dem man eine Dreierwette aufgezwungen hat. Die Situation war für mich zur Hölle geworden. Die Angst, morgens zur Schule zu gehen, lähmte meinen Körper und mein Gehirn ebenso wie die Angst, abends nach Hause zu kommen, wo meine Eltern mit ihren Erwachsenenproblemen beschäftigt waren und sich nur durch schreckliches Gebrüll ausdrückten, was mir noch mehr Angst machte. Selbst die Schulferien boten mir keine Erholung. Ich musste endlose Ferienaufgaben bewältigen, und allein der Gedanke an den Schulanfang versetzte mich in Panik. Mehrmals am Tag fragte ich mich, warum die anderen Kinder um mich herum weiterhin spielten und lachten, wo das Leben doch eigentlich nicht lebenswert war. Kurzum, es war kein

Spaß. Ich war schon vorher kein Spaßvogel gewesen, aber jetzt war ich regelrecht deprimiert.

In meiner Erinnerung blieb ich ein oder zwei Schuljahre lang in diesem quasi permanenten Stresszustand. Dann fand ich eine originelle Möglichkeit, der Realität zu entfliehen. Zu meinem Glück gab es in meinem Zimmer einen Schrank, in den ich mich eines Tages flüchtete, als ich wahrscheinlich mal wieder unter großem Druck stand. Dort fühlte ich mich gleich viel besser, geschützt vor der Welt und in Sicherheit. Über Jahre hinweg verbrachte ich unzählige Stunden und manchmal ganze Nächte freiwillig eingesperrt in diesem Schrank, wo ich neue Kraft schöpfen und Bilanz ziehen konnte.

Ich musste mich den Tatsachen stellen. Meine Situation konnte nicht besser werden. Ich war wirklich dumm wie Brot. So sehr ich mich auch bemühte, ich verstand nichts von alldem, was man mir im Unterricht beizubringen versuchte. Und ich war viel zu feige, um von zu Hause wegzulaufen. Wohin sollte ich auch laufen? Die einzige Lösung für mich war, mich in Geduld zu üben und brav auf das Alter zu warten, in dem ich endlich frei wäre und niemandem mehr Rechenschaft ablegen müsste.

Diese Jahre des Wartens kamen mir endlos vor. Um mir die Zeit zu vertreiben, begann ich mir stundenlang auszumalen, wie mein Leben aussehen würde, wenn ich einmal groß wäre. Ich träumte davon, in einem selbst entworfenen Drachenflieger über die Welt zu segeln, auf einem Pferd durch weite Ebenen zu reiten, auf fernen Berggipfeln ein paar Ziegen zu züchten, mit dem Kanu über unbekannte Flüsse zu fahren oder auf einem Hundeschlitten das Packeis zu erkunden. Ich war ungeduldig! Mein Leben als Erwachsener würde cool und sehr aufregend sein (ich brauche wohl nicht auszuführen, dass für keinen meiner Träume ein langes Studium nötig war).

Die Tatsache, dass ich mich in mich selbst zurückzog, linderte meine Schulangst vielleicht ein wenig, hatte aber auch ziemlich schwere Nebenwirkungen. Von da an hatte ich praktisch keinen Freund mehr, und mein Bruder und meine Schwester wurden für mich fast zu Fremden. Ständig stand ich gebeugt oder gekrümmt da. Mit einem Fremden zu sprechen, machte mir eine Heidenangst, und wenn ein Mädchen in weniger als zehn Metern Entfernung an mir vorbeilief, brannte mir die Schamesröte buchstäblich das Gesicht weg.

Am Ende der Mittelstufe waren meine schulischen Leistungen so schlecht, dass ein Abitur undenkbar geworden war. Die einzige Lösung bestand darin, mich auf eine kurze Berufsschullaufbahn zu schicken. Ich war, denke ich, durchaus geeignet, einen handwerklichen Beruf zu erlernen. Aber nach all den Enttäuschungen, die ich meinen Eltern ungewollt zugefügt hatte, die so gerne einen Intellektuellen aus mir gemacht hätten, kam diese Option nicht in Frage. Nicht, solange es noch eine Chance gab, einen Büroangestellten aus mir zu machen. Da ich ganz gut zeichnen konnte, entstand die Idee zum Bauzeichner. Doch auch dafür waren meine Leistungen zu schlecht. Was blieb, war ein Platz an einer Berufsschule für die Ausbildung zum »métreur«, einer Art Baubuchhalter. Ein seltsamer Beruf, der darin besteht, die Anzahl der Betonsteine und Tapetenrollen zu berechnen, die für den Bau eines Hauses benötigt werden. Für diese alles andere als aufregende Arbeit waren allerdings Genauigkeit und Konzentration erforderlich, zwei Eigenschaften, die ich nicht wirklich besaß.

Immerhin brachte mein Wechsel an diese Schule echte Veränderungen mit sich. Da sie in größerer Entfernung zu meinem Elternhaus lag, musste ich ins Internat. Und – ganz wichtig – die Schule befand sich in einer kleinen Küstenstadt, wo es einen Yachthafen und eine gut bestückte Stadtbibliothek gab. Dort entdeckte ich die Reiseberichte all der großen einsamen Seefahrer, die für mich zu echten Helden wurden. Ich verschlang mehrfach die Bücher von Slocum, Pidgeon, Gerbault, Le Toumelin, Dumas, Bardiaux, Auboiroux, Moitessier und vor allem Tristan Jones, den ich ganz besonders mochte und mindestens 40 Mal in Folge las. Jedes Mal bekam ich Gänsehaut. Ich träumte davon, an ihrer Stelle zu sein! Diese Lektüren waren für mich eine echte Erleuchtung: Man konnte die Welt in totaler Freiheit erkunden und sich dabei nur vom Wind treiben lassen! Die Vorstellung erschien mir außergewöhnlich und großartig. Das war wie für mich gemacht! Ich fühlte mich nicht in der Lage, ein soziales Leben zu führen, und hatte auch kein wirkliches Interesse daran. Segeln wurde für mich zu einer Notwendigkeit, der Rest komplett unnötig. Während die anderen Schüler in ihrer Freizeit eine Partie Flipper oder Tischfußball nach der anderen spielten, lief ich im Hafen und auf den Anlegestegen hin und her und träumte von meinem baldigen Aufbruch zu fernen Meeren.

Durch meine Lektüre und meine Beobachtungen lernte ich nach und nach die Theorie und das Vokabular des Segelns kennen. Nun musste ich es nur noch in die Praxis umsetzen, was mir in meiner Begeisterung wie eine bloße Formsache erschien. Damals begann ich, unzählige Hefte mit Zeichnungen von mehr oder weniger verrückten Booten zu füllen, mit denen ich um die Welt segeln wollte.

Von da an begannen sich die Türen zu meinem Erwachsenenleben einen Spalt breit zu öffnen. Mein einziges Lebensziel würde sein, eines Tages mein eigenes Segelboot zu besitzen, ungehindert über die Meere zu fahren und selbst über mich zu bestimmen.

ÜBERFAHRT GUADELOUPE–PANAMA
FEBRUAR 2020

Nach meinem mehr als zweimonatigen Zwischenstopp auf Guadeloupe bin ich ein wenig eingerostet. Wenn ich mich nicht schnell wieder auf den Weg mache, laufe ich Gefahr, hier Wurzeln zu schlagen und ein bequemer alter Knacker zu werden.

Es war ein sehr netter, vergnüglicher Aufenthalt. Ich kann sogar meine Vorräte mit gutem Essen komplett neu auffüllen: Im Hafen wimmelt es von Miet-Katamaranen, und jeden Freitag werden die unverbrauchten Lebensmittel direkt in den Müll geworfen, sodass man sich nur noch bedienen muss. Ich stocke meinen Vorrat mit Fertiggerichten, Konservendosen, Keksen, Bonbons und Schokolade kostenlos auf – eine schöne Abwechslung zu meinen Dosensardinen und Nudeln auf der Atlantiküberquerung. Ich finde sogar eine fast neue Minipfanne! In meinem Wahn stelle ich mir vor, dass ich anfangen werde, ein bisschen zu kochen (im Hafen tue ich das tatsächlich, aber auf See, in der unentwegt rollenden BALUCHON, wird sich die Pfanne auf meinem winzigen Campingkocher als völlig instabil und gefährlich erweisen).

Der Himmel hängt tief, grau und traurig wie an einem Novembertag in der Bretagne (einmal abgesehen von der Temperatur). Kaum eine Stunde nachdem ich den Hafen verlassen habe, werde ich von einem heftigen Regenguss überrascht. Dabei habe ich ihn kommen sehen, diesen Dreckskerl! Ich hatte das Segel auf ein ganz kleines Dreieck verkleinert, aber dann – paff! – werde ich von einem sintflutartigen Regen geknechtet, nur einen Steinwurf entfernt von einem gefährlichen Riff, inmitten von Fischreusen und eingesperrt in der Kajüte, wo es unerträglich heiß ist (trotz der neuen Belüftung, die ich während des Zwischenstopps gebastelt habe). Ich merke sogar, dass ich etwas seekrank werde. Das fängt ja gut an!

Ich weiß schon, warum ich nicht gern in Küstennähe segele ... Aber nachdem ich die Fahrrinne zwischen den Îles de Saintes und Guadeloupe hinter mir gelassen habe, wird alles besser. Der Passat weht genau richtig, und am nächsten Tag ist Guadeloupe nur noch eine kleine schwarze Wolke weit hinter mir. Der Himmel ist jetzt strahlend blau und das Meer ruhig.

Von hier an ist alles Neuland für mich. Noch nie war ich mit meinem eigenen Boot so weit westlich. Ich bin ganz aufgeregt, aber auch ziemlich ängstlich. Während des Zwischenstopps in Guadeloupe ging es bei den Gesprächen unter Seglern auf dem Weg nach Westen vor allem um die Überquerung des Karibischen Meeres und insbesondere die Passage vor der nördlichen Spitze Kolumbiens, die auch als »Kap Hoorn der Antillen« bezeichnet wird. Dort weht der Wind an mehr als 200 Tagen im Jahr in Sturmstärke und sorgt für eine aufgewühlte, gefährliche See. Seltsamerweise nahm die Anzahl der Schiffbrüche, die Höhe der Wellen und die Stärke des Windes in diesen Erzählungen mit jedem Glas Rum zu. So sehr ich mich auch bemühte, mich nicht von all diesen schrecklichen Geschichten beeinflussen zu lassen, erschien mir die Fahrt durch die Karibik nach und nach doch immer gefährlicher. Ich bekam sogar Albträume davon. Jeden Tag studierte ich im Internet die Wetterkarten und beobachtete eine große karminrote Fläche, die auf dem Meer vor Kolumbien eine Windstärke von mehr als 50 Knoten anzeigte.

Jeder Mensch mit einem Minimum an gesundem Menschenverstand hätte sofort eine Lösung gefunden, aber da ich vom Thekengeschwätz meiner Segelkameraden wie besessen bin, dauert es eine halbe Ewigkeit, bis mir die rettende Idee kommt: Ich werde einen langen Schlenker in Richtung Jamaika machen und dann direkt Kurs auf Panama nehmen. Das verlängert meine Route zwar ein wenig, aber so kann ich diese berüchtigte, örtlich recht begrenzte Schlechtwetterzone umgehen. Dank dieser Strategie und sicher auch mit ein wenig Glück wird die Überfahrt zu einer Vergnügungsreise. Ich verbringe meine Zeit damit, kleine Boote zu zeichnen und zu lesen. Die einzige Schwierigkeit besteht darin den Kafka zu beenden, den ich während der Atlantiküberquerung begonnen habe – das Ding ist so sterbenslangweilig wie der Himalaya. Danach führe ich mir zwei sehr zynische, aber auch sehr lustige Houllebecqs zu Gemüte. Aber mit Houllebecq ist es wie mit Cremetörtchen: Zwei nacheinander verursachen Übelkeit. Ich beende die Überfahrt mit einem guten Jørn Riel, gefolgt von einem Krimi von Ed McBain. Dank der Technologie brauche ich keine schwere, raumfüllende Bibliothek an Bord: Ein einfacher E-Book-Reader und ein kleiner USB-Stick genügen, um eine unglaubliche Menge Bücher mitzunehmen. Das steigert das Vergnügen, auf See zu sein, noch einmal mehr.

Als ich eines Tages meinen Blick über den endlosen Ozean gleiten lasse, sehe ich direkt vor dem Bug ein Nescafé-Schraubglas auf dem Wasser treiben. Die See ist wunderbar ruhig und das Gefäß in greifbarer Nähe. Ich beuge mich über Bord und bekomme es zu fassen. Es muss schon eine Weile im Wasser schwimmen, denn an seiner Unterseite sind vier dicke, fingerförmige Muscheln gewachsen.

Auf einmal bin ich sehr stolz auf mich: Ich werde diesen Abfall an Land bringen und so im Rahmen meiner Möglichkeiten zur Säuberung des Ozeans beitragen. Doch wider Erwarten enthält das Gefäß keinen löslichen Kaffee, sondern ein Tütchen mit was auch immer, das sich nach dem Öffnen als Cannabis entpuppt. Mehrere Stunden lang frage ich mich, wie ein solches Gefäß hier mitten in der zur Drogenschmugglerin umfunktionierten Karibik landen konnte. Am Ende erscheint mir folgendes Szenario am plausibelsten: Ein etwas starrsinniger, sehr angespannter Skipper (das geht vermutlich manchmal miteinander einher) überrascht eines Tages ein dilettantisches, sehr entspanntes Crewmitglied (auch das geht sehr, sehr oft miteinander einher), das, zwecks noch größerer Entspannung, ein Gefäß mit Gras mitgenommen hat. Gerade als das entspannte Crewmitglied bei seiner Wache einen großen, ruhigen Joint raucht, wird es von dem starrsinnigen Skipper auf frischer Tat ertappt. Der Skipper wird wütend und wirft das schöne Gefäß, das das Crewmitglied viele Jahre begleitet hat, über Bord. »Ich will keinen Drogensüchtigen auf meinem Schiff«, schreit er. Das sehr verärgerte Crewmitglied sieht rot und fühlt sich plötzlich sehr angespannt. Die beiden bekommen sich in die Wolle. Der Skipper, der älter ist, fällt, schlägt sich beim Sturz in den Niedergang den Schädel ein und ist sofort tot. Die Frau des Skippers, die die doppelte Besonderheit besitzt, ein echtes Dummchen, aber mit den harmonischen Proportionen einer Butangasflasche, zu sein, fängt so durchdringend an zu schreien, dass das Crewmitglied keine andere Möglichkeit sieht, als auch sie zu töten. Angesichts dieser vollendeten Tatsachen sieht sich der Mann gezwungen, die Leichname mit einer Machete zu zerteilen und an die Haie zu verfüttern. Dann nimmt er Kurs auf Haiti, wo er unglücklicherweise von einer Voodoo-Rapper-Gang gefangen genommen wird, die ihn in einen Zombie verwandelt und dann an eine Eibischplantage der ugandischen Mafia verkauft, wo er den Rest seines Daseins als Sklave fristet.

Angesichts dieses Szenarios habe ich natürlich große Angst vor den Konsequenzen, die ein solches Ding an Bord nach sich ziehen kann. Ich werfe das Gras über Bord und lasse das Glas untergehen, in der Hoffnung, nicht von den Voodoo-Rappern und der ugandischen Mafia behelligt zu werden. Da bin ich nochmal glimpflich davongekommen!

Abgesehen von dieser tragischen Episode verläuft der Rest der Überfahrt ruhig und ohne Schwierigkeiten – bis ich mich der Küste Panamas nähere, wo von überall her plötzlich Dutzende Frachter auftauchen (während der Überfahrt habe ich nur einen einzigen gesehen). Sie zwingen mich, Slalom zu fahren, um Kollisionen zu vermeiden. Das erinnert mich wieder einmal daran, dass ich das küstennahe Segeln nicht mag.

Mit einem Anlegemanöver unter Segel fahre ich schließlich unter den staunenden Blicken der Hafenangestellten in die Shelter Bay Marina ein.

PANAMA
MÄRZ 2020

Auf den ersten Blick wirkt die Shelter Bay Marina mit ihren sauberen Stegen, dem perfekt gepflegten Rasen, der charmanten Bar, einem Hotel und sogar einem Schwimmbad wie ein kleines Paradies. Ich bin froh, hier zu sein. Bis zu dem Moment, als ich die Hafenmeisterei betrete und man mir die exorbitante Liegeplatzgebühr nennt, die mich beinahe umhaut. Ein völlig irrer Preis von fast 30 US-Dollar pro Tag (die Berechnung beginnt bei 30 Fuß langen Booten; die BALUCHON misst allerdings nur 13 Fuß). Das versetzt meiner guten Laune einen heftigen Dämpfer. Ich versuche mit der Dame am Empfang zu verhandeln und erkläre, dass mein Boot nicht größer ist als ein Dingi, aber es hilft nichts. Ich muss meine US-Dollars zusammenkratzen. Sogar die Einwanderungsbehörde will Geld von mir für das Abstempeln meiner Ankunftspapiere. Sicher halten sie mich für einen Amerikaner mit einer fetten Yacht!

Wieder kommen Leute spontan auf mich zu. Langsam gewöhne ich mich daran. Die BALUCHON ist bei weitem das meistfotografierte Boot in der Marina. Ich spreche zwar kein Wort Spanisch, aber die Passanten bleiben trotzdem stehen und wollen wissen, woher ich mit diesem seltsamen Boot komme. Ich liebe es, ihre Gesichter zu beobachten, wenn ich erkläre, dass ich aus Frankreich komme. An manchen Blicken erkenne ich aber auch, dass man mich für einen großen Schwätzer hält: »Auf einem so kleinen Boot? Das ist doch gar nicht möglich!« Das bringt mich jedes Mal zum Lachen. Auf fast allen französischen Booten werde ich zum Essen eingeladen, was mir immer ein wenig unangenehm ist, weil ich die Einladung natürlich nicht erwidern kann – ich fühle mich ein bisschen wie ein Schmarotzer.

Doch alles Schöne geht irgendwann zu Ende. Die extremen Preise des Yachthafens drohen meine Bordkasse zu sprengen. Daher muss ich schnellstens eine Möglichkeit finden, an die Pazifikküste zu gelangen. Durch den Kanal zu fahren, wie alle anderen es tun, kommt aus mehreren Gründen nicht in Frage. Erstens müssen vier Personen an Bord sein, die sich während der Schleusendurchfahrt um die Vertäuung des Bootes kümmern, plus ein offizieller Lotse, plus der Kapitän (ich), also insgesamt sechs Personen, was für meine arme kleine BALUCHON ein bisschen viel ist. Zweitens braucht man einen Motor, der das Boot mit einer Geschwindigkeit von mehr als 5 Knoten antreibt (zu dumm, ich habe keinen!). Vor allem aber muss man für die Durchfahrt fast 2.000 US-Dollar hinblättern. Das sind ganz schön viele Vorgaben für ein so kleines Boot.

Innerhalb weniger Tage gelingt es mir einen Pick-up-Besitzer zu finden, der auch über einen Bootsanhänger verfügt, und bereit ist, die BALUCHON für 500 US-Dollar über die 80 Kilometer lange Landbrücke zu transportieren. Für weitere 200 US-Dollar will er mein Boot mit Hilfe des hafeneigenen Gabelstaplers aus dem Wasser heben. Im Verhältnis zum örtlichen Lebensstandard erscheint mir das zwar ziemlich teuer, aber der Typ hat gemerkt, dass ich es eilig habe, also schlage ich ein. Die Überquerung der Landbrücke auf der Straße ist ein wenig stressig, denn der Trailer ist in die Jahre gekommen und überall notdürftig ausgebessert. Einer der Reifen ist völlig platt, was bei dem schlechten Zustand der Straße nicht wirklich günstig ist. Doch der Fahrer ist die Ruhe selbst. Während der gesamten Fahrt bringt er kein Wort heraus, was für eine Gegend, in der alle ständig grölen und lachen, sehr ungewöhnlich ist. Aus dem Autoradio dröhnt deprimierende lateinamerikanische Musik.

Beim Slippen des Bootes auf der Pazifikseite geht es ziemlich ruppig zu. Mein bis dahin ruhiger Fahrer fährt mit voller Geschwindigkeit rückwärts auf die Slipanlage. Ratzfatz steht nicht nur der

Trailer, sondern auch der halbe Pick-up im Wasser ... (Ich weiß nicht, ob es ratsam ist, ein Auto im Meer zu baden, auch wenn es sich um einen Toyota handelt ...). Mit Hilfe meines Wriggriemens befreie ich das Boot vom Anhänger, und dann ist die BALUCHON endlich wieder in ihrem Element.

Es ist Flut, mit einem großen Tidenhub. Die mehr als 2 Knoten starke Strömung bringt mich gemächlich in Richtung des Balboa Ankerplatzes, der drei Seemeilen entfernt liegt. Ich meide sorgfältig die Bojen der Fahrrinne, wo Schlepper und Frachter wie in einem unaufhörlichen Ballett in allen Richtungen vorbeiziehen. Gemütlich fahre ich unter einer riesigen Brücke hindurch, der Puente de las Americas, die die Einfahrt zum Pazifik markiert. Ich bin ganz aufgeregt. Es ist so weit, ich bin fast da!

Ich sehe ein paar Segelboote am Ankerplatz liegen. Dort will ich die Nacht verbringen. Plötzlich kommt ein Polizei-Schnellboot mit Vollgas auf mich zugeschossen, und ein Polizist brüllt mir auf Spanisch etwas zu, das ich nicht verstehe. Also tue ich das, was ich am besten kann: mich dumm stellen (ich bin so gut darin, dass ich eine echte Veranlagung dafür haben muss). Das funktioniert sehr oft, aber hier ärgert es den anderen Polizisten sichtlich. Er schreit mir auf Englisch zu, ich solle mein UKW-Funkgerät benutzen.

»Mein was?! Sowas habe ich gar nicht an Bord!«

»Das ist Vorschrift im Kanal!«

Ich habe das Gefühl, dass der Trick mit dem Dummstellen dieses Mal nicht funktionieren wird. In den Tiefen meiner Notfalltasche befindet sich tatsächlich eine Handfunke, aber die Batterie ist im Eimer. Ich hole das Gerät dennoch heraus und zeige, dass ich sehr wohl eins habe, genau wie die anderen, richtigen Boote. Um noch seriöser zu wirken, tue ich sogar so, als würde ich hineinhorchen. Das scheint die Polizisten ein wenig zu beruhigen. Sie fragen mich, woher ich komme und wohin ich will. Ich erkläre es ihnen in meinem schlechtesten Englisch, welches schlechter ist als mein bestes

Englisch, das nicht sonderlich gut ist. Währenddessen setze ich meinen Weg mit dem Wriggriemen fort und lasse mich von der Strömung antreiben. Noch 200 Meter bis zum Ankerplatz. Einer der beiden Polizisten, der fast wie eine Karikatur aussieht und ohne weiteres die Rolle des Bösewichts in einer amerikanischen Serie spielen könnte, fragt mich nach meinem Pass. Ich gebe ihn ihm. Noch 150 Meter bis zum Ankerplatz. Die beiden Schlauberger studieren meinen Pass und drehen ihn dabei in alle Richtungen. Ich lächele ihnen dümmlich zu.

»Ok, stellen Sie den Motor aus!«

»Hey, ich habe keinen Motor!«

Den Typen klappt die Kinnlade runter. Einer von ihnen brüllt: »Es ist Vorschrift, im Kanal einen Motor zu haben!«

Noch 100 Meter bis zum Ankerplatz. Das Schnellboot dockt unsanft an mich an. Die Polizisten nehmen mir die Leinen ab. Es geht ziemlich ruppig zu. Naiv wie ich bin, denke ich, dass sie mich zu einer der nahen Ankerbojen schleppen wollen, das wäre doch nett! Leider Fehlanzeige. Das Schnellboot setzt sich mit der BALUCHON im Schlepptau in Bewegung und dreht in die Gegenrichtung ab. Mein armes Boot klatscht mit dem Rumpf aufs Wasser, die Leinen quietschen. Wir rasen zu einem Militärgelände am anderen Ufer. Auf der Fahrt dorthin fragen mich die Typen noch drei oder vier Mal nach meinem Pass und wollen wissen, ob ich Waffen an Bord habe. Außerdem wollen sie die Papiere für das Boot sehen. Natürlich habe ich Papiere für das Boot! Es ist zwar nur eine einfache Registrierung für die Küstenschifffahrt, aber darauf prangt ein Stempel mit »République française«!

Am Stützpunkt angekommen, geht es ziemlich schräg zu. Rund ein Dutzend Soldaten in Uniform stehen am Kai und sehen uns zu. Doch im Gegensatz zu den beiden Polizisten, die wie Bulldoggen aussehen, wirken sie alles andere als angsteinflößend. Das Durchschnittsalter dürfte bei 18 Jahren liegen. Alle fotografieren mich mit ihren Handys und amüsieren sich. Wahrscheinlich haben sie noch nie ein so kleines Boot gesehen und halten es für einen Scherz. Die Polizisten entspannen sich ein wenig, aber lustig ist es immer noch nicht. Sie fragen mich noch einmal, ob ich Waffen an Bord habe und wollen, ungefähr zum sechsten Mal, meinen Pass sehen. Entweder sind sie wirklich sehr dumm oder sie wollen, dass ich ein paar US-Dollar für die guten Taten der Hafenpolizei hineinlege. Pech für sie, ich habe kaum noch Geld. Ich antworte: »Keine Waffen, keine Drogen (mehr), keine Zigaretten, kein Alkohol.« Fast hätte ich hinzugefügt »keine Prostituierten«, aber da ich den panamaischen Humor noch nicht so gut beherrsche, lasse ich es bleiben. Eine gute Stunde vergeht mit Warten. Ich mache mir in aller Ruhe einen Tee, während alle über das eigenartige Boot reden. Ich weiß nicht, worauf sie warten, aber aus Solidarität warte ich mit ihnen.

»Ok, wir durchsuchen jetzt Ihr Boot«, sagt einer der Polizisten.

»Ja, kein Problem«, erwidere ich. Allerdings fällt es mir ein bisschen schwer, ernst zu bleiben.

Endlich beginne ich zu verstehen, warum das so lange gedauert hat. Niemand wollte ein so kleines Boot durchsuchen, also mussten sie wohl eine Partie Karten spielen, um zu bestimmen, wer von den jungen Soldaten das Privileg haben würde, an Bord zu gehen. Der Größte hat verloren und muss die lästige Aufgabe übernehmen – Pech für ihn. Mit seiner kugelsicheren Weste, seiner Knarre, seinen großen Schuhen, seinen Plastikhandschuhen und seiner Maske schafft es der Junge irgendwie in die Kajüte zu gelangen. Beim Anblick dieses 1,90 Meter großen Lulatschs, der versucht sämtliche Essenscontainer zu öffnen, muss ich an mich halten, um nicht loszuprusten. Ich traue mich nicht ein Foto zu machen, aber es sieht wirklich sehr lustig aus.

Der Soldat fragt mich noch einmal, ob ich Waffen an Bord habe. Das ist doch verrückt! Was stellen sich diese Uniformierten eigentlich vor? Dass ich eine Mini-Bazooka in meinem Mast versteckt habe? Ich spüre eine schreckliche Diskrepanz zwischen meinem

Selbstbild – das eines völlig harmlosen Typen – und dem, was sich die Polizisten offenbar vorstellen: einen gefährlichen, skrupellosen Waffenhändler auf seinem speziell fürs Schmuggeln hergerichteten Boot. Ich glaube, es herrscht ein gegenseitiges Unverständnis. Die allzu rational denkenden Polizisten und Soldaten verstehen überhaupt nicht, was ich hier mache. Und ich, der ich mit Vorschriften aller Art nichts anfangen kann, verstehe überhaupt nicht, was man mir vorwirft.

Trotz der angespannten Situation fällt es mir schwer, mir das Lachen zu verkneifen. Daher versuche ich während der Durchsuchung woanders hinzugucken. Was hier passiert, ist einfach grotesk. Aber die Polizisten befehlen mir quasi mit der Hand an der Waffe, der Durchsuchung zuzusehen (das muss eine Art Prozedur sein). Wie um der Situation noch mehr Komik zu verleihen, erzeugen die Schlepper und Frachter, die ständig mit Vollgas vorbeifahren, brutale Wellen, wodurch die arme BALUCHON immer wieder gegen den Rumpf des Schnellbootes prallt. Hoffentlich wird mein Inspektor nicht seekrank und kotzt mir alles voll. Nach gut zehn Minuten klettert der Soldat schweißgebadet aus dem Boot. Seine Kumpels lachen sich kaputt und machen Fotos von ihm. Er grinst bis über beide Ohren, heilfroh, endlich draußen zu sein. Nur die beiden Polizisten bleiben ernst (das liegt wohl in ihrer Natur). Sie erklären mir, dass sie mich dahin zurückbringen werden, wo mein Boot zu Wasser gelassen wurde, und dass ich einen Wagen mit Trailer finden muss, der mein Boot auf dem Landweg weiter in Richtung Ozean bringt. Offensichtlich habe ich es nicht gerade mit den hellsten Köpfen oder Anhängern der Logik zu tun: Sie sind tatsächlich der Meinung, dass ich mich nicht von einem anderen Boot abschleppen lassen kann, obwohl sie selbst gerade genau das über mehrere Seemeilen getan haben. Ich tue so, als würde ich nicht richtig verstehen. Das sieht nicht gut für mich aus. Ich habe nur noch zwei US-Dollar in der Tasche und keine SIM-Karte, um den Kerl, der mich hergebracht hat, nochmals anzurufen.

Gegen Abend werde ich, wieder mit Vollgas, zur Slipanlage geschleppt, meinem Ausgangspunkt, wo ich vor Anker gehen muss. Die Nacht beginnt für mich sehr, sehr unruhig. Die Schlepper und die riesigen Containerschiffe sorgen für gigantische Wellen. Die BALUCHON rollt wie verrückt, bis sie schließlich bei Ebbe in einem bequemen Schlammbett auf Grund läuft. Das Boot liegt jetzt superstabil, und ich nutze die Gelegenheit, um meinen Mast wieder zu stellen.

Ich denke an das völlig unverständliche Verhalten der Polizisten und ihren Mangel an gesundem Menschenverstand: Es hätte sie nur wenige Minuten gekostet, mich die letzten Meter bis zum Ankerplatz zu begleiten. Stattdessen haben sie eine Menge Zeit für mich verschwendet, um mich schließlich an einer Stelle vor Anker gehen zu lassen, an der mein Anker jederzeit zu rutschen droht, wodurch es wiederum zu Zwischenfällen auf ihrem wertvollen Kanal kommen könnte. Der IQ spielt bei der Aufnahme in den panamaischen Polizeidienst offenbar keine Rolle.

Am frühen Morgen beschließe ich an Land zu schwimmen, um mich bei den Polizisten, die für das Slippen der Boote verantwortlich sind, zu melden, als sei nichts geschehen. Kaum setze ich einen Fuß ans Ufer, entdecke ich ein riesiges Schild, auf dem steht, dass das Baden wegen der Krokodile verboten ist ... Eine nette Polizistin erlaubt mir mündlich, aufs offene Meer hinauszufahren. Ein Fischer bringt mich zu meinem Boot zurück. Ich lichte den Anker und hoffe, dass ich meine uniformierten Freunde nicht noch einmal treffe. Nach einer etwas angespannten einstündigen Fahrt erreiche ich endlich die Bojen des Balboa Yachtclubs. Wegen der starken Strömung muss ich mich ziemlich abmühen, bis ich eine erwische. Zu meinem Glück schlafen die Kanal-Cowboys heute offenbar aus, sodass ich nicht behelligt werde. Endlich bin ich am Tor zum Pazifik.

ZWEITER TEIL: DER PAZIFIK

ÜBERFAHRT PANAMA-MARQUESASINSELN

MÄRZ 2020

Nach drei Tagen an meiner Muring habe ich langsam die Nase voll von Panama. Nicht nur, dass die Millionärstarife ein großes Loch in meine Bordkasse gerissen haben und ich mich mit der Polizei herumschlagen musste. Es ist auch extrem mühsam, den Check-out und den Ausklarierungsbeleg zu bekommen, also die Dokumente, mit denen ich endlich aus dem Land ausreisen darf. Denn die ganze Welt ist in Sorge wegen eines bösartigen Virus. Panama hat seine Grenzen zwar noch nicht geschlossen, aber die Hafen- und Einwanderungsbehörden stellen nichts mehr aus. Außer natürlich, man lässt ein paar Scheine springen. In diesem Fall leiht sich ein fetter Beamter den Stempel des Büros und kommt in die Bar nebenan, um einem die illegalen, rückdatierten Papiere fertigzumachen. Dabei muss man ihm auch noch ein Bier ausgeben. Ich bin wirklich nicht für diese Welt geschaffen. Ich beschließe, die Segel (also … das Segel) auf Piratenart zu setzen, also ohne Genehmigung. Komme, was wolle.

Als ich den Ankerplatz verlasse, bin ich etwas nervös, denn die Kanalpolizei fährt ständig Patrouille und ich möchte nicht noch einmal mit denen zu tun haben. Ich versuche mich so klein wie möglich zu machen. Sobald ich das Geräusch eines Schnellbootes höre, ziehe ich den Kopf zwischen die Schultern, um noch weniger aufzufallen – ich kann nicht anders. Bei sehr wenig Wind fährt die BALUCHON im Slalom zwischen riesigen Frachtern hindurch, die hier zu hunderten vor Anker liegen, und bewegt sich, so gut es geht, dem offenen Meer und der Freiheit entgegen. Am Ende des Tages lässt mich die Dunkelheit endlich aus dem Reich der Polizisten und Banditen verschwinden. Adiós, Panama! Auf uns beide, Pazifik!

Ich träume schon so lange von diesem verdammten Pazifik. Kaum zu fassen, dass ich nun endlich da bin! Der Passatwind treibt mich gemächlich in Richtung Galapagosinseln und Südhalbkugel. Ich habe nicht vor, auf dieser Inselgruppe anzulegen, denn Genehmigungen für ein Anlanden sind hier mit viel Aufwand verbunden. Aber falls es Probleme geben sollte, wäre das immerhin eine Anlaufstelle.

Nach zehn relativ entspannten Segeltagen erreiche ich die schwierigste Stelle der Überfahrt: die gefürchteten Kalmen. In dieser ziemlich ätzenden Zone auf Höhe des Äquators treffen die Passatwinde der Nord- und der Südhalbkugel aufeinander (Fachleute sprechen von der innertropischen Konvergenzzone, kurz ITC). Die Winde sind hier in der Regel sehr schwach und wehen aus unterschiedlichen Richtungen, häufig begleitet von Platzregen, heftigen Gewittern und stürmischen Böen. Zur Zeit der Segelschifffahrt war die Kalmenzone der Albtraum eines jeden Seefahrers, da es passieren konnte, dass man dort wochenlang festsaß. Heutzutage bereitet sie kaum jemandem mehr Kopfzerbrechen. Einmal kräftig den Motor aufdrehen, ein paar Dutzend Liter Diesel und zack, die Sache ist erledigt. Nur Teilnehmer von Hochseeregatten und ein paar komische Käuze, die noch immer darauf beharren, ohne Motor zu segeln, bekommen hier Probleme. Letztlich komme ich mit diesen verdammten Kalmen ganz gut zurecht. Man muss nur aufpassen und darf sich nicht von einer der berüchtigten extrem starken Böen überraschen lassen, die im Nullkommanichts den Mast zerbrechen oder das Segel zerreißen können.

Nach knapp drei nahezu schlaflosen Tagen am Wriggriemen fahre ich unter einem wunderschönen doppelten Regenbogen hindurch, der mir das Tor zur Südhalbkugel und den dazugehörigen Passatwinden zu öffnen scheint. Ich sehe schon, wie mir Polynesien und die Tahitianer zuwinken, aber die Probleme sind noch nicht vorbei. Den Pazifik und die Südhalbkugel muss man sich schon ein bisschen verdienen ... Ich brauche dringend Schlaf, werde aber fast zwei Tage lang von einer Flottille von Fischerbooten belästigt, die das Meer in alle Richtungen durchkämmen und mich zu ständigen Ausweichmanövern zwingen. Unmöglich, eine ruhige Kugel zu schieben! Aber wenn es mir um Entspannung gegangen wäre, hätte ich auch auf dem Ärmelkanal segeln können! Die Boote sind von Rost überzogen, einige haben kein AIS und lassen riesige Netze mit Leuchtbojen ins Wasser. Ich glaube, es handelt sich um eine Flottille chinesischer Trawler.

In diesem Gebiet fangen Seevögel an, mein Deck mit einem Hotel zu verwechseln. Offenbar passiert das hier recht häufig. In anderen Teilen der Welt deutet ein solches Verhalten eher darauf hin, dass der Vogel verwirrt oder krank ist und kurz darauf stirbt, weil er jegliche Hilfe der Seeleute verweigert. Hier ist das anders: Die Vögel kommen paarweise für ein oder zwei Tage. Einer der beiden bleibt auf dem Deck, während der andere um das Boot kreist und hin und wieder zu seinem Partner oder seiner Partnerin zurückkehrt, um ihm oder ihr ein Küsschen zu geben. Sobald sie weg sind, nimmt ein anderes Vogelpaar einer anderen Art ihren Platz ein.

Anfangs finde ich es sehr nett, ein wenig Gesellschaft zu haben. Ich drehe sogar ein kleines Video und denke mir eine Liebesgeschichte mit einer kleinen schwarz-weißen Möwe aus. Tja, aber die Anstands- und Sauberkeitsregeln bei Seevögeln sind nicht wirklich dieselben wie bei uns Menschen. Innerhalb weniger Tage ist das Deck meiner armen BALUCHON praktisch vollständig mit flüssiger, stinkender Vogelkacke bedeckt. Das passt mir gar nicht, aber da ich ein guter Mensch bin, lasse ich sie vier, fünf Tage lang gewähren. Bis eines Tages, als ich unter dem weit geöffneten Luk in meiner Koje liege, direkt über meinem Kopf das Hinterteil meiner verliebten Möwe erscheint, bereit, mir eine ordentliche Ladung mitten ins Gesicht zu schleudern. Diesmal fackele ich nicht lange und jage sie alle weg. Klar, das kommt nicht gut an. Die Vögel machen ihrem Unmut lautstark Luft.

Was für ein Schreck! Ich muss eingeschlafen sein. Meine BALUCHON liegt auf dem Sand. Vergeblich versuche ich sie zu schieben, aber sie bewegt sich keinen Zentimeter. Sie ist ganz einfach auf Grund gelaufen. Da entdecke ich am Strand zwei Gestalten. Mit großen Armbewegungen signalisiere ich ihnen, dass ich Hilfe brauche. Angesichts der Umstände hätte ich mir zwei kräftige Rugbyspieler gewünscht, aber es handelt sich um zwei wunderschöne junge Frauen in Badeanzügen. Die eine trägt ein Harpunengewehr über der Schulter, die andere hält einen enormen Fisch in der Hand. Ich bitte sie auf Polnisch, mir beim Schieben des Bootes zu helfen, merke dann aber, dass ich kein Polnisch spreche und sie es wahrscheinlich auch nicht verstehen würden. Also fange ich wieder an gegen das Boot zu drücken in der Hoffnung, dass sie erraten, was ich von ihnen will. Da nimmt die Frau mit der Harpune meine Hand und führt mich zu den nahegelegenen Dünen. Ihre Freundin lächelt mich an und zwinkert mir zu, als sei ich der schönste Mann der Welt (das allein hätte mich misstrauisch machen müssen ...). Wir gehen auf eine Art Dorf zu, eine Ansammlung von Hütten, aus denen Dutzende weitere junge Frauen kommen, die genauso hübsch sind wie meine beiden Führerinnen. Donnerwetter!

In der Mitte des Dorfes bindet mich die Frau, die meine Hand gehalten hat, an einen Pfahl, der wohl zufällig dort steht. Daraufhin beginnen sämtliche Frauen, mich zu beobachten. Einige fotografieren mich mit ihren Smartphones, auf denen ich ein seltsames Symbol erkenne: eine Art angebissenen Apfel. Eine der Frauen, die ein enges, bonbonrosa T-Shirt trägt, auf dem mit Pailletten »Shopping« geschrieben steht, sieht mich an, als wollte sie mich verschlingen, während sie mit ihrem Kaugummi Blasen macht und mit dem Finger einen ihrer Zöpfe dreht. Keine Ahnung warum, aber langsam wird mir sehr, sehr heiß. Dann stimmen alle Frauen gemeinsam eine Art Klagelied an und beginnen, mich zu umkreisen: »Hilf uns, die Raten für den neuesten Minivan und die neue Waschmaschine zu bezahlen.« Mein glückseliges Lächeln beginnt zu verblassen, zumal ich merke, dass meine Fesseln sehr fest gebunden sind. Es wird nicht einfach, mich aus diesem Schlamassel zu befreien.

Genau in diesem Moment schrecke ich aus dem Schlaf hoch. Es dauert eine Weile, bis ich begreife, dass ich mich nicht auf einer Insel mit superheißen Bräuten in Badeanzügen befinde, sondern in der Kajüte meiner BALUCHON, die mitten im Pazifik einen unryhtmischen Tanz aufführt. Im Halbschlaf strecke ich den Kopf durch das Luk: weder Chinesen noch Seevögel zu sehen, alles in bester Ordnung.

Die folgenden Tage fließen ruhig dahin, Seemeile für Seemeile, ohne besondere Vorkommnisse. Hin und wieder denke ich wehmütig an die Fraueninsel zurück. In der übrigen Zeit lese ich, höre Musik und Podcasts – nicht gerade das Leben eines Galeerensträflings.

Was meine Lektüre betrifft, so versuche ich es mit Gedichten. Vor langer Zeit habe ich mal *Die Blumen des Bösen* gelesen und war von der Schönheit der Texte beeindruckt. Dann haben das Leben, die Faulheit und viele andere Dinge dazu geführt, dass ich keinen einzigen Gedichtband mehr aufgeschlagen habe. Aber ich habe Baudelaire, Rimbaud und Verlaine in die hinterste Ecke meines E-Readers geschoben und mir vorgenommen, sie inmitten des größten Ozeans der Welt zu lesen. Leider finde ich das damalige Gefühl nicht wieder. Die Texte sind wunderschön, ja, aber ich bekomme nicht die erhoffte Gänsehaut. Das beunruhigt mich ein wenig. Vielleicht bin ich inzwischen zu alt ... Vielleicht hat sich mein Herz verschlossen ... Vielleicht ist aus mir ein allzu rationaler Bootsbauer und Segler geworden, und ich habe meine emotionale Seite eingebüßt ... Je mehr ich versuche, etwas zu fühlen, desto weniger funktioniert es natürlich. Das ist das Prinzip: Poesie kann nur verstehen, wer nicht versucht, sie zu verstehen. Trotzdem bin ich ein bisschen frustriert, ich hatte mir so viel von dieser Lektüre versprochen …

Ich stelle fest, dass ich jeden Tag weniger Strecke zurücklege. Als ich mich über Bord beuge, sehe ich, dass der gesamte Rumpf von Entenmuscheln bedeckt ist; diese gummiartigen Weichtiere lassen sich nur schwer ablösen. Das muss mein Tempo enorm beeinträchtigen. Herr im Himmel! Ich rolle das Segel ein, setze Tauchmaske und Schnorchel auf und springe ins Wasser, um dieses furchtbare Zeug abzukratzen. Nach einer guten, anstrengenden Stunde ist der Rumpf halbwegs sauber, und ich klettere zufrieden wieder an Bord.

Kurz darauf höre ich, wie etwas laut gegen das Ruder schlägt. Was ist da los? Dann ein weiterer Schlag. Ich beuge mich vor und sehe einen Hai. Der Kerl sieht sehr verärgert aus. Er ist nicht sehr groß, vielleicht zwei Meter lang, ganz gelb mit weißer Finne. Er scheint sich sehr für etwas zu interessieren, das unter dem Boot liegt, aber ich habe keinerlei Lust, nachzusehen, was es ist. Ich will mir gar nicht ausmalen, was passiert wäre, wenn ich ihm bei meiner Säuberungsaktion begegnet wäre. Ich beschließe, von nun an auf das Tauchen zu verzichten. Auch wenn ich ein paar Tage mehr brauche, um an Land zu gehen, ist das immer noch besser, als ein Stück Arm oder Bein zu verlieren.

Anderntags, als ich meinen Kopf durch das Luk strecke, um mit meinem Becher Tee in der Hand frische Luft zu schnappen, sehe ich direkt vor mir, rund 20 Meter entfernt, einen reglosen Wal auf der Seite liegen. Wir steuern geradewegs auf ihn zu. Der Anblick lähmt mich. Ich stehe bewegungslos da, unfähig, schnell wieder ins Bootsinnere abzutauchen, um die Pinne vom Autopiloten zu lösen und dem Wal auszuweichen. Das ist sehr seltsam: Die Flosse des Wals ragt fast so hoch in die Luft wie der Mast der BALUCHON.

In knapp zwei Metern Entfernung segele ich an dem riesigen Tier vorbei. Was macht der Wal in dieser Position? Schläft er? Ist er krank? Oder tot? Unwahrscheinlich, dann würden die Seevögel schon an seinem Bauch picken, und seine Flosse würde sich nicht von selbst in der Senkrechten halten. Vielleicht will er, dass ich ihn mit einem coolen Handschlag begrüße ... Das könnte ich beinahe tun, so nah sind wir uns. Mir läuft ein Schauer über den Rücken. Wenn er sich bewegt und die Flosse herunterschlägt, wird die BALUCHON mit Sicherheit zweigeteilt. Wir segeln still und leise an ihm vorbei, ohne dass er sich rührt. Nach und nach gerät er ins Kielwasser. Eine ganze Weile beobachte ich, wie er hinter uns kleiner wird, bis er zu einem winzigen schwarzen Punkt in der Ferne geschrumpft ist. Ich hatte nicht mal die Geistesgegenwart, ihm einen brüderlichen Gruß zuzuwerfen.

Wie in einem Traum, einfach so, taucht eines Morgens mitten im Ozean die Insel Hiva-Oa auf, die zu den Marquesasinseln gehört – nach 4.000 Seemeilen und 44 Tagen auf See, die mir mehr oder weniger real erschienen sind.

Als ich mit dem Wriggriemen den Ankerplatz erreiche, ist die Verwunderung bei allen Booten ringsum groß. »Wo kommt denn dieser Typ in seinem Schuhkarton her?« Als ich an ihm vorbeigleite, wirft mir ein Freizeitsegler eine Dose kaltes Bier zu, ein Hinano – ein netter erster Kontakt mit Polynesien. Ich erfahre, dass die ganze Welt seit mehreren Wochen im Lockdown ist, weil das tödliche Virus sich über den gesamten Planeten ausgebreitet hat, und dass Polynesien alle einfahrenden Schiffe unter Quarantäne stellt. Die Besatzungen dürfen 14 Tage lang nicht an Land gehen und die Insel nicht verlassen – letztlich ging es mir auf hoher See doch ziemlich gut. Aber dann höre ich, dass die Maßnahmen wohl gerade gelockert werden.

Fast alle Boote am Ankerplatz kommen mit dem Dingi zu mir, um mich zu begrüßen. Einige bringen mir Essen, Früchte, gekochte Eier, Bier, Schokolade ... Das trifft sich gut, denn ich habe kaum mehr Lebensmittel. Nach 44 Tagen auf See vor einer der schönsten Inseln der Welt ein kühles Bier zu trinken und in ein Stück Schokolade zu beißen, verschafft mir einen wahren Moment der Ekstase. Es hat sich mehr als gelohnt bis hierher zu fahren, sogar in einem Schuhkarton!

Am nächsten Tag funken mich die Gendarmen vom Kai aus an. Sie wollen mit den Einreiseformalitäten beginnen, die durch Corona komplizierter geworden sind. Als ich ihnen eröffne, dass ich keine Clearance habe, werden sie ein wenig bockig. Aber der Verantwortliche, der offensichtlich kein Dummkopf ist, fragt mich, ob ich ein Facebook-Konto besitze, auf dem ich meine Abreise aus Panama erwähnt habe. Aber ja, ich habe meine Abreise auf meiner Seite tatsächlich erwähnt! Dann versichere ich bei meiner Ehre, dass ich während der 44-tägigen Überfahrt nicht krank war, und nach zwei kurzen Tagen Wartezeit kann ich endlich an Land gehen. Wer hat behauptet, dass die französische Verwaltung nervtötend sei?

DIE MARQUESASINSELN

Kaum habe ich einen Fuß an Land gesetzt, überkommt mich ein ziemlich seltsames, herrliches Gefühl der Unwirklichkeit. Es fühlt sich an wie eine Art Tagtraum. Wie ist es möglich, dass ein kleiner Mann wie ich auf einem so winzigen Boot praktisch ohne Schwierigkeiten zu diesen wunderschönen Inseln gelangt? Lange Zeit werde ich das Gefühl nicht los, dass ich träume und gleich der Wecker klingeln wird, der mir befiehlt, aufzustehen und mich zu meinem superlangweiligen Job bei der DDE zu schleppen, um völlig hypothetische Rentenpunkte zu sammeln. Mich einfach so auf diesen wunderschönen Inseln wiederzufinden, ohne das Gefühl, dies wirklich verdient zu haben, verschafft mir wunderbare, erfüllte Momente. Mehrmals am Tag rufe ich innerlich aus: »Scheiße, Mann, das ist unglaublich, du hast es bis zu den Marquesasinseln geschafft!« Worauf ich mir antworte: »Nein, das kann nicht sein, das ist viel zu groß für dich!« In dieser Zeit hält man mich wegen meines chronischen seligen Lächelns sicher für einen glücklichen Schwachkopf.

Die Inselbewohner sind unglaublich gastfreundlich und nett. Fast jeden Tag bekomme ich ganze Säcke voll Obst und kann unmöglich zu Fuß ins Dorf gehen: Praktisch jedes Mal hält ein Auto an, um mich mitzunehmen, ohne dass ich auch nur den Daumen heben muss oder die Möglichkeit habe, abzulehnen.

Ein Halt auf den Marquesasinseln gleicht einem Zwischenstopp außerhalb der Zeit. Die Geister von Melville, Gauguin und Brel sind dort allgegenwärtig. Die Natur ist grandios. Man fühlt sich ganz klein und groß zugleich. Allein der Anblick meiner kleinen BALUCHON an ihrem Ankerplatz, eingerahmt von diesen majestätischen Bergen, bringt mich fast jedes Mal an den Rand der Tränen.

Ich nutze den Aufenthalt auch für eine kleine, wohlverdiente Behandlung des Unterwasserschiffs. Aus Geldmangel habe ich vor meiner Abreise ein minderwertiges Antifouling aus dem Sonderangebot aufgetragen; dies zu erneuern ist also kein Luxus. Wieder erweist sich die kleine Größe der BALUCHON als Vorteil. Die sehr nette Werft in Hiva-Oa hebt mein Boot für eine bescheidene Summe mit einem einfachen Lift aus dem Wasser und bietet mir kostenlos Restbestände an, die andere Segler zurückgelassen hatten. So bekommt die BALUCHON im Nu wieder einen schönen, sauberen Rumpf. Doch das schönste Geschenk, das ich auf den Marquesasinseln erhalte, kommt zweifellos von Joselito, einem herausragenden Bildhauer aus der Hanamenu-Bucht, der darauf besteht, meinen Wriggriemen mit Schnitzereien zu verzieren. Ihm verdanke ich, dass die Meeresgötter der Marquesasinseln mich von nun an begleiten und es mir vielleicht ermöglichen, meine Weltumsegelung zu vollenden.

Leider – andererseits aber auch zu meinem Glück, denn sonst hätte ich mich wahrscheinlich nicht entschließen können, meine Reise fortzusetzen – gibt es auf diesen bezaubernden Inseln auch etwas Diabolisches: die Nonos, eine äußerst aggressive Mückenart, die einen an Ort und Stelle buchstäblich zerfrisst, selbst wenn man sich mit allen Insektenschutzmitteln der Welt einreibt. Innerhalb weniger Wochen sind meine Beine und Arme mit offenen, sehr schmerzhaften Wunden übersät, die ewig brauchen, um abzuheilen. Es ist ein echter Albtraum. Alles Schöne hat seine Kehrseite, wie überall. Diese kleine Unannehmlichkeit plus die Tatsache, dass der Ozean mich immer wieder daran erinnert, dass es Zeit wird, den Anker zu lichten, veranlassen mich, mich eines schönen Morgens wieder auf den Weg zu machen. Aber tief in meinem Inneren sagt mir etwas, dass dies nur ein vorläufiger Abschied ist und ich eines Tages in dieses kleine Paradies zurückkehren werde.

ÜBERFAHRT MARQUESASINSELN–TAHITI
JUNI 2020

Diese kleine, 780 Seemeilen lange Überfahrt bereitet mir keine besonderen Schwierigkeiten. Abgesehen von einer Sache, die ich erläutern muss. Ich werde oft gefragt, was für ein Instrument ich zum Navigieren benutze. Aus purer intellektueller Faulheit versuche ich stets die Probleme, mit denen ich konfrontiert werde, mithilfe einfachster Lösungen aus der Welt zu schaffen. Die Idee ist nicht neu: Das philosophische Prinzip von Ockhams Rasiermesser gibt es nicht erst seit gestern. Es lautet, grob zusammengefasst, »Warum kompliziert, wenn es auch einfach geht?«, und steht im klaren Gegensatz zum aktuellen Trend, der genau in die Gegenrichtung geht. Um meine Position auf See zu bestimmen, verwende ich das GPS meines Handys und eine kostenlose App, die auch Seekarten enthält. Dafür brauche ich kein Mobilfunknetz, denn das GPS arbeitet mit Satellitensignalen. Das ist meiner Meinung nach sehr viel einfacher und günstiger als ein GPS-Tracker oder ein Sextant, für den man eine Uhr mit genauer Uhrzeit, einen Radioempfänger für die Zeitangaben, einen Abreißkalender für das laufende Jahr, einen Taschenrechner und Papierkarten braucht, auf denen man seine Position eintragen muss.

Zur Sicherheit hatte ich außerdem ein Tablet mit der gleichen Positionsbestimmungs-App und meinen Laptop mitgenommen, denn die Wahrscheinlichkeit, dass alle drei Geräte gleichzeitig ausfallen, lag praktisch bei Null. Tja, aber dann gab mein Tablet schon wenige Tage nach meiner Abreise von den Kanaren seinen Geist auf. Und als ich eines schönen Tages auf Höhe der Galapagos-Inseln einen Film auf meinem Laptop sehen wollte, den ich in ein altes Sweatshirt eingewickelt und in zwei wasserdichten Taschen verstaut hatte, war die Festplatte bei über 40 Grad in der Kajüte schlicht und einfach geschmolzen. So wurde mir nicht nur der Film vorenthalten, sondern auch die letzte Möglichkeit genommen, bei einem Ausfall meines Smartphones meine Position zu bestimmen.

Der Verlust meiner Navigationsgeräte beunruhigt mich nicht über die Maßen, denn ich habe mir noch nie ernsthaft den Kopf über meine Position auf See zerbrochen. Ich glaube gut nach Gefühl fahren und meinen Weg daher relativ leicht finden zu können. Aber seit Panama hat sich mein innerer Kompass auf seltsame Weise verstellt. In meinem Unterbewusstsein verlief der Panamakanal stets in Ost-West-Richtung, während er in Wirklichkeit in Nord-Süd-Richtung verläuft. Diese Abweichung um 90 Grad hat meinen Orientierungssinn mehrere Wochen lang völlig durcheinandergebracht. Auf einem großen Teil der Überfahrt zu den Marquesasinseln hatte ich das unangenehme Gefühl, nicht in die richtige Richtung zu fahren. Und nach und nach wurde mir klar: Wäre mein nunmehr einziges Positionsbestimmungsgerät ausgefallen, wäre ich mitten im Ozean verloren gewesen.

Theoretisch wäre es nicht nötig gewesen, viel Aufhebens darum zu machen und in Panik zu verfallen. Auf dem Meer ist man nie wirklich verloren. Und der Gedanke, mich ein paar Wochen lang von Planktonpüree zu ernähren und Regenwasser zu trinken, hätte mich nicht allzu sehr beunruhigen sollen. Irgendwann hätte ich zwangsläufig eine Insel entdeckt oder wäre einem anderen Schiff begegnet, das mir meine Position verraten oder eine Richtung gewiesen hätte. Dennoch erlebte ich einige bange Momente, bevor Hiva-Oa in Sicht kam.

In diesen Stunden des Zweifels habe ich mir genau überlegt, auf welchen anderen Inseln ich an Land gehen könnte, sollte ich die Marquesasinseln verpassen. Das hat mich zu der Erkenntnis geführt, dass es selbst mitten im Pazifik massenhaft Inseln gibt – von einigen könnte man annehmen, sie seien nur da, um die Seefahrer zu ärgern. Der Preis für die nervigsten Inseln geht zweifellos an die Tuamotus, eine Vielzahl ringförmiger Korallenriffe, die verstreut genau auf der Strecke zwischen den Marquesasinseln und Tahiti liegen. Die Chancen, die Marquesasinseln ohne GPS zu finden, stehen nicht sehr gut. Dafür sind die Chancen, auf einem Tuamotu-Atoll zu stranden, extrem hoch (wenn man zwischen den Marquesasinseln und Tahiti eine gerade Linie zieht, ist es fast unmöglich, nicht auf ein Atoll zu treffen). Zumal diese Korallenriffe sehr flach über dem Wasser liegen und ständig von Wellen überspült werden, sodass man sie nur wenige Sekunden sieht, bevor der Kiel sich endgültig darauf festsetzt.

Was dem Ganzen die Krone aufsetzt: Das Segeln in den Tuamotus ist rein technisch ziemlich schwierig, vor allem ohne Motor. In den Fahrrinnen, über die man in die Lagunen gelangt, gibt es sehr starke Strömungen. Und wenn man in einer Lagune angekommen ist, heißt es, weiter wachsam sein, denn diese Lagunen sind wie kleine Binnenmeere, auf denen starke Windböen heimtückische Wellen erzeugen. Diese können zu gefährlichen Fallen werden, ohne dass man die Möglichkeit hat, sich aufs offene Meer zu flüchten. Im Tuamotu-Archipel sind schon etliche Segelboote auf Grund gelaufen. Kurz, ein Übermaß an Vorsicht und mangelndes Vertrauen in meine Fähigkeiten als Küstensegler haben mich dazu bewogen, diese Inseln nicht anzufahren, obwohl sie für ihre Schönheit berühmt sind. (Ich habe diese Entscheidung nicht bereut, denn einige Monate später habe ich das unglaubliche Glück, als Crewmitglied auf einem großen Motortrimaran hierher zurückzukehren und einen Großteil des Archipels zu besichtigen.)

All diese Faktoren haben mich dazu gezwungen, diese Überfahrt ausnahmsweise einmal gut vorzubereiten und nicht wie sonst einfach drauflos zu fahren und auf meinen ungefähren Orientierungssinn zu vertrauen. Diesmal ist es undenkbar, dass ich mich entspannt zurücklehne, lese, Musik oder Podcasts höre oder auch nur ein bisschen döse. Ich muss die ganze Zeit meine Position im

Blick behalten. Vorsichtig umrunde ich alle kleinen Inseln und lache am Ende über mich selbst, weil ich vor dieser Fahrt solche Angst hatte.

Beim Zwischenstopp in Hiva-Oa hat mir ein großherziger Segler ein altes, tragbares, batteriebetriebenes GPS-Gerät geschenkt, in dem ich die Wegpunkte zwischen den Atollen gespeichert habe. So kann ich weitersegeln ohne Angst vor einem Ausfall meines Smartphones haben zu müssen.

Abgesehen vom kleinen Slalom zwischen den Inselchen ist diese Überfahrt ein echtes Vergnügen mit einer sehr guten Durchschnittsgeschwindigkeit.

Nachdem ich die Gefahren der Tuamotus hinter mir gelassen habe, widme ich mich wieder der Lektüre. Um mich nicht zu überanstrengen, nehme ich mir die *Millennium*-Trilogie von Stieg Larsson vor. Dabei erlebe ich den ärgerlichsten Moment der Überfahrt: An der spannendsten Stelle des Plots fährt ein Fischerboot genau in meinen Weg und nötigt mich, das Buch aus der Hand zu legen. Nirgendwo hat man seine Ruhe!

Nach fast acht Tagen auf See, gerade als ich in den Hafen von Papeete einfahre, wird der Wind etwas stärker und zwingt mich, im Handelshafen zwischen all den Fähren, Frachtern und Schleppern zu kreuzen, die mir freundlich zuwinken.

Sogar die Küstenwache grüßt mich, wenn sie mir begegnet – ganz anders als in meinem Heimathafen in Saint-Brieuc, wo die Wichtigtuer stets eine Hand an ihrer Kalaschnikow haben, nur weil ein armseliges Vier-Meter-Boot ohne verdammten Motor jemanden behindern oder einen Unfall verursachen könnte (Vorschrift ist Vorschrift).

Mit einem etwas wahllosen, recht kunstvollen Segelmanöver erreiche ich den Steg der Marina inmitten einer ganzen Reihe riesiger Luxusyachten, die einen lustigen Kontrast zu meiner Nussschale bilden.

TAHITI – INSELN UNTER DEM WINDE

Auch Tahiti hält viele wunderbare Momente für mich bereit. Gleich nach meiner Ankunft werde ich in der lokalen Tageszeitung und den örtlichen Nachrichtensendungen vorgestellt. Anschließend erkennen viele Leute meine kleine BALUCHON wieder und kommen spontan auf mich zu. Ich bringe unzählige Stunden damit zu, mit allen möglichen Leuten zu plaudern, die ich normalerweise nie kennengelernt hätte, und werde von allen Seiten eingeladen, um wieder und wieder von meiner Reise zu erzählen. Das sind immer sehr schöne Momente – außer für meinen Magen, denn viele wollen mir unbedingt einen Drink oder ein Essen ausgeben.

Wegen oder dank der Hühner, mit denen mein Freund Jean-Yves Le Fourn – ein Künstler aus Brest mit der charmanten Marotte, überall, wo er hinkommt, Hühner zu zeichnen – vor der Abreise meinen Rumpf und mein Segel verziert hat, werde ich oft mit einem anderen Segler verwechselt: Guirec Soudée, der einige Zeit vor mir in Begleitung eines echten Huhns um die Welt gesegelt ist.

Viele Leute möchten mir helfen, aber ich brauche ihre Hilfe nicht wirklich. Auf einem so kleinen Boot gibt es kaum Probleme, und meine wichtigste Philosophie lautet: immer versuchen, allein klarzukommen.

Die für mich unwirklichste Begegnung mache ich eines schönen Morgens im Yachthafen von Papeete. Ich habe in der Stadt ein paar Besorgungen gemacht und als ich auf mein Boot zurückkehre, steckt in meinem Luk ein kleiner Zettel: »Bravo, wunderschönes Boot und so ein intelligentes Konzept [...]. Wenn Sie Zeit und Lust haben, hier ist meine Telefonnummer … Olivier de Kersauson.« Ich glaube nicht eine Sekunde, dass der Zettel echt ist. Ich blicke mich um, um herauszufinden, wer für diesen guten Streich verantwortlich ist, kann aber niemanden entdecken. Selbst wenn es kein Scherz sein sollte, ist es doch sehr merkwürdig. Ich kann mich nicht durchringen, die Nummer anzurufen, auch wenn das nicht sehr höflich ist. Es gibt wohl kaum gegensätzlichere Charaktere als Kersauson und mich. Ich sehe den scharfzüngigen, temperamentvollen Vorreiter und Erfinder wunderschöner riesiger Mehrrumpfboote und Gewinner der Jules Verne Trophy vor mir: ein geborener Wettkämpfer – das ist eine völlig andere Welt als die meines »Spielzeugbootes«.

Genau in diesem Moment kommt ein befreundeter Segler vorbei. Ich zeige ihm den kleinen Zettel, wie um mir von ihm bestätigen zu lassen, dass es sich um einen Scherz handelt und ich so tun sollte, als hätte ich ihn nie gesehen. Doch zu meinem Pech ist mein Freund ein großer Kersauson-Fan: »Das ist ja super! Du musst ihn unbedingt anrufen, ich wollte ihn immer schon mal kennenlernen.«

»Man, der hat Nerven! Erstmal will er *mich* treffen, nicht dich«, denke ich in einem Anflug von Selbstverliebtheit.

»Na los, mach schon. Worauf wartest du? Ruf ihn an!«

»Ähm, du bist lustig, und was soll ich ihm erzählen?«

Entnervt nimmt mir mein Kumpel, ein echter Draufgänger mit starkem, südfranzösischem Akzent, den Zettel aus der Hand, holt sein Telefon heraus und ruft an meiner Stelle an. Ich würde am liebsten im Boden versinken … Zum Glück sitzt Kersauson am Steuer seines Motorboots und versteht nicht, was mein Kumpel sagt. Der reicht mir das Telefon weiter. Kersauson (der gerade den Motor abgestellt hat) überschüttet mich daraufhin mit Fragen zu meinem Boot. Ich merke gleich, dass ich mit offenen Karten spielen und weder zu bescheiden sein noch schwafeln darf, sondern einfach plaudern kann.

»Komm mich doch morgen besuchen, wir essen zusammen. Ich liebe dein Boot!«, sagt er. Als ich auflege, bin ich völlig durch den Wind. Ich muss wirklich lernen, weniger gefühlsbetont zu sein.

Am nächsten Tag treffe ich den berühmten Segler. Er ist supernett, und wir reden eine ganze Weile über Boote. Im Gespräch mit ihm merke ich, ohne es mir wirklich einzugestehen, dass wir beide in etwa dasselbe machen. Er versucht fortwährend, seine fabelhaften Rennboote zu optimieren, und ich versuche, meine Miniboote zu verbessern, indem ich sie so weit wie möglich vereinfache. Aus seiner Sicht ähneln sich unsere Vorgehensweisen, und das gefällt ihm. Ich bin sehr erstaunt, denn ich spüre bei ihm eine außergewöhnliche Sensibilität und Intelligenz, die so gar nicht dem Bild entsprechen, das ich mir von ihm gemacht hatte. Mir wird klar, dass auch er eigentlich sehr zurückhaltend ist und sich hinter dem Panzer und dem Image versteckt, die er sich im Laufe der Jahre geschaffen hat.

Ein paar Tage später stimmt er in einem seiner wöchentlichen Radiobeiträge auf RTL eine Lobeshymne auf mein Boot an. Das ist mir peinlich, macht mich aber gleichzeitig stolz auf meine BALUCHON, die nun landesweit im Scheinwerferlicht steht.

Als ich vor einem Jahr aus Frankreich abgereist bin, hätte ich mir niemals träumen lassen, dass mein Boot so viel Aufmerksamkeit erregen würde. Ganz im Gegenteil: Ich hatte mir sogar eingebildet, dass ein Durchschnittssegler, der jahrzehntelange Arbeit und Ersparnisse in sein Boot gesteckt hat, es sicher nicht gut finden würde, wenn jemand wie ich, der in einer gewöhnlichen Sperrholzkiste einfach der Nase nach segelt, mir nichts dir nichts auf der anderen Seite des Planeten eintrifft. Weit gefehlt. Selbst erfahrene Segler mit Schiffen, die mehrere hundert Mal so teuer sind wie die BALUCHON, kommen freundlich auf mich zu, und Kinder lieben es an Bord dieses Spielzeugs zu klettern, das mehr oder weniger wie ein Schiff aussieht. Überall begegnen mir Neugier und Sympathie.

Ich halte sogar – das hätte ich mir nie träumen lassen – im Yachtclub von Tahiti einen Vortrag über meine Reise. Ich! Der schüchternste Mensch der Welt! Vor Menschen sprechen! Hätte mir das jemand vor meiner Abreise gesagt, ich hätte ihn ausgelacht. Aber ich schlage mich nicht allzu schlecht. Niemand bemerkt, dass ich tierisches Lampenfieber habe. Ich stammele nur ein bisschen, mehr nicht. Eine interessante Erfahrung, die ich aber nicht jeden Tag wiederholen möchte.

In Polynesien zu segeln, ist wirklich der Hammer. Der Wind ist dort fast immer konstant und stark genug, um mit dem Boot Spaß zu haben. Ich muss mich kaum anstrengen, um als guter Segler durchzugehen. Überall fahre ich mit gesetztem Segel hinein, was mit der BALUCHON, die sich wie ein Moped fährt, wirklich nicht schwer ist. Bei den anderen vor Anker liegenden Segelbooten macht das jedes Mal Eindruck. Die Stimmen tragen im Allgemeinen gut über das Wasser. Oft höre ich Kommentare wie:

»Guck mal, da ist der Typ, der mit seinem kleinen Boot um die Welt fährt!«

»Auf dem Ding?! Das kann doch gar nicht sein, das ist doch viel zu winzig!«

In der Regel tauche ich einfach so inmitten der anderen Boote auf und mache mich ein bisschen wichtig. Es macht mir einen Heidenspaß, quasi wie ein Profi zu manövrieren und zu ankern. Für gewöhnlich geben mir die anderen Segler Daumen-Hoch-Zeichen, die ich mit blasiertem Gesichtsausdruck erwidere, woraufhin ich häufig auf ein Bier oder einen Kaffee eingeladen werde. Kurz, ich fange an, leichtsinnig zu werden und entwickele mich ein bisschen zu sehr zum Angeber.

Bis ich eines Tages in einer Bucht von Moorea bei ziemlich starkem Wind zu dicht an einer Boje vorbeisegele und – krrrrack – mit einem melodischen Kratzgeräusch auf eine Korallenbank auflaufe. Die BALUCHON sitzt fest, sie bewegt sich keinen Zentimeter mehr. Ich bin kurz davor, vor Scham im Boden zu versinken und habe plötzlich das seltsame Gefühl, dass alle 30 Boote um mich herum sich über mich lustig machen. Zum Glück ziehen mich motorisierte Dingis von dort weg. Ich komme mit einem Kratzer unterm Kiel und an meinem Selbstwertgefühl sowie einer kleinen Ermahnung davon: Auf See darf man sich nicht wichtigmachen und muss immer auf der Hut sein.

Der paradiesische Trip zu den Inseln unter dem Winde ist ebenfalls ein echter Traum mit vielen netten Begegnungen. Dank der BALUCHON werde ich wieder sehr regelmäßig zum Essen eingeladen, was mir eine willkommene Abwechslung zu meinen ewigen chinesischen Nudeln und Dosensardinen bietet. Häufig finde ich auch kiloweise Früchte auf meinem Cockpit: Die polynesische Freundlichkeit und Gastfreundschaft sind wirklich keine Legende!

Und dann ... Und dann ist da Rebecca. Die Tochter des Windes, die nur ihre Arme ausbreiten muss, um alles neu zu erschaffen. Am Anfang kann ich es kaum fassen: die coolste, erfolgreichste, heißeste, netteste, lustigste Frau, die man sich vorstellen kann, mit obendrein einer Prise Verrücktheit und einem Hauch von Selbstironie. Die Art Frau, die nur in Träumen existiert. Als ich ihr begegne, fängt alles an zu leuchten, als hätte ich bis dahin im Schatten gelebt. Als sie nicht mehr da ist, werde ich sterbenstraurig.

Da ich ein etwas binärer Typ bin, für den es immer um alles oder nichts geht, verliebe ich mich Hals über Kopf in sie. Das ist genau die Art Schock, die einem den Boden unter den Füßen wegzieht. Diese Art etwas zu starkes Gefühl für eine schöne Unbekannte habe ich einige Jahre zuvor schon einmal erlebt. Damals war ich zu schüchtern, um der Dame meine Liebe zu gestehen und ich habe meine Chance verpasst. Das versetzt mir bis heute manchmal einen großen Stich im Herzen, auf den eine kleine Träne der Traurigkeit folgt. Doch diesmal bin ich fest entschlossen, meine Zurückhaltung zu überwinden und wage eine pathetische Liebeserklärung.

Das mag sich läppisch anhören, aber ich muss dafür viel mehr Mut aufbringen als für die Überquerung aller Ozeane auf meinem winzigen Segelboot.

Natürlich gibt sie mir einen Korb. Auf charmante und diplomatische Art und Weise, aber dennoch – das war nicht anders zu erwarten. Ich gebe den lässigen Gentleman, aber in Wirklichkeit fühle ich mich, als hätte mich ein Bus überrollt. Ein befreundeter Einhandsegler, den ich auf meinem Zwischenstopp auf den Marquesasinseln kennengelernt habe, versucht mich aufzuheitern und gibt mir Tipps fürs Flirten – eine Kunst, die er meisterhaft beherrscht.

»Sieh mal, die da, die ist doch hübsch!«, sagt er zu mir, um mich von meiner Schwermut abzulenken und weist auf eine gut gebaute Tahitianerin.

»Die und hübsch?! Ich bitte dich, kein Vergleich mit meiner Rebecca!«, denke ich mit einem bitteren Geschmack im Mund.

Einige Wochen vor meiner Abreise aus Polynesien mache ich mir ein wenig Sorgen. Ist es wirklich vernünftig, in diesem desolaten Zustand zu einer mehrere tausend Seemeilen langen Reise aufzubrechen? Wenn mir auf See etwas Schlimmes zustoßen sollte und ich mich mit aller Kraft ans Leben klammern müsste, würde mich meine Enttäuschung nicht dazu bringen, loszulassen?

Warum war ich so dumm? Hätte ich meine Gefühle nicht offenbart und alles für mich behalten wie bei meiner letzten Verliebtheit, wäre ich am Ende nicht so deprimiert gewesen. Dieser Zustand zeigt einmal mehr, wie eigenartig ich funktioniere und dass ich viel besser mit Illusionen klarkomme als mit der Realität: Eine erträumte Liebe ist für mich hundertmal besser als eine enttäuschte Liebe. Ich hoffe bloß, dass meine Traurigkeit nur in meiner Enttäuschung und den fehlenden schönen Momenten mit Rebecca begründet liegt und nicht in einer Form von Arroganz, die es mir unerträglich macht, dass jemand ganz selbstverständlich Nein zu mir sagt.

Ich habe es schon vor Jahren aufgegeben, mich Frauen zu nähern. Meine bisherigen Versuche sind allesamt kläglich gescheitert und haben bei mir ein kaum erträgliches Gefühl von Gefangenschaft und Ersticken hinterlassen. Ich bin zu dem Schluss gekommen, dass Männer und Frauen nicht fürs Zusammenzuleben bestimmt sind. Das perfekte Leben als Paar sieht für mich so aus: Man wohnt getrennt, jeder verwirklicht seine verrückten Vorstellungen und Träume, und man trifft sich nur für die schönen, dem Leben gestohlenen Momente, kann sich aber in schwierigen Zeiten aufeinander verlassen.

Vielleicht ist es das, was mich an Rebecca so begeistert: Sie ist eine kämpferische, starke, energiegeladene Königin mit vielen Plänen im Kopf. Eine Frau, die keinen Mann zum Leben braucht, so wie auch ich nicht wirklich eine Frau brauche. Allein die Vorstellung, dass zwei freie, in keinster Weise voneinander abhängige Elektronen sich begegnen können, erschien mir wunderbar, war aber offensichtlich nicht mit der Wirklichkeit vereinbar.

Nach einer ganzen Weile und mit viel Bedauern finde ich mich allmählich mit der Realität ab. Die Liebe hatte mich im Stich gelassen. Meine Zukunft in Sachen Liebe sieht düster aus, da die Wahrscheinlichkeit, eine andere, genauso schöne und verrückte Rebecca zu treffen, gegen Null tendiert, und es sicher eine ganze Weile dauern wird, bis ich mich wieder traue, jemandem meine Liebe zu gestehen. Schlecht für mich, aber gut für meine kostbare Freiheit, die davon nur profitieren wird. Trotz allem habe ich eine wunderbare Bekanntschaft gemacht und damit vielleicht auch irgendwie den intensivsten Moment meiner Reise erlebt.

Diese Episode wird die Machos unter den Frauenhelden sicher zum Schmunzeln bringen, also jene, die nach dem Motto »Eine verloren, zehn gefunden« leben und sich damit zufriedengeben, die erstbeste hirnlose Blondine abzuschleppen. Was mich betrifft, so habe ich schon lange kein Interesse mehr an langweiligen Liebesgeschichten, flüchtigen Segeltörns oder öden Jobs. Ich habe ein für alle Mal beschlossen, die Zeit, die mir bleibt, nicht mehr mit Mittelmäßigkeit zu füllen. Das bringt zwar auch Frust mit sich, aber das gehört eben zum Preis, den man zahlen muss. Diese kleinen Sandkörner verleihen dem Leben ein wenig Würze.

ÜBERFAHRT RAIATEA–NEUKALEDONIEN
SEPTEMBER 2020

Auf dem Kai von Uturoa auf der Insel Raiatea haben sich alle meine Freunde von der Insel versammelt, um mich zu verabschieden. Mir wird ganz warm um mein kleines, etwas verbeultes Herz. Der Wind ist ein wenig zu stark und ungünstig für einen Segelstart, aber das beunruhigt mich nicht allzu sehr. Ich habe das Manöver im Kopf schon durchgespielt, das müsste klappen. Doch bei all den Umarmungen und Verabschiedungen vergesse ich, die Seile zu lösen, mit denen ich die Pinne fixiert habe. Das bemerke ich erst, als ich mich schon mit dem Wriggriemen vom Kai wegbewege. Das war's dann mit meinem Plan, so schnell wie möglich das Segel auszurollen. Bis ich das Paddel verstaut habe und ins Innere des Bootes abgetaucht bin, um die Pinne zu befreien, wird mich der Wind, der mit fast 20 Knoten weht, bereits auf die andere Seite des Hafenbeckens abgetrieben haben, von wo aus es viel schwieriger sein wird, wieder loszufahren.

Ohne mir etwas anmerken zu lassen, wrigge ich das beladene Boot weiter durch die unruhige See. Es ist ein bisschen grenzwertig, aber irgendwie gelingt es mir, das Ende des Kais gegen den Wind zu erreichen. Die Freunde helfen mir beim Anlegen. Erstaunlicherweise stellt mir niemand Fragen. Sicher denken alle, dass ich ein guter Segler bin, der weiß, was er tut. Mit etwas Glück werde ich den Schein wahren; möge der heilige Innozenz noch einmal über mich wachen! Ich bringe meine Sachen in Ordnung und rolle das Segel aus. Geschafft! Die BALUCHON nutzt den Wind und legt endlich vom Kai ab, uff! Ich ärgere mich immer noch ein bisschen über meinen Anfängerfehler, aber die Ermunterungen und Abschiedsrufe geben mir neue Energie, zumal sich in der Gruppe sehr hübsche junge Frauen befinden, was meine Stimmung ebenfalls ein wenig hebt. Los geht's! In kürzester Zeit verlasse ich die Bucht, begleitet von einem kleinen Beiboot mit charmanter Besatzung. Auf geht's aufs offene Meer und dem Unbekannten entgegen!

Die 2.500 Seemeilen lange Überfahrt (ohne Möglichkeit für einen Zwischenstopp, da praktisch alle Pazifikinseln wegen Corona hermetisch abgeriegelt sind) wird mir nicht in bester Erinnerung bleiben. Zwei Drittel der Zeit herrscht miserables Wetter, wobei sich lange Flaute-Perioden mit ziemlich starken Winden abwechseln, der Himmel alle vorstellbaren Dunkelgrauschattierungen annimmt und es an manchen Tagen unaufhörlich schüttet. Ich erlebe sogar ein gewaltiges Gewitter mit beeindruckenden Blitzen und krachendem Donner sowie zwei Tage mit Gegenwind. An gut zehn aufeinanderfolgenden Tagen sehe ich kaum die Sonne. Das ist kein Wetter, wie man es von einem Segeltörn auf der Passatroute erwartet. Da könnten selbst Hinkelsteine in Schwermut verfallen.

Ich denke sehr oft an Rebecca, und die Dichter sprechen noch immer nicht zu mir, verdammt!

Bei einer der vielen Windböen entsteht ein Riss in der Mitte meines Segels. Das Problem muss schnell behoben werden, sonst wird das Loch immer größer, bis es das Segel in zwei Teile reißt, was zwangsläufig unsere Weiterfahrt behindern würde. Zugegeben, mein Segel hat nicht die beste Qualität und daran bin ich selbst schuld. Es ist das Einzige am Boot, das ich nicht selbst hergestellt habe (abgesehen natürlich von den elektronischen Geräten). Da ich schon seit einiger Zeit versuche, von meiner eigenen Hände Arbeit zu leben, wollte ich aus Solidarität einen Handwerker beauftragen, der seine Segel selbst herstellt und sie nicht von Plattformen oder Zulieferern im Ausland herstellen lässt, wie es im Freizeitsegelbereich immer häufiger vorkommt. Also habe ich mich an eine Segelmacherei bei mir in der Nähe gewandt.

Leider zählt Kommunikation nicht zu meinen großen Stärken. Außerdem hatte ich Angst, für verrückt (!) gehalten zu werden.

Daher konnte ich mein Vorhaben nicht vernünftig erklären. Wie üblich habe ich vage von einem Törn außerhalb der Küstengewässer gesprochen, ohne das genauer zu erläutern. Damit konnte der ansonsten sehr freundliche Geschäftsführer der Segelmacherei natürlich nicht viel anfangen. Als ich meine Bestellung erhielt, war ich ein wenig enttäuscht, da mein Segel zwar fürs Freizeitsegeln an der Küste völlig in Ordnung, aber für eine Weltumsegelung schlichtweg unzureichend war. Aber ich sagte mir: »Macht nichts, wir werden schon klarkommen.« Als ich nun jedoch sehe, wie mein hübsches kleines Segel mitten im Pazifik einreißt, hunderte Seemeilen von der nächsten bewohnten Insel entfernt, bereue ich das bitterlich. Ich war ganz schön blauäugig. Nach nur 130 Tagen und 12.000 zurückgelegten Seemeilen zeigt mein Segel deutliche Abnutzungserscheinungen. Für ein Segel eines normalen Freizeitseglers ist das nicht schlecht, aber dieser Gedanke kann mich nicht wirklich trösten. Ich hätte von Anfang an auf eine höhere Qualität des Tuchs, der Garne und der Verstärkungen pochen sollen, auch wenn mich das mehr gekostet und man mich für eine Nervensäge gehalten hätte. Wie heißt es doch so schön: Den Preis vergisst man, die Qualität bleibt.

Um ein Segel zu reparieren, schlägt man es am besten ab und flickt es in aller Ruhe auf dem Deck – so jedenfalls stellt man sich das gemeinhin vor. Dafür muss man bei mir allerdings den Mast legen, was bei ruhigem Wetter sehr einfach ist, bei diesem Wind aber eine ziemliche Herausforderung. Einen Tag lang harre ich mit einem winzigen Stück Segel aus, bis der Wind etwas nachlässt. Das bringt mich in eine sehr, sehr unangenehme Lage, denn das Boot wird kaum noch gestützt und sehr stark durchgeschüttelt. Als sich das Wetter etwas bessert, ist die See noch immer ziemlich aufgewühlt. Auch unter diesen Bedingungen möchte ich den Mast nicht legen, zumal ich danach noch das Segel ausrollen müsste, während die Wellen permanent das Deck überspülen. Nicht gerade ideal für eine Nähsession. Also muss ich mir überlegen, wie ich das Segel provisorisch reparieren kann. Ich beschließe es mit Klebestreifen zu versuchen, die ich quer über den Riss klebe. In mehr als zwei Metern Höhe über dem Deck und auf einem Boot, das unablässig rollt und stampft, wird das allerdings eine ganz schöne Herausforderung.

Operation Plakatkleben auf einem Rodeo-Bullen: Am Ende eines der Rohre, die mir als Spibaum dienen, binde ich einen kleinen quadratischen Plastikkanister fest. An diesem wiederum befestige ich einen Klebestreifen, mithilfe einer findigen Konstruktion aus Wäscheklammern, die von Schnüren gehalten werden, die ich von unten lösen kann. Dann versuche ich, aufgerichtet im Luk stehend, das Rohr mit ausgestrecktem Arm so zu halten, dass ich den Kanister und damit das Klebeband auf den Riss drücken kann. Das erfordert eine gute Koordination meiner Bewegungen, denn das Boot rollt verdammt stark. Zu meiner Überraschung funktioniert es einwandfrei! Na gut, die Klebestreifen sind nicht wirklich alle parallel und außerdem ein bisschen knitterig, aber für eine provisorische Reparatur ist es nicht schlecht (das Flickwerk wird bis zu meinem nächsten Landgang, also 1.700 Seemeilen, halten).

In der Nähe der Fidschi-Inseln begegne ich dem einzigen Boot auf dieser Etappe. Es sieht aus wie ein Polizei-Schnellboot oder etwas in der Art. Da ich kein AIS-Signal aussende und weiß, dass ein Boot wie die BALUCHON auf offener See überraschend wirken mag, mache ich mir ein wenig Sorgen, dass ich beobachtet werden könnte. Zumal ich nicht über Funk erreichbar bin – meine Handfunke hat eine viel zu geringe Reichweite und ich muss Strom sparen. Und vor allem liegt es mir gar nicht, mit jedem Boot, dem ich begegne, auf Teufel komm raus Belanglosigkeiten auszutauschen, wie manch andere das tun. Meine Funke ist nur für Notfälle gedacht, und dies scheint mir keiner zu sein. Dennoch bin ich auf der Hut, denn dieses Schnellboot sieht offiziell aus und offizielle Schnellboote haben selten wohlwollende Absichten, vor allem nicht bei Verrückten wie mir. Außerdem haben in dieser etwas eigenartigen Coronazeit alle Länder und insbesondere die Inselstaaten ihre Sicherheitsvorkehrungen verschärft.

Ich versuche meinerseits etwas mehr über dieses Schnellboot herauszufinden, aber es ist zu weit entfernt, als dass ich wirklich erkennen könnte, worum es sich handelt. Da fällt mir ein, dass ich ein Fernglas an Bord habe. Ein Fernglas zu haben, das macht was her. Das sieht nach furchtlosem, unbescholtenem Offizier aus, der den Horizont absucht. Aber auf einem Miniboot ist ein Fernglas der wohl nutzloseste Gegenstand, den man sich nur vorstellen kann. Selbst bei ruhigem Wetter rollt die BALUCHON so stark, dass ich das Schnellboot durch die Linsen immer nur wenige Millisekunden sehen kann. Das ist so komisch, dass ich über mich selbst lachen muss: Habe ich so viel Platz an Bord, dass ich mich mit so einem Ding belaste? Im Geiste notiere ich: »Fernglas beim nächsten Landgang verschenken oder eintauschen«. Nach und nach verschwindet das Schnellboot am Horizont.

Nach 32 Tagen auf See kommen die BALUCHON und ich in Sichtweite von Neukaledonien – ein Langsamkeitsrekord für mein kleines Boot, das sich dabei tapfer und entschlossen durch die nicht immer einfachen Bedingungen gekämpft und auch einige sehr schöne Momente auf See erlebt hat. Die letzten vier Tage sind die anstrengendsten: Die See ist rau, und es fühlt sich an, als sei mein Boot zum Spielball eines großartigen Fußballspiels geworden, das von wütenden Giganten ausgetragen wird.

Als ich bei Einbruch der Dunkelheit durch die Havannah-Passage im Südosten der Insel segele, habe ich Glück: Da ich genau bei Ebbe ankomme, profitiere ich während der gesamten nächtlichen Fahrt von einer Strömung, die mich bis nach Nouméa trägt. Kaum bin ich an den ersten Bojen der Einfahrt vorbei, fahre ich geradewegs in eine mehr als regenschirmgroße Meeresschildkröte hinein, die sofort die Flucht ergreift und dabei unbeholfen ihre großen Flossen im Wasser bewegt. Ich weiß natürlich, dass sie meine Sprache nicht versteht, dennoch kann ich nicht anders, als ihr ein verwirrtes »Entschuldigung …« zuzurufen.

In Polynesien hieß es, dass Neukaledonien wegen Corona für Schiffe von außerhalb komplett gesperrt sei. Ich möchte mein Glück trotzdem versuchen, auch auf die Gefahr hin, mehrere Wochen an Bord ausharren zu müssen. Eine Weiterfahrt nach Australien, einem angelsächsischen Land mit sehr scharfen Grenzkontrollen, kommt nicht in Frage: Dort würden mir eine Geldstrafe, eine Verhaftung und die Beschlagnahmung meines Bootes drohen. Ich kann aber auch nicht nach Polynesien zurück: Mit einem Vier-Meter-Boot 2.500 Seemeilen gegen den Passatwind zu segeln, würde mich angesichts meiner Lebensmittel- und Trinkwasservorräte viel zu viel Zeit kosten. Außerdem beginnt bald die Hurrikansaison.

Hinzu kommt, dass die Behördengänge in Tahiti so kompliziert waren, dass ich völlig durcheinandergekommen bin und auf Raiatea letztlich wieder einmal nicht ordnungsgemäß ausklariert habe. Kurzum, mir geht die Düse, als ich mich über meine Funke bei den Behörden melde. Aber dank der Bekanntheit meiner BALUCHON sind die Einreiseformalitäten schnell erledigt. Ich muss lediglich einen PCR-Test machen, der nach 32 Tagen allein auf See natürlich negativ ausfällt, und nicht mal 24 Stunden später darf ich an Land gehen.

NEUKALEDONIEN

Wie ein Kosmonaut in seiner Raumkapsel haben meine kleine BALUCHON und ich, angetrieben von gewissen zentrifugalen und okkulten Kräften und ohne uns dessen wirklich bewusst zu sein, bereits mehr als die Hälfte unserer Weltumrundung gemeistert. Diese Feststellung gibt mir wieder einmal das Gefühl, eine Art Tagtraum zu erleben. Es kommt mir einfach unfassbar vor.

Kaum habe ich angelegt, werde ich allerorts auf einen Drink oder einen Imbiss eingeladen. Die BALUCHON bringt die Leute immer wieder zum Staunen. Viele haben schon von unserem Abenteuer gehört, einige haben uns bereits sehnsüchtig erwartet. Kaum eine Stunde nach meiner Ankunft darf ich sogar in einem Sportflugzeug eine kleine Runde über die Lagune drehen. Wie in Tahiti stürzen sich die lokalen Medien auf mich, um mich zu interviewen. Langsam gewöhne ich mich zwar daran, aber es fühlt sich immer noch seltsam an.

Ursprünglich war mein Plan, nach Australien zu segeln, dort ein altes Auto zu kaufen, die BALUCHON ohne Kiel auf dem Dach festzuschnallen und dann ganz gemächlich auf dem Landweg zum Indischen Ozean zu fahren. Allein die Vorstellung meines kleinen Bootes mitten im australischen Busch, umgeben von Kängurus, brachte mich zum Träumen. In gewisser Hinsicht hatte ich diese Etappe zum Höhepunkt meiner Weltreise erkoren. Doch seit dem Ausbruch der Pandemie hat Australien seine Grenzen komplett geschlossen. Es gibt keine Möglichkeit, ein Visum zu bekommen. Selbst Australier, die im Ausland festsitzen, brauchen offenbar zwingende Gründe, um nach Hause zurückkehren zu dürfen. Wie überall auf der Welt sorgt dieses Virus dort für ein heilloses Durcheinander.

Daher beschließe ich, meinen Zwischenstopp in Neukaledonien zu verlängern und in Ruhe abzuwarten, bis sich die Lage wieder entspannt und die Hurrikan-Saison vorbei ist. Außerdem will ich meinen Aufenthalt nutzen, um mit ein paar Jobs die Bordkasse wieder aufzufüllen. Neukaledonien ist dafür der ideale Ort: Hier läuft einem die Arbeit hinterher und nicht umgekehrt.

Durch meine Begegnungen mit den Inselbewohnern und verschiedene Ausflüge lerne ich dieses wunderschöne Land allmählich schätzen und verstehen. Die politische Lage ist sehr angespannt. Ich bin am Tag nach dem zweiten von drei Unabhängigkeitsreferenden hier angekommen. Die Entscheidung ist knapp mit »ja« ausgefallen, was viel Unruhe erzeugt. Jedes Mal, wenn ich irgendwo eingeladen bin, kommt das Gespräch unweigerlich auf die Politik, wobei sich beide Seiten oft mit ziemlich radikalen Äußerungen hervortun. Meiner Meinung nach verheißt das für die Zukunft eines Landes nichts Gutes.

In finanzieller Hinsicht ist das Glück mir hold: Eine sehr gute Seele hat von Tahiti aus online eine Crowdfunding-Initiative für mich gestartet, mit gutem Erfolg. Zusammen mit den kleinen Jobs, die ich hier und da auftue, ermöglicht mir dies, das große Loch in meiner Bordkasse zu stopfen. Dank dieser segensreichen Einkünfte kann ich der BALUCHON ein neues Segel, einen gebrauchten, manuellen Entsalzer, ein AIS-Gerät zur Vermeidung von Kollisionen mit anderen Schiffen und eine neue Rumpfbeschichtung mit einem wirksamen Antifouling spendieren. Langsam gleicht sie einem echten Hochseeboot. Außerdem nutze ich die Gelegenheit, um mein Tablet reparieren zu lassen, das seit zwei Jahren kaputt ist, und die Festplatte meines Laptops auszutauschen. Ich schließe sogar einen Handyvertrag ab, um mit meiner französischen Nummer ins Ausland telefonieren zu können.

Irgendjemand schenkt mir eine dicke Schaumstoffmatte, die ich zu meiner neuen Matratze mache. Die ursprüngliche Matratze, eine gewöhnliche Matte, wie man sie auf Liegestühlen am Pool findet, ist so durchgelegen, dass sie stellenweise nur noch einen Zentimeter dick ist. Vor allem aber stinkt sie fürchterlich nach einer Mischung aus Schweiß und verfaultem Fisch. Diese Neuerung ist also kein Luxus. Aber zu viel Komfort scheint mir nicht zu bekommen: Kaum habe ich meine neue Koje eingeweiht, werde ich zwei Tage lang von heftigen Rückenschmerzen geplagt – bislang hatte ich nicht das kleinste Problem damit. Offenbar bin ich wirklich anders als andere.

Seit ich von den Kanarischen Inseln losgesegelt bin, habe ich knapp 6.000 Euro ausgegeben, also durchschnittlich etwas mehr als 500 Euro pro Monat. Der größte Teil davon ist für den Panamakanal draufgegangen. Die restlichen Kosten verteilen sich auf auswärtige Mahlzeiten, ein paar Drinks mit Freunden, Proviant, Hafengebühren, WLAN und SIM-Karten für den Internetzugang sowie den Kauf von Gastgeschenken – Wein oder andere alkoholische Getränke –, wenn ich irgendwo zum Essen eingeladen bin (offenbar gehört es sich nicht, zu einer Einladung mit leeren Händen zu erscheinen, und aus Mitgefühl mit meinen Gastgebern möchte ich lieber keinen selbstgemachten Kuchen als Nachtisch mitbringen).

Wie bei fast jedem Zwischenstopp helfe ich immer wieder auf befreundeten Schiffen aus. Ich stelle meine bescheidenen Fähigkeiten im Bereich Basteln, Malern, Laminieren, Holzarbeiten, Mechanik, Takelage und allem anderen, was auf einem Boot sonst noch so gebraucht wird, gern zur Verfügung. Ich liebe es, Freunden zu helfen – ein echtes Paradoxon für jemanden, der so ungern um Hilfe bittet und dafür gesorgt hat, dass es auf seinem eigenen Boot so wenig Probleme und Arbeit wie möglich gibt.

Außerdem versuche ich, richtig Segeln zu lernen. Jeden Mittwochabend nehme ich am traditionellen Regattatraining teil. Es deprimiert mich jedes Mal, wenn ich feststelle, dass ich noch viel lernen muss. Ich bin kein sonderlich gutes Crewmitglied und nicht wirklich dafür gemacht, im Team zu segeln. Dennoch ist es sehr lehrreich und bereichernd.

Sogar meine natürliche Schüchternheit und Zurückhaltung scheinen sich gelegt zu haben: Ich halte vier öffentliche Vorträge über meine Reise. Und das, ohne mich allzu sehr zu verhaspeln und ohne Lampenfieber. Nur beim letzten Vortrag, bei dem ich vor dem gesamten Marinestützpunkt von Nouméa rede, fühle ich mich einen Moment lang sehr verloren.

Als man mich bat, diesen Vortrag zu halten, habe ich offensichtlich etwas missverstanden und »base navale« (Marinestützpunkt) mit »base nautique« (Freizeit- und Wassersportanlage) verwechselt. Ich dachte, ich würde vor meinesgleichen sprechen: sonnencremeverschmierten Kindern und Jugendlichen, die versuchen, auf Optimisten das Segeln zu erlernen. Stattdessen stehe ich vor allerlei Militärs, die mich mit verschränkten Armen und gerunzelten Augenbrauen betrachten. Die vielen Offizierstressen in den ersten drei Reihen würden übereinandergestapelt bis zur Decke reichen. Sogar ein General ist extra hergekommen, um mir zuzuhören.

Es ist kein feindseliges Publikum, ganz im Gegenteil. Aber bei mir kommen sofort die Reflexe eines ehemaligen Wehrpflichtigen hoch und Erinnerungen an den Film *Full Metal Jacket*. Danach besteht das Einzige, was man in Gegenwart eines Ranghöheren tun sollte, darin, stillzustehen und »Sir! Jawohl, Sir!« zu rufen. Mit nur diesen zwei Wörtern einen Vortrag zu halten, wird nicht leicht ... Ich bin schwer beeindruckt. In einem kurzen Moment der Panik verspüre ich den Drang, einfach wegzurennen, aber letztlich geht alles gut. Ich schaffe es sogar, die Versammlung zum Lachen zu bringen und dem General ein Lächeln zu entlocken. Das Ganze endet bei einem guten Essen in der sehr geselligen Offiziersmesse.

Nach sechs herrlichen Monaten ist es für mich an der Zeit, die Leinen zu lösen. Aber obwohl mein Portemonnaie wieder besser gefüllt, die BALUCHON so gut ausgerüstet ist wie nie zuvor und die Hurrikansaison sich dem Ende zuneigt, gibt es doch im Westen noch immer nichts Neues. Das fiese Virus blockiert noch immer alle Grenzen, und mein Australien-Plan ist endgültig gestorben. Sei's drum, dann eben ein andermal. Wenn ich nicht in Neukaledonien Wurzeln schlagen will, bleibt mir nur eine Option für die Weiterreise: Ich muss auf direktem Weg nach La Réunion segeln, das einzige Etappenziel auf der Rückreiseroute, das noch geöffnet ist.

Auf dem Papier sind das immerhin fast 7.000 Seemeilen, also mehr als zweieinhalb Mal so viel wie die Atlantiküberquerung, und es gibt nicht wirklich eine Möglichkeit, irgendwo einen Zwischenstopp einzulegen. Ich weiß nicht mehr genau, wie ich auf diese Idee gekommen bin. Anfangs schien sie mir bestimmt etwas verrückt, aber nach und nach hielt ich sie für durchaus machbar und schließlich für ganz klar realisierbar.

Auf meinem begrenzten Raum ausreichend Nahrung und Wasser mitzunehmen, stellt kein wirkliches Problem mehr dar. Dank meinem neuen Entsalzungsgerät und einem speziell zum Auffangen von Regenwasser ertüftelten Stück Plane kann ich mich nun ausreichend selbst versorgen. Was das Essen angeht, muss ich dieses Mal in den Quark kommen und versuchen, ein paar Fische zu fangen, falls mein Vorrat an Dosensardinen und gefriergetrockneten Nudeln zu sehr schrumpfen sollte.

Die einzige Schwierigkeit ist letztlich psychologischer Natur. Ich muss mindestens 80 Tage auf See durchhalten, ohne Kontakt zur Außenwelt und in nur drei möglichen Positionen – liegend, auf meiner schmalen Koje auf dem Boden sitzend oder im geöffneten Luk stehend –, und das in einem Boot, dessen Bewegungen an die einer Waschmaschine im Schleudergang erinnern. Ich werde also aufpassen müssen, dass ich nicht durchdrehe und nicht noch verrückter werde, als ich es vor der Abreise war. Doch an den fehlenden Komfort in der BALUCHON bin ich inzwischen gewöhnt, und ich leiste mir selbst so gut Gesellschaft, dass ich mir nicht allzu sehr auf die Nerven gehe. Meine Komfortzone zu verlassen wird bestimmt eine gute Erfahrung. Und selbst wenn ich mit ein paar harten Momente rechne – alles in allem könnte es ein schönes Abenteuer werden.

DRITTER TEIL: DER INDISCHE OZEAN

NEUKALEDONIEN–LA RÉUNION, DIE LANGE STRECKE

MAI–JULI 2021

Seit mehr als drei Wochen werde ich mittags und abends zu Abschiedsessen oder -aperitifs eingeladen. Es ist an der Zeit, dass das ein Ende findet, ich bekomme langsam einen Bauch. Andererseits kann ich mir so ein paar Reserven anfuttern und habe nicht allzu viel Zeit, um über die sehr lange Strecke nachzudenken, die vor mir liegt.

Am Morgen meiner Abreise stehen etliche Freunde am Kai, um mir eine gute Reise zu wünschen und mir Kuchen, Bonbons oder Sardinenbüchsen zu bringen. Ich bin sehr gerührt. Die BALUCHON ist zwar schon voll beladen, und schon der Anblick einer Sardinenbüchse verursacht mir mittlerweile Magenschmerzen. Dennoch wage ich es nicht, abzulehnen.

Die Ausfahrt aus dem Hafen und der Bucht verläuft gemächlich bei einem leichten Wind. Ich werde von mehreren Booten und eine Zeit lang sogar vom Schnellboot der Küstenwache begleitet. Im ersten Moment mache ich mir Sorgen und hoffe, dass sie mich nicht nach den Bootspapieren fragen und meine Ausrüstung kontrollieren wollen. Aber auch die Polzisten machen diesen kleinen Umweg nur, um mir guten Wind zu wünschen.

Nachdem ich die Fahrrinne verlassen habe, bin ich endlich wieder allein. Als ich auf meinem Tablet die Karte öffne, überkommt mich ein Schwindelgefühl. Die Strecke erscheint mir plötzlich völlig unverhältnismäßig lang. Ich frage mich, ob mir mein gesunder Menschenverstand abhandengekommen ist. Warum sonst sollte ich mit einem so kleinen Boot eine solche Entfernung zurücklegen wollen? Zu allem Überfluss verspüre ich einen sehr starken

Schmerz in der Brust. In einem Moment hypochondrischen Wahns bilde ich mir ein, dass ich einen kleinen Herzinfarkt erleide, armer Kerl! Mir ist klar, dass der Aufenthalt in Neukaledonien mehr als herzlich war und die Vorstellung, wieder allein unterwegs zu sein, beängstigend wirken kann. Aber deshalb gleich den Löffel abzugeben, ist doch etwas übertrieben, zumal ich vorher noch jede Menge zu erledigen habe. Ich lege mich ein paar Stunden hin. Der Schmerz lässt allmählich nach, aber mir ist ganz flau. Letztlich bin ich einfach nur seekrank, und das hat sich mit einer Art Angstattacke vermischt. Nach zwei, drei Tagen gewöhne ich mich langsam wieder an das ständige Rollen der BALUCHON. Auch die unzähligen blauen Flecken rund um mein Becken sind wieder da, weil ich mich ständig am Rand des Luks stoße.

Der elektrische Autopilot macht seine Arbeit sehr gewissenhaft, aber hin und wieder geht er in den Stand-by-Modus. Ich kenne dieses Problem, es ist auf einen nicht ganz sauberen elektrischen Anschluss zurückzuführen. Ich überprüfe die gesamte Leitung, besprühe sie mit Kontaktspray und kratze ein wenig an den Anschlüssen, aber das Problem tritt immer öfter auf. Seltsam! Daraufhin überprüfe ich die Batterien, und siehe da, o Schreck! Eine hat gerade mal elf Volt und die andere 11,5 Volt – da kann man nicht gerade von Höchstform sprechen. Zumal die beiden kleinen Solarpaneele aussehen, als würden sie Strom liefern. Die Batterien dürften also nicht so leer sein. Als ich versuche, sie einzeln aufzuladen, stelle ich fest, dass die Elf-Volt-Batterie nicht mehr lädt. Die andere schafft es nach einem ganzen Tag des Aufladens mühsam auf zwölf Volt, um sich dann im Laufe der Nacht wieder langsam zu entleeren, obwohl kein Gerät angeschlossen ist. Kurzum, sie sind kaputt. So ist das mit Batterien! Wenn die eine den Geist aufgibt, folgt die andere ihr aus Solidarität nach. Das ist schön und edel, aber für mich ziemlich ungünstig. Bis zum nächsten Batteriegeschäft sind es noch knapp 6.800 Seemeilen.

Einen Moment lang überlege ich, umzukehren und nach Koumac zu fahren, einer kleinen Stadt im Norden Neukaledoniens, die ich in 24 Segelstunden erreichen könnte. Von dort aus könnte ich mit dem Bus in wenigen Stunden nach Nouméa fahren und eine neue Batterie kaufen, ganz einfach! Doch allein der Gedanke daran zurückzufahren, widerstrebt mir zutiefst. Nein! Das kommt nicht in Frage. Ich fahre nach Westen, koste es, was es wolle!

Ich muss mir nur etwas ausdenken, damit die BALUCHON sich selbst steuern kann. Den Rest kann ich auch ohne Strom bewältigen. Seit meiner Abreise aus Frankreich habe ich jedem, der es hören wollte, vollmundig erzählt, mein Boot sei so gut konstruiert und ausbalanciert, dass es auch ohne elektrischen Autopiloten fahren könne. Jetzt ist es an der Zeit, das zu beweisen! Ich probiere es mit allen möglichen verrückten Tricks, aber nichts hilft. Die BALUCHON hält ihren Kurs nicht länger als eine halbe Stunde, dann bringt eine Welle oder ein Windstoß sie von ihrer Route ab. Das ärgert mich ein wenig.

Ich muss dringend eine provisorische Windsteueranlage basteln. Fast einen ganzen Tag lang überlege ich, wie ich aus den wenigen Materialien, die ich an Bord habe, eine Art große Windfahne bauen kann, die auf das Ruder einwirkt, wenn das Boot vom Kurs abweicht. Aus einer alten Sperrholzplatte, die ich in einer Mülltonne auf Guadeloupe gefunden und für den Fall eines Lecks unter meiner Matratze aufbewahrt habe, einem Stück PVC-Rohr, mit dem ich meine beiden Spibäume im Fall des Falles zu einem provisorischen Mast verbinden könnte, meinem Bootshaken, den ich durchsäge, und einer großen Plastikspule zum Aufwickeln von Angelschnüren baue ich mir eine Windfahnensteuerung. Erstmal zweifle ich an der Effektivität meiner Windfahne und gehe davon aus, dass ich bestimmt mehrere Tage daran werde herumbasteln müssen, um ein halbwegs vernünftiges Ergebnis zu erzielen. Doch wer nichts probiert, der nichts gewinnt. Oh Wunder! Nach dem zweiten Versuch funktioniert die Windfahne perfekt. Ich bin so beeindruckt, dass ich fast eine Stunde lang wie ein hypnotisierter Trottel beobachte, wie diese improvisierte Installation mein Boot perfekt steuert.

Natürlich erfordert das ein bisschen Feingefühl beim Spannen der Leinen, und das Segel muss millimetergenau getrimmt sein. Aber das Ganze funktioniert geräuschlos und mit großer Effizienz. Es ist fast magisch! Ich beschließe, die Windfahne »Bébert« zu taufen (eine Anspielung auf meinen Freund Bébert aus der Bretagne, der ununterbrochen redet und völlig ineffizient ist). Ich versuche, das System ein wenig zu verbessern, aber wie immer ist das Bessere der Feind des Guten. Also mache alles wieder rückgängig und schwöre mir, nichts mehr anzurühren, solange es funktioniert.

Zufrieden setze ich meinen Weg fort und lasse das AIS von der am wenigsten schwachen Batterie versorgen. Es wird funktionieren, solange es funktioniert ... Für den Fall, dass ich ein anderes Boot kreuze, habe ich ein batteriebetriebenes Notfall-Navigationslicht. Mein Tablet und meinen E-Reader lade ich direkt am Ausgang eines der Solarpaneele auf. Das dauert zwar viel länger als mit der Batterie, funktioniert aber einwandfrei. Es wäre wirklich zu ärgerlich gewesen, wenn ich wegen dieser Lappalie umgekehrt wäre.

Als ich etwa 20 Tage später den Eingang der Torres-Straße zwischen Papua-Neuguinea und Nordaustralien erreiche, ist es vorbei mit dem grauen, trüben Wetter. Der Himmel wird blau und das Meer türkis. Ich nutze die Gelegenheit, um meine Matratze und das Innere des Bootes zu trocknen. Eine gute Woche lang ist das Meer ziemlich bösartig und hinterlistig gewesen. Es hat mir jede Menge Salzwasserduschen beschert, vor allem, wenn ich meinen Kopf aus dem Luk strecken musste um Bébert einzustellen, was mich kräftig fluchen ließ. Die Kajüte der BALUCHON ist nass, klebrig und salzig. Es stinkt nach Schimmel, Schweiß, Pisse und verfaultem Fisch, und ich habe keine trockenen Klamotten mehr – eine wahre Freude.

Zwei Seevögel, eine Art Möwe und ein etwas kleineres braunes Exemplar begleiten uns zwei Tage lang. Sie sitzen zu beiden Seiten des Bootes auf den Enden der Spibäume, mit denen ich das Segel spanne. Es ist ein lustiger Anblick, wie sie bei jeder Rollbewegung mit den Flügeln schlagen und versuchen, das Gleichgewicht zu halten. Gerade als ich überlege, dass die beiden Vögel nicht sehr helle sein können, denn warum sonst sollten sie sich in derart unbequeme Positionen begeben, wo es doch überall ringsum stabile kleine Inseln gibt, wird mir bewusst, dass ich der letzte Mensch auf Erden bin, der sich ein solches Urteil erlauben darf.

Die Meerenge mit ihren gefährlichen Riffen und heimtückischen Strömungen zeigt sich mir gegenüber sehr nachsichtig; es weht ein mäßiger Wind. Ich habe meine Abreise aus Neukaledonien so gelegt, dass ich bei Vollmond hier ankomme. So kann ich die Riffe und kleinen Inseln in der Nacht gut erkennen.

Wovor ich mich seit Nouméa am meisten fürchte, ist die Reaktion der Küstenwache in der australischen Zone. Ich habe schon so viele Geschichten über diese berühmte Küstenwache gehört! Verrückte Sachen wie »Du kannst eine Geldstrafe von mehreren Millionen Australische Dollar oder sogar eine Gefängnisstrafe bekommen, nur weil du dich bei der Adresse deines Hotels um eine Nummer vertan oder einen Apfel vom Mittagessen in deinem Rucksack vergessen hast«. Kurz, für jemanden wie mich ist es ein wenig beunruhigend, mit etwas zu strengen Menschen zu tun zu haben, zumal man mir gesagt hat, dass von morgens bis abends Flugzeuge des Zolls über das Gebiet fliegen, die einem unzählige Fragen stellen. Für mich, der ich mich äußerst ungern über Funk unterhalte, ist das eine unschöne Vorstellung.

Als ich mein erstes Kontrollflugzeug erblicke, kreuze ich bereits seit 24 Stunden durch unzählige Korallenriffe hindurch. Meine Handfunke liegt bereit, außerdem ein Zettel, auf dem ich alles Mögliche notiert habe, was die Zollbeamten interessieren könnte: mein Geburtsdatum, meine Schuhgröße, den Mädchennamen meiner Großmutter und die Farbe meiner Unterhose. Während ich angespannt warte, räuspere ich mich gründlich. Als der Funkruf kommt, will der sehr höfliche Zollbeamte am anderen Ende lediglich wissen, woher ich komme und wohin ich mit meinem kleinen Gefährt unterwegs bin. Er fragt mich auch nach der Größe meines Bootes, und als ich ihm antworte, höre ich »Wow!«-Rufe und Lachen aus der Flugzeugkabine. Dann wünscht mir der Mann gute Weiterreise auf meinem »incredible Abenteuer«. Als das Gespräch beendet ist und sich das Flugzeug entfernt hat, ist mir ganz flau und ich bin sehr gerührt. Diese BALUCHON! Es ist nicht jedem gegeben, aus Männern, die als die unnachgiebigsten der Welt gelten, Sympathieträger zu machen!

Trotz des Schlafmangels und der Müdigkeit passiere ich das Torres-Labyrinth nach und nach ohne größere Probleme, bis ich schließlich dicht an Hammond Island vorbeifahre, das direkt neben der Prince-of-Wales-Insel ganz im Norden Australiens liegt. Eigentlich ist es nicht nötig, dass ich mich der Küste so weit nähere, aber ich will in Reichweite des australischen Mobilfunknetzes kommen, um ein paar Nachrichten zu verschicken. Bingo! Es funktioniert. Ich empfange eine SMS: Mein Telefonanbieter begrüßt mich in Australien (wie nett!). Ich verschicke ein paar Nachrichten, komme aber nicht ins Internet. Nicht schlimm, ich werde später nochmal probieren, mich dem Festland zu nähern. Jetzt ist es dunkel und ich bin erschöpft, also nehme ich mir das letzte Stück der Meerenge vor.

Ich kreuze drei große Frachter, die im Gänsemarsch hintereinander herfahren. Unsere Kurslinien überschneiden sich zwar ein wenig, aber ich habe genug Wind, um manövrieren und ihnen ausweichen zu können. Die Frachter allerdings wirken ein wenig nervös. Zwei von ihnen betätigen wie verrückt ihre Schiffshörner und scheinen mir zuzurufen: »Hau da ab, du Idiot!«. Da ich das einzige andere Boot in der Gegend bin, fühle ich mich angesprochen. Wie es der Zufall will, funktioniert genau in diesem Moment das Internet und mein Handy informiert mich über Dutzende Nachrichten. Nach zwanzig Tagen digitaler Abstinenz werden so viele Alarmtöne ausgelöst wie bei einem Passagierflugzeug in Not. Dazu diese verdammten Frachtschiffe, die wieder mit ihrem Huptheater anfangen. All diese Geräusche stressen mich dermaßen, dass ich kurz davor bin, meine Funke herauszuholen und die Hupenden zu »bitten«, endlich Ruhe zu geben.

Schließlich mache ich einen großen Umweg, um die furchtbaren Nervensägen nicht länger ertragen zu müssen und mich ein wenig zu beruhigen. Mein Zustand deutet darauf hin, dass ich wirklich erschöpft bin. Ich muss mich in den nächsten Tagen dringend ausruhen und wieder zu Kräften kommen, zumal ich erst ein knappes Viertel der Strecke geschafft habe.

Es gelingt mir, etwas auf meiner Facebook-Seite zu posten und ein paar persönliche Nachrichten zu verschicken. Dann checke ich in aller Schnelle meine E-Mails: Nichts Wichtiges, also schalte ich das Telefon wieder aus und nehme erneut Kurs auf Westen.

Ein paar Stunden später liegt die Meerenge endlich hinter mir. Ich bereite mir eine große Portion gefriergetrocknete Nudeln zu, die ich mit einer Tonne Käsepulver bestreue und lege mich dann hin, um ein schönes Nickerchen zu machen. Ich habe den Wecker so eingestellt, dass er 40 Minuten später klingelt, aber vergessen, ihn zu aktivieren. Als ich fast vier Stunden später aufwache, ist helllichter Tag, und ich befinde mich in einer Zone, in der es von Frachtern nur so wimmelt. Das war ziemlich leichtsinnig … Nächstes Mal muss ich meinen Schlaf und die Wiedereintritte in die Menschenwelt, seien sie auch noch so kurz, besser organisieren.

Die anschließende Überquerung der Arafura- und der Timorsee, bei der ich immer entlang der nordaustralischen Küste segele, ist ebenso langweilig wie deprimierend. Langweilig, weil der schwache Wind immer von achtern kommt und mich zwingt, im Zickzackkurs und mit der Geschwindigkeit einer Meeresschnecke zu segeln. Deprimierend, weil das Meer praktisch von einem Teppich aus Plastikmüll bedeckt ist. Es ist das erste Mal seit meiner Abreise, dass ich so viel Plastikmüll sehe. Der Mensch ist wirklich ein verfluchter Schmutzfink! All das und obendrein die Enttäuschung darüber, dass ich nicht in Australien anlegen kann, dem ursprünglichen Höhepunkt meiner Reise, macht diese Strecke zu einer sehr langen und sehr trüben Etappe.

Um mich zu trösten, denke ich vor Darwin an Douglas Kennedys Roman *Die Falle*. Vielleicht hat diese Pandemie doch etwas Gutes, denn in dem traurigen Zustand mangelnder weiblicher Zuneigung, in dem ich mich befinde, wäre auch ich durchaus in der Lage gewesen, mitten im australischen Busch diese völlig durchgeknallte Anhalterin mitzunehmen.

Außerdem positiv zu vermerken: Ich bin ununterbrochen unter atemberaubend schönen Himmeln unterwegs und kann wunderschöne Sonnenauf- und -untergänge betrachten. Das macht natürlich die Tatsache, dass ich durch ein Meer aus ekelhaftem Plastik fahre, nicht vergessen, aber es bringt ein wenig Poesie in die Landschaft.

Nach etwa 20 Tagen erreiche ich endlich den Indischen Ozean. Das langsame Tempo macht mich fast wahnsinnig. Ich bin kurz davor, lauthals nach mehr Wind zu verlangen. Mein Königreich für einen Passatwind!

Du willst also Wind, Väterchen?! Warte kurz! Kaum 100 Seemeilen hinter dem westlichsten Punkt Australiens dreht der Wind endlich auf Südost, prima! Doch dieses Mal ist es kein mädchenhafter Passatwind wie im Pazifik. Er ist sehr viel kräftiger. Fast den gesamten Rest der Strecke wird der Wind bei 30 oder 35 Knoten bleiben, was für ein Vier-Meter-Boot ganz schön viel ist. Aber ich spüre, dass meine kleine BALUCHON in ihrem Element ist und sich freut, gegen das Meer und den Wind anzukämpfen. Mein Tagesschnitt liegt selten unter 100 Seemeilen, obwohl das Meer ziemlich aufgewühlt ist. Manchmal, wenn der Wind nachlässt und der Seegang etwas weniger wird, schaffe ich bis zu 120 Seemeilen am

Tag – eine schöne Abwechslung zu meinem miserablen australischen Schnitt. Trotz des extremen Mangels an Komfort bin ich superglücklich, hier zu sein. Um nichts in der Welt würde ich meinen Platz tauschen wollen.

Um eine Ahnung von den Bedingungen zu bekommen, unter denen ich unterwegs bin, muss man sich einfach vorstellen, eingequetscht in einen Bob eine fast 6.000 Kilometer lange schwarze Skipiste hinunterzuschießen, die zuvor von der Artillerie einer hochmotivierten teutonischen Armee unter Dauerbeschuss genommen wurde. Mehrfach am Tag wird die BALUCHON von heftigsten Schlägen direkt auf die Matte geschickt. Dann folgt ein kurzer Moment der Stille, bevor sie sich wieder aufrichtet und dem Wind die Stirn bietet. Das winzige Stück Segel fängt an zu zittern wie ein bretonischer Alkoholiker mit Parkinson, was irre Vibrationen im ganzen Boot auslöst. Dann bringt Bébert die BALUCHON langsam wieder auf Kurs, und das Boot nimmt die nächsten Wellen in Angriff. Es gelingt mir, eine Art sechsten Sinn zu entwickeln: Wenn ich spüre, dass wir gleich wieder eine Ladung abbekommen und uns auf die Seite legen werden, stemme ich sofort die Füße gegen die Decke, damit ich nicht aus meiner Koje geschleudert werde. Alle Gegenstände, die nicht perfekt festgezurrt sind, werden bei den Stößen ebenfalls durch die Gegend katapultiert. Mein wertvolles Schweizer Messer, meine Stirnlampe und meine Lesebrille fliegen mehr als einmal durch die »Weite« der Kajüte. Ich brauche jedes Mal eine Ewigkeit, um sie in dem wie verrückt rollenden Boot wiederzufinden.

Bestmöglich eingeklemmt in meiner Koje versuche ich, so gut es geht, weiterhin ein »normales« Leben zu führen. Ich verbringe meine Zeit damit, zu träumen, zu lesen, kalt zu essen und zu schlafen. Wenn ich genügend Strom für mein Tablet habe, höre ich *La Grange*, mein Lieblingsstück von ZZ Top, in Endlosschleife. Ich finde, dieser gute alte Rock passt perfekt zu den Bedingungen und dem Rhythmus dieser Reise.

Das Geheimnis meiner trotz aller Widrigkeiten anhaltenden guten Laune besteht darin, mir zu sagen, dass es morgen bestimmt besser wird – vermutlich ist das auch das Geheimnis langer Beziehungen. Mehrmals am Tag löse ich den Zauberwürfel, den Rebecca mir bei meiner Abreise aus Polynesien geschenkt hat. Endlich kann ich an sie denken, ohne dass sich mein Herz verkrampft. Diese Frau hat es mir echt angetan!

Was die Lektüre angeht, so beende ich mühsam Célines *Reise ans Ende der Nacht*: zu düster, zu deprimierend für mich. Dann folgt Giono: nicht schlecht; diese Geschichten von Landmenschen bringen ein bisschen Abwechslung in meine Wasserwelt. Außerdem lese ich noch einmal *Der alte Mann und das Meer* und stelle mir dieselbe Frage wie damals, als ich es mit elf Jahren zum ersten Mal las: Warum zum Teufel hat der alte Mann, als er sein Messer noch hatte, nicht mehr Stücke aus dem Schwertfisch herausgeschnitten, bevor ihm die Haie alles weggeschnappt haben? Bin ich zu bodenständig geworden für gesellschaftliche Allegorien? Auch Baudelaire nehme ich mir nochmal vor, versuche es aber diesmal mit lautem Lesen. Ich stehe aufgerichtet im Luk und bekomme hin und wieder eine Ladung Wasser ins Gesicht. So trage ich die Verse dem Ozean vor, für ein paar fliegende Fische und Seevögel, die sich nicht im Geringsten dafür zu interessieren scheinen. Vielleicht ist das das Geheimnis der Poesie: Man muss aufrecht stehen und ein Publikum haben ... Doch um ehrlich zu sein: Es fühlt sich zwar viel besser an als vorher, aber vom Stendhal-Syndrom bin ich noch weit entfernt. Gedichte auf einem E-Reader zu lesen, passt einfach nicht. Beim nächsten Zwischenstopp sollte ich mir eine Papierausgabe von *Die Blumen des Bösen* besorgen.

Ich versuche mich auch an der Philosophie, damit ich nicht zu ignorant wirke, falls ich eines Tages mit einem Intellektuellen zu tun haben sollte. Aber Nietzsche ist für mich völlig unverständlich. Selbst wenn ich denselben Satz zwei, drei oder vier Mal lese, verstehe ich nur Bahnhof. Schlimmer noch: Immer, wenn ich einen

Sinn zu erahnen glaube, verstehe ich beim zweiten Lesen genau das Gegenteil. Wer kann bloß solche Texte lesen? Nach etwa zehn Seiten gebe ich auf und widme mich den Kurzgeschichtensammlungen von Bukowski – der Typ ist ein Genie!

Als ich 450 Seemeilen vor meinem Ziel an der Insel Rodrigues vorbeisegele (auch sie ist wegen Corona komplett geschlossen), nähere ich mich der Küste, um in Reichweite des Mobilfunknetzes zu gelangen. Ich schreibe nur einen Post, verschicke nur eine Nachricht übers Internet und erhalte umgehend eine Rechnung über 50 Euro! Bing! Nimm das! Ich schalte sofort mein Handy aus. Vermutlich ist das der Preis, den man zahlen muss, wenn man von sich hören lassen will ... Mein Tracker hat wohl schon seit einiger Zeit kein Signal mehr gesendet. Familie und Freunde dürften jetzt beruhigt sein.

Als nach 77 Tagen auf See die Insel La Réunion in Sichtweite kommt, bin ich sehr froh. Ich bin während dieser sehr langen Etappe wirklich über meine Grenzen hinausgegangen und habe viel über mich selbst und das Meer gelernt. Natürlich gab es auch viele anstrengende Tage, aber abgesehen von der Batterie-Episode hatte ich eigentlich keine technischen Probleme. Mit Essen und Trinken war ich gut versorgt, da ich zusätzlich zu den 110 Litern, die ich zu Beginn an Bord hatte, etwa 30 Liter Regenwasser gesammelt und rund zehn Liter Wasser mit dem manuellen Entsalzer aufbereitet habe.

Als ich die letzten Seemeilen an der Küste entlangfahre, empfängt mein Handy zum ersten Mal seit 20 Monaten wieder das französische Netz. Ich erhalte eine SMS: »Aktuell: 25 Prozent Rabatt auf Bremsbeläge bei Ihrem Händler Soundso.«

Batterie 1 ist endgültig tot, und Batterie 2 zeigt je nach Laune zwischen sieben und acht Volt an.

Ich bewege das Boot mit dem Wriggriemen in den Hafen. Am Kai stehen allerlei Menschen, die gekommen sind, um mich zu begrüßen. Es ist das erste Mal seit Beginn meiner Reise, dass mir das passiert. Jemand schwenkt sogar eine bretonische Flagge – ist das nett! Doch als ich den Steg betrete, gehorchen mir meine Beine kaum noch. Es fällt mir wahnsinnig schwer, geradeaus zu gehen. Das ist mir ein bisschen peinlich. Alle müssen denken, dass ich total betrunken bin und es mit dem Fläschchen Rum, das man mir bei der Abfahrt geschenkt hat, übertrieben habe. Das muss ein ziemlich schlechtes Licht auf die Bretagne werfen!

Sobald die Hafen- und Zollformalitäten erledigt sind, stehen die Leute am Steg Schlange, um mit mir zu reden oder mir etwas zu trinken oder zu essen zu bringen. Nach so langer Zeit allein auf See fühlt sich das komisch an.

LA RÉUNION

Entgegen meiner ursprünglichen Vorstellung von einer ganz unauffälligen Weltumrundung, erlebe ich während meines Zwischenstopps auf La Réunion wieder einmal, wie es sich anfühlt, ein bisschen bekannt zu sein. Wie bei meinen vorherigen Stationen kommen auch hier zahlreiche Menschen freundschaftlich und bewundernd auf mich zu. Das beschäftigt mich, aber da ich langsam etwas Abstand zu dieser Pseudo-Popularität gewinne, versuche ich, das Phänomen genauer zu analysieren. Die Größe der BALUCHON spielt dabei zweifellos eine wichtige Rolle. Anfangs habe ich mich sogar gefragt, ob die Leute in mir vielleicht eine Art modernen Diogenes sehen, der statt in einer Tonne seit nunmehr über zwei Jahren in einer Sperrholzkiste lebt. Auf den ersten Blick scheint mir das nicht sehr ruhmeswürdig; zumindest rechtfertigt es nicht dieses Maß an Begeisterung. Andere betrachten mich vielleicht als eine Art Spinner, einen Typen, der die Weltmeere erobern will, und zwar unter an Masochismus grenzenden Umständen und mit rudimentärsten Mitteln.

Ein Spinner?! Das bin ich mit Sicherheit, denn auch wenn die meisten Leute, die mich ansprechen, ganz normal wirken, lautet doch die allgemeine Regel, dass Verrückte ihresgleichen anziehen, und tatsächlich kommen auch viele Sonderlinge auf mich zu. Den Vogel schießt der nette Herr ab, mit dem ich mich auf einem Kai über eine Stunde lang unterhalte (um genau zu sein, ist er es, der redet; ich höre höflich zu). Er erklärt mir ganz ernsthaft, dass die Welt von Außerirdischen beherrscht wird, denen wir uns um jeden Preis widersetzen müssen. Am Ende seiner Ansprache verabschiedet er sich mit einem kräftigen Händedruck und der dringenden Bitte, mich bloß nicht gegen Covid impfen zu lassen. »Das ist der

Weg, den sie gefunden haben, um uns zu kontrollieren«, fügt er ängstlich hinzu und deutet mit dem Finger zum Himmel.

Ein andermal kommt jemand extra zu mir, um mir ein vollgekritzeltes Schulheft zu zeigen: mit Zeichnungen, komplizierten mathematischen Formeln und Plänen für ein seltsames Minihaus, das vor elektromagnetischen Wellen schützen soll, die seiner Meinung nach die Hauptursache für Gehirntumore darstellen. Während seiner Ausführungen raucht er eine Zigarette nach der anderen – offenbar erscheint ihm Lungenkrebs weniger bedrohlich als ein Gehirntumor.

Ich könnte noch etliche weitere unglaubliche Anekdoten erzählen, die zeigen, dass der menschliche Geist manchmal eine seltsame Begabung dafür hat, sich der Realität oder zumindest dem gesunden Menschenverstand zu widersetzen. Um nur ein paar Beispiele zu nennen: Einmal erhalte ich eine ziemlich verwirrende Nachricht von einem angehenden Segler, der mich höflich nach den Konstruktionsplänen der BALUCHON fragt, weil er ein identisches Boot bauen will, und der mit der Frage endet: »Glauben Sie, dass es möglich ist, ein Motorrad mit an Bord zu nehmen?« Da weiß ich wirklich nicht, was ich antworten soll. Ein andermal fragt mich jemand, ob ich es für möglich halte, ein kleines führerscheinfreies Auto zu einem Boot wie dem meinen umzubauen. Diese etwas seltsame Nachricht rührt mich an, lässt mich aber auch schmunzeln. Man braucht schon einen ausgeprägten Sinn für Poesie oder eine kindliche Fantasie, um auf eine solche Idee zu kommen!

Paradoxerweise bringen mir alle diese etwas surrealen Gespräche die Menschheit näher und zeigen mir, dass ich nicht der einzige Mensch mit einer unkonventionellen Sichtweise bin. Sie helfen mir, meinen Exzentrikerstatus und meine ausgefallene Art, Probleme anzugehen, viel besser anzunehmen.

»Frei wie Yann« – dieser etwas reißerische Titel eines Artikels über meine Reise in einer bekannten Wassersportzeitschrift bringt mich auf eine weitere mögliche Erklärung für die Begeisterung, die meine Unternehmung auslöst. Von da an beginne ich mir zu sagen, dass mein Image auch das eines Typen ist, der es geschafft hat, sich von gesellschaftlichen Konventionen zu befreien. Ich jage keinem Rekord nach, mein Boot ist völlig anders als alles, was es auf dem Segelbootmarkt so gibt, ich habe die BALUCHON ohne fremde Hilfe und mit sehr bescheidenen Mitteln entworfen und gebaut – ich bin frei, das stimmt. Zumindest muss ich niemandem Rechenschaft ablegen. Vollständige Freiheit gibt es wahrscheinlich nicht, es sei denn, man zahlt einen hohen Preis. Meine Reise weckt zweifellos Abenteuerlust, vielleicht ebenso wie Fahrten mit Hightech-Booten oder sogar Yachten, die manchmal genauso viel kosten wie ein Einfamilienhaus.

Da ich schon viel zu lange in meiner Blase lebe und nur um mich selbst kreise, war mir nie wirklich bewusst, dass sich auch viele andere Menschen gefangen fühlen und sich nach Freiheit und Selbstbestimmtheit sehnen. Vielleicht bin ich zu einer Art lebendem Beweis dafür geworden, dass es möglich ist, aus der Gesellschaft der Menschen, der Arbeit, des Geldes und einer ganzen Reihe von Knechtschaften auszubrechen. Dieser Traum des Ausbrechens ist wahrscheinlich sogar einer der häufigsten Träume der Menschheit. Nachdem ich begriffen habe, dass die Menschen mir viel geben, wenn sie spontan auf mich zukommen, ich ihnen im Gegenzug aber auch etwas gebe, beschließe ich, mir selbst nicht länger auf die Nerven zu gehen, keine Komplexe mehr zu haben und mich nicht mehr schuldig zu fühlen.

Mir wird klar, dass diese Reise nicht so ist, wie ich sie mir anfangs vorgestellt habe. Nein, sie ist sogar noch viel großartiger! Während der Überfahrten kann ich in völliger Einsamkeit versinken, aber sobald ich an Land bin, helfen mir die anderen, eine Art Brücke zwischen meiner und ihrer Welt zu bauen, die einen Austausch in beide Richtungen ermöglicht. Damit habe ich nicht gerechnet. Natürlich wird diese lächerliche Brücke nicht die Welt verändern.

Es ist unwahrscheinlich, dass ich plötzlich zu einer extrovertierten Person mit dem Mundwerk eines Fensterverkäufers oder Versicherungsvertreters werde. Ebenso wie es unwahrscheinlich ist, dass einer der Menschen, denen ich begegne, beschließt, eine Seifenkiste zu bauen, um damit in See zu gehen. Diese Zwischenstopps sind ganz einfach wunderbare Momente der Gemeinsamkeit, die mich bereichern und die wahrscheinlich auch den anderen guttun.

Auch bei meinem Halt auf der wunderbaren Insel La Réunion erlebe ich sehr schöne Momente. Ich versuche, die Pfunde, die ich während der Überfahrt verloren habe, wieder draufzubekommen. Unweit vom Yachthafen finde ich ein kleines Restaurant, das für wenig Geld typische lokale Gerichte mit würziger Rougail, einer scharfen Soße, anbietet – ein echter Genuss!

Anders als in Neukaledonien, wo ich in der Gesellschaft starke Spannungen gespürt habe, bin ich hier in einem Schmelztiegel der Kulturen: Menschen aller Hautfarben, Religionen und Weltanschauungen scheinen hier in gutem Einvernehmen in gelassener, sehr charmanter Atmosphäre zusammenzuleben. Der einzige kleine Nachteil der Insel ist meiner Meinung nach die hohe Bevölkerungsdichte, die für einen angespannten Wohnungsmarkt und erschreckend viele Verkehrsstaus sorgt. Ein weiteres Ärgernis für Segler besteht darin, dass die Insel nur wenige Buchten und kaum einen sicheren Ankerplatz hat, sodass man sich zwangsläufig einen Liegeplatz in einem Yachthafen suchen muss.

Wer also einen längeren Zwischenstopp auf La Réunion einlegen will, braucht entsprechende finanzielle Mittel. Bei meiner Ankunft auf der Insel hatte ich geplant, hier zwei, drei Monate ganz in Ruhe auf den Sommeranfang auf der Südhalbkugel zu warten – die beste Zeit, um nach Südafrika zu segeln. Ich wollte es mir gut gehen lassen, ausgiebig in den Bergen von La Réunion wandern und die Insel in vollen Zügen genießen. Aber ich hatte die exorbitanten Lebenshaltungskosten nicht bedacht, die auf allen französischen

Überseeinseln üblich sind. Obwohl ich meine Ausgaben auf das Allernötigste beschränke, schmelzen meine Ersparnisse, die ich in Neukaledonien angelegt habe, bereits wie Schnee unter der tropischen Sonne. Da ich noch ein Jahr und fast 10.000 Seemeilen vor mir habe, bis ich in die Bretagne zurückkehre, werde ich so bald wie möglich abreisen und nach Südafrika segeln müssen, wo die Preise viel erschwinglicher sind. Aber das Glück ist mir wieder einmal hold: Benoît, der meine Reise seit mehreren Monaten verfolgt, bietet mir spontan Arbeit in seiner Segelmacherei im Hafen an. Régis, Geschäftsführer einer örtlichen Firma für Automatisierungstechnik, schenkt mir großzügigerweise eine neue Batterie für die BALUCHON. Und Jacques, Chef der Firma SOS Pare-brise+, der die BALUCHON bei einem Spaziergang auf dem Steg entdeckt und von meiner Unternehmung angetan ist, bietet mir ebenfalls eine willkommene finanzielle Unterstützung an. Im Rahmen meiner Arbeit in der Segelmacherei bekomme ich sogar Gelegenheit nach Mayotte zu fliegen. Obwohl der Aufenthalt sehr kurz ist und ich wenig Zeit habe, mich umzusehen, zieht mich diese Insel in ihren Bann.

Wieder einmal scheint sich alles wie von Zauberhand zu fügen, damit ich meine Reise unter den bestmöglichen Bedingungen fortsetzen kann. Auch wenn ich mir vorgenommen habe, dem nicht mehr so viel Beachtung zu schenken, überraschen mich die Sympathie und Großzügigkeit, die meine kleine BALUCHON hervorruft, jedes Mal aufs Neue.

Mein kleines Boot ist trotz der 20.000 Seemeilen, die es zurückgelegt hat, immer noch ziemlich fit. Es hat nur ein paar kleine Narben und Kratzer. Das Ausbessern des Anstrichs kann problemlos bis zu unserer Rückkehr nach Frankreich warten. Ich finde, meine kleine Abenteurerin macht noch immer einen guten Eindruck. Mir wird jedes Mal warm ums Herz, wenn ich sie inmitten der anderen Boote liegen sehe, die fast alle dreimal so groß sind. Abgesehen von einer neuen Batterie, einer neuen Lasur für meinen

Wriggriemen und der 2.0-Version einer neuen Windsteueranlage, die ich bastle, muss ich nicht viel Zeit für sie aufwenden.

Ich versuche auch, mein Kollisionsvermeidungssystem zu verbessern, das zugegebenermaßen nicht sehr ausgereift ist. Wie bereits erwähnt, habe ich mir vor der Abreise aus Frankreich ein kleines Gerät gekauft, das einen Alarm auslöst, sobald es ein AIS-Signal empfängt. Dadurch weiß ich, dass ein anderes Schiff in meinem Sektor unterwegs ist und kann ihm ausweichen, falls sich unsere Kurslinien zu nahekommen. Umgekehrt allerdings konnte niemand mich sehen, da ich selbst keine Signale aussandte. Dank meiner gut gefüllten Bordkasse konnte ich mir während des Zwischenstopps in Neukaledonien vor einigen Monaten ein weiteres kleines Gerät kaufen, das ein Signal mit den Merkmalen der BALUCHON versenden kann. Wenn ich mein erstes Ortungsgerät behielte – so meine Überlegung –, würde ich wie zuvor über Schiffe in der Nähe informiert, könnte künftig aber auch geortet werden. Dieser Plan, den ich für besonders clever hielt, erwies sich als völliger Schwachsinn: Zwar sendete mein Sender ein Signal, aber mein Empfänger schlug unablässig Alarm, obwohl keine anderen Schiffe in der Nähe waren. Er machte nur seinen Job und es dauerte eine Weile, bis ich begriff, dass ich mich permanent selbst ortete, und das nützte mir gar nichts. Auch wenn man mir in der Vergangenheit mehrfach zu verstehen gegeben hat, dass ich nicht ganz dicht bin, so weiß ich doch trotzdem grob, wo ich mich befinde, und laufe kaum Gefahr, mit mir selbst zu kollidieren.

Bei der Abreise aus Nouméa konnte ich also, anstatt zu sehen *und* gesehen zu werden, wie ich es mir gewünscht hätte, entweder nur sehen *oder* gesehen werden. Da ich nicht allein darauf vertrauen wollte, dass andere Boote darauf achten, nicht mit mir zusammenzustoßen, behielt ich vorsichtshalber mein ursprüngliches System zur Kollisionsvermeidung bei, ohne mein nagelneues Gerät einzusetzen. (Tatsächlich könnte mein Sender sehr wohl auch als Empfänger dienen, wenn ich ihn an ein Kartenlesegerät oder einen ständig eingeschalteten Computer anschließen würde, doch das wäre mit meinem Prinzip größter Schlichtheit überhaupt nicht vereinbar.)

Also nutze ich meinen Zwischenstopp auf La Réunion, um mir eine dritte kleine Box zu kaufen, die Funkwellen anderer Schiffe orten soll. Sie soll mich warnen, wenn ein Schiff mit eingeschaltetem Radar in der Nähe ist, und es mir außerdem ermöglichen, meinen AIS-Sender dauerhaft anzuschließen, damit ich endlich sehen *und* gesehen werden kann.

Kurzum, die BALUCHON ist jetzt bestens gewappnet und ebenso bereit wie ich, den letzten Teil des Indischen Ozeans in Angriff zu nehmen.

ÜBERFAHRT LA RÉUNION–SÜDAFRIKA
OKTOBER–NOVEMBER 2021

Am Morgen der Abreise herrscht auf dem Kai ein wenig Hektik. Viele Leute wollen sich von mir verabschieden. Zwei von ihnen sind mit einem Dudelsack, einer Snaredrum und einer riesigen Gwenn ha Du (der bretonischen Flagge) erschienen. Seit dem frühen Morgen schallt bretonische Musik über den Kai. Das macht mir eine unglaubliche Gänsehaut und lockt noch mehr Leute an! Auch diese Abfahrt wird nicht unauffällig vonstatten gehen.

Leider bin ich nicht in bester Verfassung: Vor zwei Tagen bin ich Opfer eines freundschaftlichen (gleichwohl heimtückischen) Überfalls geworden, bei dem viel Rum geflossen ist. Am nächsten Morgen fand ich mich wie im Koma unter einem mir unbekannten Dach wieder und mit nur sehr vagen Erinnerungen an den Verlauf des vorangegangenen Abends. Bedauerlicherweise bin ich nicht neben einer hübschen Kreolin aufgewacht. Stattdessen habe ich mir das Stück Matratze, das mir als Bett diente, mit reizenden Spinnen oder ähnlichem Getier geteilt, das mir zum Zeichen seiner Zuneigung während der Nacht einen Fuß angeknabbert hat (zum Glück nur einen Fuß!). Er war violett angelaufen und ganz geschwollen, und da ich die großen Blasen, die sich infolge der Bisse gebildet hatten, im Schlaf unbewusst aufgekratzt hatte, war die gesamte Oberseite meines Fußes wund. Nicht nur, dass in meinem Kopf Kängurus Rugby spielten, nun humpelte ich auch noch wegen dieses verdammten Fußes, der nicht mal mehr in den Schuh passte.

Da mir allein bei dem Wort »Rum« übel wurde, ist die Abschiedsparty gestern Abend mit den Freunden von der ORIALIS (einem Aluminiumsegelboot, das ich schon in Polynesien getroffen habe und das am selben Tag wie ich auslaufen will) sehr viel nüchterner ausgefallen. Trotzdem bin ich heute Morgen noch immer ziemlich benommen; ich bin wirklich aus der Übung. Die Geselligkeit hat sicher ihr Gutes, aber offensichtlich ist es für mich an der Zeit, wieder loszufahren. Auf dem Meer werde ich viel Zeit haben, mich zu erholen.

Festlandmenschen tun sich oft schwer, die Probleme von Seglern zu verstehen. Ich bin mehrfach gefragt worden, um wie viel Uhr ich die Leinen losmachen wolle. Meine Antwort darauf lautete stets: »Sobald der Wind weht«, was alle zum Lachen brachte. »Aber im Ernst, um wie viel Uhr?« Viele wollten meiner Abreise beiwohnen. Also habe ich willkürlich eine Uhrzeit genannt, gegen 10 Uhr, in der Hoffnung, dass der Wind dann aus der richtigen Richtung weht, damit ich aus dem Hafen segeln kann. In diesem westlichen Teil der Insel wird der Passatwind durch die Berge gestört und ist nicht wirklich richtungsstabil. Zu meinem Pech dreht der bis dahin zum Ablegen ideale leichte Wind zehn Minuten vor dem geplanten Start um 180 Grad und frischt schlagartig auf.

Alle erwarten, dass sie mir bei meiner Abfahrt zusehen können, so wie man einem Zug bei seiner Abfahrt um 10:03 Uhr zusieht. Normalerweise würde ich warten, bis Aeolus sich etwas beruhigt, wie zu der Zeit, als die Schiffe noch keinen Motor hatten. Aber wenn ich all diese Menschen nicht enttäuschen will, muss ich wohl oder übel den Wriggriemen benutzen – Pünktlichkeit ist offenbar die wichtigste königliche Tugend. Ein bisschen körperliche Anstrengung wird mich nicht umbringen. Der Wind ist ein bisschen zu stark, sodass ich nur sehr langsam vorankomme. Das ist eigentlich ganz nett, denn meine Kumpels laufen gemütlich am Kai neben mir her und wir halten ein Schwätzchen, als sei alles wie immer.

Als ich das große Becken am Eingang des Hafens erreiche, kann ich endlich das Segel ausrollen und ein bisschen kreuzen. Eine ganze Reihe von Kindern lernt hier gerade Kajak fahren; wir wechseln ein paar Worte. Die charmante Lehrerin erklärt ihnen, dass ich aus Nouméa komme und nach Südafrika segele. Offensichtlich können die Kids mit keinem dieser Orte etwas anfangen. »Dürfen wir Sie begleiten, Monsieur?«

In diesem Moment zieht mich ein kräftiger Windstoß endgültig aus dem Hafen. Ich winke den Kindern und den Freunden am Kai ein letztes Mal zu und verdrücke eine kleine Träne. Adieu, La Réunion! Das war ein wunderbarer Zwischenstopp!

Aber es fühlt sich auch gut an, wieder auf See zu sein. Ich bin ganz euphorisch und spüre, dass meine kleine BALUCHON es kaum erwarten kann. Die Route wird dieses Mal um den Süden Madagaskars und dann schnurstracks nach Westen zum Hafen von Richards Bay in Südafrika führen – eine kleine Etappe von nur 1.500 Seemeilen. Madagaskar wäre sicher auch ein schöner Landfall gewesen, aber das Land ist, wie ein großer Teil der Welt, noch immer wegen der verdammten Pandemie abgeriegelt. Seit nunmehr anderthalb Jahren bestimmt das Coronavirus meine Routen und die Länder, die ich besuche.

In der ersten Woche gibt es kaum Wind, das Tuch hängt oft schlaff herunter. Normalerweise ärgere ich mich über fehlenden Wind, aber diesmal versinke ich genüsslich in einer Art Dauerträumerei. Manchmal lasse ich die BALUCHON sogar ihren eigenen Rhythmus fahren, ohne das Segel optimal einzustellen. Wir kommen an, wenn wir ankommen; schließlich brennt es ja nirgendwo.

Wohl um der Hitze und dem langsamen Tempo etwas entgegenzusetzen, träume ich stundenlang, dass ich auf einem von Huskys gezogenen Schlitten durch große, schneebedeckte Täler fahre und anschließend vor einer Blockhütte Holz hacke. Der Traum erscheint mir so real, dass ich kurz davor bin mir in die Hände zu hauchen, um mich aufzuwärmen. Seltsamerweise träume ich auch, dass ich in Japan bin, einen seidenen Kimono trage und Tee trinke.

Ich weiß nicht, ob ich wirklich in einem überbevölkerten und übersozialisierten Land leben möchte, aber die japanische Raffinesse und Kultur finde ich durchaus reizvoll. Auf meiner Liste der Dinge, die ich tun will, bevor es zu spät ist, notiere ich: »Japan besuchen« (natürlich erst nach den Hundeschlittenfahrten und Hütten im hohen Norden und einer ganzen Menge anderer lustiger Sachen).

Zudem widme ich mich einer Beschäftigung, die ich ganz besonders mag: der mentalen Konstruktion von Objekten, in diesem Fall der meines nächsten Bootes, dessen (ebenfalls mentale Pläne) allmählich fertig werden. Ich stelle mir den Bau Schritt für Schritt vor, aber im Zeitraffer, so kann ich mir über die unzähligen kleinen Probleme, die es zu lösen gilt, Klarheit verschaffen kann. Das macht großen Spaß, erfordert aber viel Konzentration. Nach einigen Stunden schlafe ich völlig erschöpft ein. Als ich aufwache, bin ich total durcheinander. Ich muss wohl geträumt haben, dass ich in meinem zukünftigen Boot schlafe, das anders aussieht als die BALUCHON. Es dauert eine ganze Weile, bis ich mich wieder zurechtfinde.

Wieder bekomme ich Probleme mit der Stromversorgung: Meine neue Batterie lässt sich überhaupt nicht aufladen. Zunächst glaube ich an ein Problem mit den Reglern meiner beiden kleinen Solarpaneele, aber selbst wenn ich sie kurzschließe, schaffen es die Paneele kaum, den Verbrauch meiner Kollisionsvermeidungsgeräte ausgleichen, obwohl diese besonders sparsam sind. Diesmal sind es die Solarpaneele, die mich im Stich lassen. Vielleicht sind sie sogar daran schuld, dass meine Batterien während der letzten Überfahrt kaputtgegangen sind. Dass mir der Strom ausgeht, beunruhigt mich keineswegs. Meine neue Windfahnensteuerung leistet perfekte Arbeit, ich habe eine Notfall-Navigationslicht, das mit einem Satz Batterien fast zwei Nächte durchhält, und mein E-Reader ist voll geladen – es gibt also keinen Grund, sich wegen ein paar Photonen Sorgen zu machen! Um meine Position zu bestimmen, schalte ich einmal täglich mein Tablet für eine Minute ein.

Den Rest der Zeit halte ich mich mit dem Kompass auf Kurs. Für den Notfall habe ich noch ein herkömmliches, batteriebetriebenes GPS-Gerät in Reserve. Ich könnte locker mehrere Wochen ohne Strom auskommen.

Die Südspitze Madagaskars ist dafür bekannt, dass hier fast das ganze Jahr über schlechtes Wetter herrscht. Segler sollten die Insel daher weit im Süden, mit mindestens 150 Seemeilen Abstand zur Küste umrunden – manche empfehlen sogar 200 Seemeilen. Da ich ein pragmatischer Mensch bin, bilde ich den Schnitt und peile 175 Seemeilen Abstand an. Ich rechne ohnehin damit ordentlich durchgeschüttelt zu werden, denn eine meiner Lieblingsdevisen lautet: »Rechne mit dem Schlimmsten, dann wirst du nicht enttäuscht.«

Gleich, als ich anfange nach Westen abzudrehen, spüre ich, dass etwas passieren wird. Es ist fast windstill, aber das Boot und das Segel sind mit Kondenswasser bedeckt. Jedes Mal, wenn das Segel im Wind schlägt, regnen Tausende Tröpfchen aufs Deck. Man muss kein Meteorologe sein, um zu erkennen, dass das Wetter in Kürze umschlagen wird. Und siehe da, eine Stunde später dreht der Wind quasi von einem Moment auf den anderen radikal und beginnt sehr stark aus Süden zu blasen. Das Meer bäumt sich fast zu einer Brandung auf.

Wir werden heftig durchgeschüttelt, vor allem, weil ich diesmal nicht meine Korkenmethode anwenden kann (auch bekannt als »Shaker-Methode« oder »Nasses-Huhn-Methode«). Diese Methode besteht darin, sich bei miesem Wetter im Boot einzuschließen und abzuwarten, dass es vorbeizieht. Doch dieses Mal habe ich keine Wahl. Ich muss dem Meer die Stirn bieten und Kurs halten, koste es, was es wolle. In dieser Zone kann man lange warten, bis sich das Meer beruhigt, und mit diesem eisigen Südwind, der direkt aus der Antarktis zu kommen scheint, wird man zwangsläufig nach Norden abgetrieben und nähert sich somit dem Kontinentalschelf südlich von Madagaskar, wo der Seegang immer schlimmer wird.

Obwohl es meiner kleinen BALUCHON an Kraft und Tempo mangelt, kämpft sie wie ein Teufel gegen die Elemente. Alles wäre bestens, wenn nicht plötzlich überall im Boot ein beängstigender Lärm ertönen würde. Einen Moment scheint es mir, als würde jemand auf dem Deck mit einem Presslufthammer spielen. (Das ist natürlich nur ein Bild. Bei diesem Seegang kann sich niemand draußen aufhalten, ohne sofort von Bord geschleudert zu werden. Und auch wenn ich der netteste und toleranteste Mensch auf der Welt bin, wäre ich doch eingeschritten, wenn jemand versucht hätte, das Deck meines Bootes mit einem solchen Gerät zu attackieren.) Nach mehreren Minuten finde ich endlich heraus, was dieses Geräusch verursacht: Es ist das Ende meines Wriggriemens, das am Handlauf des Decks festgezurrt ist und wie verrückt vibriert. Ich muss das so schnell wie möglich abstellen, bevor alles in Schwingung versetzt wird und dadurch irgendetwas kaputtgeht.

Die Verschlussschrauben des Vorluks sind schon seit einer Weile kaputt. Daher zurre ich die Dichtung jetzt mit zwei Schnüren fest, die ich um zwei kleine Holzstücke wickele. Das ist genauso effektiv wie die Schrauben, aber es dauert viel länger, sie wieder zu lösen, vor allem unter diesen Bedingungen. Schließlich schaffe ich es, den Kopf durch das Luk zu strecken und das Ende des vibrierenden Wriggriemens halbwegs vernünftig festzumachen, wobei ich ein paar ordentliche Ladungen Meerwasser abbekomme. Zum Glück habe ich mich vorher komplett ausgezogen, damit meine Kleidung nicht nass wird. Als ich mich wieder in die Kajüte zurückziehe, muss ich die Schnüre erneut mit großem Aufwand festmachen. Ich muss mich beeilen, denn die Wellen brechen immer wieder auf das Deck. Aber in der Eile, aufgrund der Stöße und wegen meiner vor Kälte zitternden Finger zerbreche ich eines der kleinen Holzstücke zum Festzurren. Das Wasser dringt von überall herein. Also nehme ich das Erstbeste, was ich zu fassen bekomme, um die Schnur festzuziehen: meine Zahnbürste, die einen perfekten Job macht.

Puh, endlich im Trockenen! Wobei, das ist eher eine Redensart … Dummerweise habe ich meine Kleidung und meinen Schlafsack auf meiner Koje liegen lassen. Alles ist total durchnässt, sogar mein Handtuch. Ich trockne mich dennoch so gut es geht ab und ziehe mein letztes trockenes T-Shirt an. Dann hole ich mein altes, verschimmeltes Ölzeug heraus, um mich vor der Kälte und Nässe zu schützen und mich ein wenig zu wärmen.

Die BALUCHON braucht mich jetzt nicht mehr wirklich, sie fährt ganz allein, perfekt gesteuert von Bébert, der mechanischen Windfahnensteuerung. Das schlechte Wetter hält 48 Stunden an ohne echte Probleme zu verursachen, außer dass ich meine Zahnbürste nicht mehr benutzen kann. Ich werde wahrscheinlich ein paar Tage lang ein bisschen aus dem Mund stinken, aber daran dürfte sich kaum jemand stören.

Die restliche Überfahrt verläuft unter allen möglichen See- und Windbedingungen. Ich versinke wieder in meinen Träumen, und so vergeht die Zeit. Aber ich bin nicht mehr so gelassen und zuversichtlich wie auf dem ersten Teil. Wahrscheinlich macht mir das legendäre Schmuddelwetter in der Nähe von Südafrika ein bisschen zu schaffen. Dennoch erlebe ich wunderschöne Momente, zum Beispiel bei der Lektüre von Saint-Exupérys *Der kleine Prinz*. Wie konnte ich bloß erwachsen werden, ohne dieses kleine Meisterwerk gelesen zu haben? Mehrere Tage lang bin ich völlig überwältigt. »Ich, Yann, der Präsident, erkläre, dass es von nun an Pflicht sein wird, den *Kleinen Prinzen* mindestens einmal pro Jahr zu lesen! Ansonsten gilt: Machen Sie, was Sie können und vor allem, was Sie wollen!«

Ich bin wirklich froh, dass ich mich so habe verzaubern lassen. Künftig werde ich mich nicht mehr mit Rimbaud, Baudelaire und Co. abmühen. Diese Autoren mit ihrer düsteren, melancholischen Seite sind einfach nicht das Richtige für mich. Ich brauche eher Licht, Optimismus und kindlichere Geschichten.

150 Seemeilen vor der afrikanischen Küste hört der ziemlich starke Wind von 30 Knoten urplötzlich auf, und mein Boot beginnt

bei immer noch sehr starkem Seegang unglaublich zu zappeln. Das Segel zu benutzen, steht außer Frage. Es ist die Hölle. Eine ganze Nacht lang lasse ich mich abtreiben und wie ein Pflaumenbaum schütteln, bis ich am frühen Morgen endlich das Segel setzen und ein wenig segeln kann, aber es ist ziemlich mühsam. Am nächsten Abend zucken überall gigantische Blitze über den Himmel, begleitet von einem furchterregenden Grollen. Der Wind ist schwach und ändert ständig die Richtung, was mich allmählich nervt.

Bisher war mein Plan, einen Punkt etwa 30 Seemeilen nördlich von Richards Bay anzusteuern, um nicht vom Mosambikstrom abgetrieben zu werden, der mit 4 bis 5 Knoten wie ein riesiges Förderband südwärts rauscht. Aber während der letzten Nacht, in der es weitere heftige Gewitter gegeben hat, halte ich aus Übervorsichtigkeit etwa zehn Seemeilen Abstand zur Küste. Am frühen Morgen sehe ich endlich Afrika. Seit zwei Tagen habe ich es schon gerochen: Es ist ein sehr starker Geruch, eine Mischung aus nasser Erde und Vegetation. »Afrika! Hey, Afrika!«, wiederhole ich immer wieder ungläubig.

Aber das schöne Afrika ist auch launisch. Es weiß, wie man sich interessant macht. Nur sieben Seemeilen vor dem Ziel lässt mich der Wind im Stich. Die Küste zieht in rasender Geschwindigkeit an mir vorbei, ohne dass ich mich ihr nähern kann. Richards Bay und die vielen dort vor Anker liegenden Frachtschiffe sehen zu, wie ich vorbeifahre. Ich versuche, so gut es geht, jeden Windhauch zu nutzen, allerdings ohne viel Erfolg – mein Segel ist für so wenig Wind nicht gemacht. Die Karte zeigt über 80 Meter Wassertiefe an. Ich kann also unmöglich meinen Anker werfen. Leider kann ich aber auch nicht darauf warten, dass die Strömung sich umkehrt, wie in der Bretagne, denn hier geht es endlos nach Süden.

Zufällig kreuze ich ein kleines Fischerboot, das ich mit einer einfachen Plastikpfeife auf mich aufmerksam mache. Die Jungs an Bord trauen ihren Ohren nicht, als ich ihnen erkläre, dass ich aus Frankreich komme. Der Chef des Bootes ruft sofort über Funk einen Kumpel an, damit der mich abschleppt. (Ach ja, genau, UKW! Ich denke noch immer nicht daran, dieses Gerät zu benutzen, obwohl ich noch ein paar Volt für einen Anruf übrig habe. Ich nehme lieber meine kleine Plastikpfeife.) 15 Minuten später kommt ein kleiner Kahn, der normalerweise die Besatzungen der vor Anker liegenden Frachter an Land bringt, und nimmt mich an den Haken. Die Typen sind superhöflich und freundlich. Wir stellen uns mit Vornamen vor. Dann wird die BALUCHON ganz gemächlich abgeschleppt. Zwischendurch halten wir kurz an, um die Besatzung eines Frachters aufzunehmen und fahren dann weiter in Richtung Hafeneinfahrt. Währenddessen frischt der Wind endlich auf. Ich bin ein wenig enttäuscht, vielleicht hätte ich es doch aus eigener Kraft geschafft. Eine halbe Seemeile vor dem Ziel kommt ein Festrumpfschlauchboot der Sea Rescue und übernimmt das restliche Abschleppen. Es ist mir unangenehm, alle diese Leute zu behelligen, aber alles geschieht auf so natürliche und professionelle Weise, dass die gegenseitige Hilfe unter Seeleuten ganz selbstverständlich wirkt. Eine halbe Stunde später liege ich am Eingangskai in Tuzi Gazi. Zu meiner Verwunderung sehe ich zwei Affen über den Kai trippeln.

SÜDAFRIKA
NOVEMBER 2021–JANUAR 2022

Mein erster Kontakt mit Südafrika ist zugegebenermaßen sehr negativ. Es bedrückt mich sehr, dass ich den fehlenden Wind nicht vorausgesehen habe, dem Mosambikstrom nichts entgegensetzen konnte und gezwungen war, um Hilfe zu bitten, was mir immer noch unangenehm ist. Die dann folgenden Einreiseformalitäten sind völlig verwirrend: Zusätzlich zu den zwei, drei Behördengängen, die in anderen Ländern üblich sind, muss man hier unzählige weitere Behörden aufsuchen und jedes Mal Dutzende Formulare ausfüllen.

Alle Beamten, mit denen ich zu tun habe, scheinen an einem großen »Wer ist am unfreundlichsten?«-Wettbewerb teilzunehmen. In einer Abteilung weigert sich die Dame hinter den Schalter, mir einen einfachen Stift zu leihen, als mein eigener seinen Geist aufgibt. Ich muss warten, bis jemand anders das Büro betritt, seine Papiere ausfüllt, so freundlich ist mir seinen Stift zu leihen und geduldig zu warten, bis ich meinerseits meine Formulare ausgefüllt habe. Auch wenn es meine Schuld ist – ich hätte einen Ersatzstift dabeihaben sollen –, fühle ich mich gedemütigt (ich glaube, das war das Ziel). Lieber hätte ich einen großen Sturm auf offener See über mich ergehen lassen, als das hier zu ertragen. Der Sinn all dieser Behördengänge, die mir völlig unnötig und ineffizient erscheinen, bleibt mir schleierhaft, zumal ich bereits vor meiner Ankunft in Südafrika dieselben Informationen in einen langen Fragebogen im Internet eintragen musste. Ich male mir aus, welches Chaos entstehen würde, wenn man Flugpassagiere auf einen solchen Hindernislauf schicken würde. Für mich ist es ein echter Albtraum, der mich an einen Roman von Kafka erinnert. Selbst für die Anmeldung im

Hafen muss man ein gut 50 Seiten starkes Dokument ausfüllen, nur um für ein paar Tage einen kleinen Liegeplatz zu bekommen! Man erklärt mir, dass diese komplizierte Bürokratie aus der Zeit der Apartheid stammt, die allerdings seit 40 Jahren abgeschafft ist, und dass Maßnahmen zur Vereinfachung des Prozesses im Gange seien. Mir ist klar, dass meine Reaktion nicht rational ist, aber ich fühle mich in die Enge getrieben, gefangen in einem erdrückenden Behördenlabyrinth. Ich erdulde, habe nichts unter Kontrolle. Das stresst mich ungemein.

Offenbar geht es nur mir so. Die anderen Segler nehmen das Ganze gelassener. Für sie ist es nur eine kleine, folkloristische Pflichtübung. Ich mache gute Miene zum bösen Spiel und bleibe höflich. Bei einem Besuch in einem fremden Land gehört es sich schließlich, dass man die örtlichen Regeln akzeptiert.

Als man mir eröffnet, dass ich das gleiche Theater bei jeder Ein- und Abreise in jedem südafrikanischen Hafen bis Kapstadt durchmachen muss, wird mir buchstäblich schlecht. Ich überlege, das Land so schnell wie möglich zu verlassen, um das Kap der Guten Hoffnung zu segeln, irgendeine Insel im Atlantik anzusteuern und vorzugeben, dass ich direkt von La Réunion komme. (Seltsamerweise will keine der südafrikanischen Behörden, die ich besuche, Papiere des Landes sehen, aus dem ich komme, sodass mein letzter Ausklarierungsbeleg keinen offiziellen Einreisestempel aus Südafrika trägt und für den nächsten Zwischenstopp wiederverwendet werden könnte.) Ich studiere den Wetterbericht, um mich so schnell wie möglich aus dem Staub zu machen. Aber es sieht schlecht aus. Das Wetter in dieser Gegend von Afrika ändert sich alle 48 Stunden. Die kleinen Zeitfenster reichen gerade mal, um von einem Hafen zum nächsten zu gelangen. Unmöglich, auf direktem Weg zum Atlantik zu segeln ohne Gefahr zu laufen, in schwere Unwetter zu geraten – in Küstennähe und mit all den Strömungen in dieser Gegend wäre das für meine kleine BALUCHON nicht optimal.

Meine unverhältnismäßige Reaktion ist eigentlich nur eine Folge der Müdigkeit, die sich während dieser Überfahrt angestaut hat. Ich merke, dass es anstrengender war, als ich dachte. Wenn der Körper müde ist – das habe ich bereits mehrfach beobachtet –, kommt der Geist nicht mehr mit. Er konzentriert sich auf Probleme, die eigentlich keine sind. Das führt zu Stress, der zur körperlichen Erschöpfung noch hinzukommt, und so entsteht ein Teufelskreis. Ich brauche mehr als zwei Tage und zwei Nächte mit unruhigem Schlaf, in denen ich stündlich aufwache, um – völlig unnötigerweise, ich liege ja am Steg – meinen Kurs zu überprüfen, bis ich wieder bei halbwegs klarem Verstand bin.

Zum Glück zeigt mir Südafrika schnell sein zweites Gesicht: Nachdem ich die Formalitäten erledigt habe, kann ich endlich in die Marina des Zululand Yacht Club einfahren; der Name verheißt Fremde und Exotik. Der Empfang ist supernett und sehr herzlich. Ich treffe mehrere Freunde und Boote, denen ich auf meiner Reise um die Welt schon einmal begegnet bin.

Schon kurz nach meiner Ankunft werde ich mit der örtlichen Religion vertraut gemacht: dem »Braai«. Das ist eine sehr ernste Sache, über die man hier nicht spaßt. Das *Braai* ist die südafrikanische Version des Barbecues. Wobei das Wort »Barbecue« einen negativen Beigeschmack hat, denn es bezeichnet die Art und Weise wie Fleisch nach amerikanischem Vorbild zubereitet wird – auf dem Gasgrill oder à la Plancha –, was hier als Ketzerei gilt. Das Thema ist so heikel, dass ich mich frage, ob es mit einer Gefängnisstrafe geahndet werden kann, wenn man sein Fleisch auf diese Weise zubereitet. Für das Braai wird nur Holzfeuer oder Holzkohle verwendet, nichts anderes. Fast jeden Abend und ab Freitagmittag das gesamte Wochenende über gibt es ein Braai nach dem anderen, mit Fleischstücken, die so groß sind wie die Hände der südafrikanischen Rugbyspieler. Das Ganze wird mit unzähligen Litern Bier begossen. Fast jedes Mal werden die Besatzungen der durchreisenden Schiffe gegen eine kleine Spende herzlich eingeladen.

Nach all den zurückgelegten Seemeilen und der nicht gerade ausgewogenen Ernährung weist mein Körper sicher einige Mangelerscheinungen auf. Mit dieser neuen Ernährungsweise, ergänzt um viel Obst und Gemüse sowie ein bisschen Bewegung, sollte ich schnell wieder auf die Beine kommen – vorausgesetzt sie dauert nicht zu lange.

Zusammen mit den Crews zweier anderer Boote miete ich ein Auto um Wildreservate zu besuchen, die nur wenige Stunden entfernt liegen. Drei Tage lang kommen wir aus dem Staunen nicht mehr heraus. Es ist einfach unglaublich, diese Tiere in ihrer natürlichen Umgebung zu sehen: Elefanten, Giraffen, Büffel, Löwen, Gazellen, Nilpferde und eine ganze Reihe weiterer Exoten in allen Größen. Es ist zwar nicht ideal, dass all diese Tiere in riesigen Reservaten eingesperrt sind, also nicht wirklich in Freiheit leben, aber zumindest helfen die Besuche und Eintrittsgelder, sie vor dem schlimmstmöglichen Raubtier zu schützen: dem Menschen. Ganz zu schweigen davon, dass dadurch auch ein wenig Geld und Arbeit in diesen ziemlich armen Teil Südafrikas gelangen. Dieser kleine Ausflug hinterlässt nicht nur unglaubliche Erinnerungen, sondern hilft mir auch den Kopf freizukriegen und mit größerer Gelassenheit auf meine Weiterreise zu blicken.

Rein technisch ist es durchaus möglich, das Kap der Guten Hoffnung mit einem Boot in der Größe der BALUCHON ohne größere Probleme zu umrunden, doch man darf es nicht eilig haben. Man muss die richtigen Wetterfenster abpassen und zwischen zwei Tiefs schnell von einem Hafen zum nächsten segeln. Um die besten Chancen zu haben, müsste ich mir ein Leichtwindsegel zulegen und vielleicht einen kleinen Außenbordmotor, damit ich mich bei schlechtem Wetter schnell in Sicherheit bringen könnte. Den Seewetterbericht an Bord empfangen zu können, wäre ebenfalls von Vorteil. Kurzum, ich müsste sehr viel mehr als meine gesamten Ersparnisse investieren und meine Segelphilosophie radikal ändern, nur um diese 800 heiklen Seemeilen zu bewältigen. Doch die Götter der unschuldigen Reisenden (die wohl nicht allzu viel zu tun haben) beschließen wieder einmal, zu meinen Gunsten einzugreifen. Als ich mich umhöre, finde ich zufällig jemanden, der über Silvester mit dem Auto nach Kapstadt fahren will und bereit ist, die BALUCHON gegen eine angemessene Entlohnung auf einem Anhänger zu transportieren. Da ich keine Lust habe, bei jeder Hafenein- und -ausfahrt die immergleichen Behördengänge zu machen, packe ich die Gelegenheit beim Schopfe. Ein, zwei Tage lang grübele ich über diese Entscheidung nach. Ich habe das Gefühl, ein wenig zu schummeln, weil ich den einfachsten Weg wähle, und mache mir Gedanken, was man wohl über mich sagen wird. Doch dann bereite ich dem Ganzen schnell ein Ende: Ich bin nur mir selbst Rechenschaft schuldig und mache, was ich will. Außerdem bin ich, wie gesagt, überhaupt kein Freund der Küstenschifffahrt. Im Gegensatz zur Hochseeschifffahrt macht sie mir keinerlei Spaß, vor allem, wenn ich eine einfachere und günstigere Alternative habe.

Ich beschließe, die BALUCHON mit eigenen Kräften aufs Trockene zu bringen. Der alte Travellift in der Werft neben dem Yachthafen ist natürlich für viel größere Boote gemacht, außerdem ist die Nutzungsgebühr exorbitant hoch. Vor allem aber macht es tausendmal mehr Spaß, sich selbst eine Lösung auszudenken. Aus ein paar Brettern, die ich in einem Baustoffhandel kaufe, baue ich eine Art Schlitten, auf dem ich mein kleines Boot leicht aus dem Wasser ziehen kann. Anschließend will ich es von da aus auf den Anhänger schieben. (Dieser Anhänger ist nicht speziell für Boote konzipiert, man kann ihn also nicht einfach ins Meerwasser schieben, um die BALUCHON draufzuladen.)

Wie üblich ist es mein Plan, diese Aktion ganz allein durchzuführen. Das Basteln und Bewegen von allerlei Dingen, nur mithilfe von Leinen und Holzstücken, ist meine Spezialität. Ich liebe solche Vorhaben. Ich habe sogar einen Wagenheber und einen Kettenzug aufgetrieben und einen den Pyramidenbauern würdigen Plan aufgestellt. Allerdings habe ich die enorme Solidarität unter Seeleuten nicht mitbedacht: Sämtliche Freunde aus der Marina kommen mir zu Hilfe. Kaum ist die BALUCHON auf der Slipanlage gestrandet, liegt sie auch schon auf ihrem Schlitten. Eigentlich wollte ich warten, bis das Wasser zurückgeht, um sie dann langsam über Rundhölzer zu schieben. Doch da wird schon ein örtlicher Geländewagen zu Hilfe gerufen und die BALUCHON im Handumdrehen auf ihrem schönen Schlitten an Land gezogen. Das Ganze ist im Handumdrehen und in einer tollen Atmosphäre erledigt. Anschließend schmeiße ich eine Runde in der Bar des Yachtclubs!

Als ich ein paar Tage später anfange nach Holzstücken für eine Rampe zu suchen, über die ich das Boot auf den Anhänger schieben kann, bietet mir freundlicherweise jemand mit einem Lieferwagen an, die BALUCHON auf den Anhänger zu heben, denn sein Lieferwagen ist mit einem kleinen Kran ausgestattet. In kaum zehn Minuten ist die Sache erledigt. Letztlich kommen weder meine Rundhölzer noch mein Wagenheber, mein Kettenzug oder meine altägyptischen Methoden zum Einsatz. Auch wenn ich es gern auf meine Weise gemacht hätte, haben mich die Solidarität und Freundschaft all derer, die mir geholfen haben, doch sehr gefreut. Danke an alle Freunde!

Während meines kurzen Aufenthalts auf dem Festland geht es mir nicht besonders gut. Praktisch der gesamte Yachthafen wird von irgendeinem Infekt heimgesucht. In meinem Fall äußert sich das in einem heftigen Durchfall, der mich zwingt, halbstündig auf schnellstem Weg die Sanitäranlagen aufzusuchen. Einmal vergesse ich in meiner Eile den wertvollen Toilettenschlüssel auf dem Boot und kann nur in letzter Not ein böses Unglück verhindern.

Anderntags, als ich ziemlich entleert von einem meiner vielen Ausflüge zurückkomme, sehe ich, wie sich ein Kopf durch das Luk der BALUCHON schiebt. Wer kann das sein? Ich kenne hier zwar schon einige Leute, kann mir aber nicht vorstellen, dass jemand

1

2

ie BALUCHON entsteht in meiner Werft.

ür die Beschichtung des Rumpfes muss das Boot umgedreht werden.

3

3 Stabilitätstest mit umgedrehtem Boot.

4 Blick ins Innere: mein Lebensraum und meine kleine Koje zwischen Vorräten.

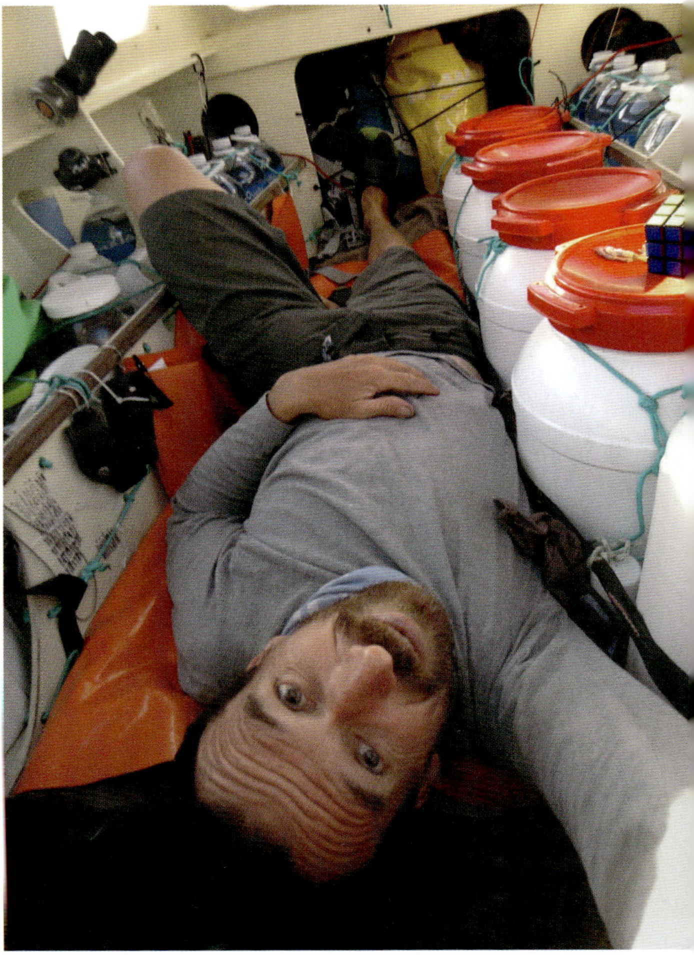

4

Erste Testfahrten im Hafen von Légué in Saint-Brieuc.

6

7

6 Gut sieht sie aus, meine k eine BALUCHON, mit ihrem Huhn und den Solarpaneelen!

7 Die BALUCHON vor der paradiesischen Kulisse in der Bucht von Saint-François in Guadeloupe.

8

9

8 Zwischen den anderen Yachten wirkt die BALUCHON im Hafen auf Tahiti ganz besonders klein.
9 Die mystischen Inseln des Pazifiks auf eigenem Kiel erreicht zu haben, erscheint mir fast unwirklich.

10

11

10 Bébert, die einfache Windfahnensteuerung, bekommt einen Anstrich. Aus der Not geboren, steuert sie mich perfekt um die halbe Welt.

11 Um die BALUCHON zu steuern, muss ich die Kajüte nicht verlassen.

12

12 Mit der Hilfe vieler Freunde wird die BALUCHON in Südafrika für ihre Reise über Land aufgebockt.

13 Für den Notfall habe ich einen Überlebensanzug an Bord.

14 So sah ich nach 77 Tagen auf See aus.

13

14

15

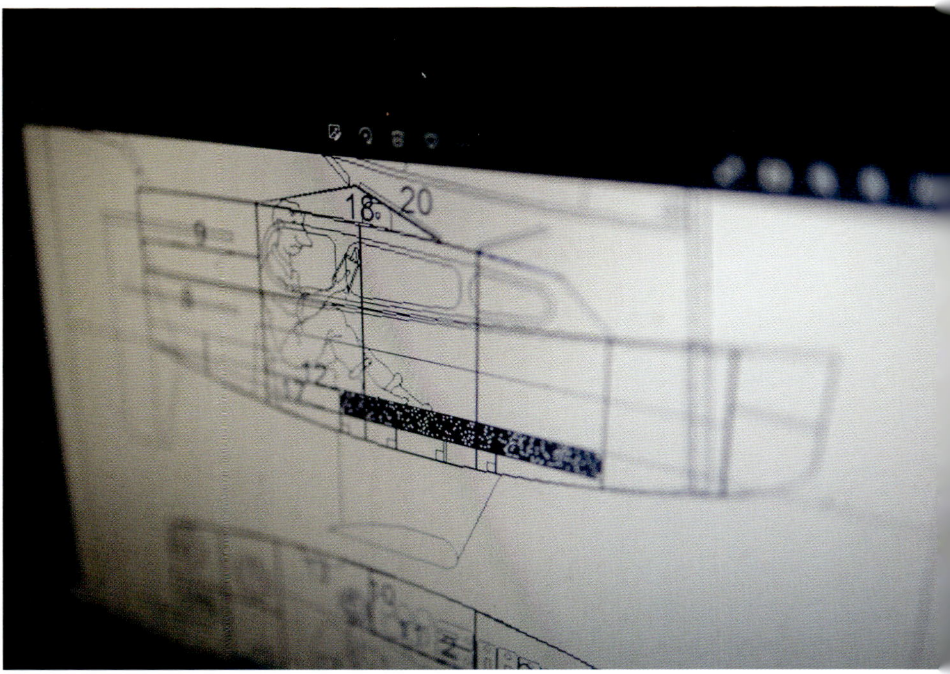

16

15 Auf meiner Reise habe ich sie in Gedanken schon konstruiert: Pläne für BALUCHON II.

16 Als wäre nichts gewesen: Nach drei Jahren Reise hat mich meine BALUCHON zurück nach Hause gebracht.

ohne meine Erlaubnis an Bord gehen würde. Als ich näherkomme, sehe ich, dass es einer der vielen Affen ist, die hier überall herumlaufen. Er sitzt gemütlich da und lässt sich meine Vorräte schmecken. Ich renne auf das Boot zu (fast ebenso schnell wie ich vor ein paar Minuten in die entgegengesetzte Richtung gerannt bin). Als der Affe mich kommen sieht, macht er sich mit einer halb aufgerissenen Brötchentüte eilig davon. Auf dem Dach der Yachthafenwerkstatt hält er kurz inne und wirft mir einen überlegenen, spöttischen Blick zu. Ich beschimpfe ihn als Schurken und drohe ihm mit der Faust, was ihn aber offenbar wenig beeindruckt. An Bord begutachte ich den Schaden: Dieser Schmutzfink hat ein heilloses Durcheinander hinterlassen! Er hat nicht nur eine Packung Kekse komplett zerfetzt und die Krümel überall verteilt, sondern auch das Tütchen mit dem Kurkumapulver aufgerissen, das ich in meinen Morgentee rühre. Den ganzen Nachmittag lang versuche ich, unterbrochen von häufigen Zwangspausen, das Bootsinnere so gut es geht zu säubern. (Gegen die Kurkumaspuren komme ich nicht wirklich an; die orangefarbenen Flecken in der Kajüte und auf meiner Matratze bleiben noch lange sichtbar.)

Vor dieser Episode fand ich diese Affen, deren Männchen leuchtend blaue Hodensäcke haben, äußerst sympathisch. Sie bringen den größten Teil ihrer Zeit damit zu, Blödsinn zu machen und zu kopulieren. Ich hatte schon mehrfach Geschichten gehört, wie sie in glänzende Katamarane eingedrungen sind und alles auf den Kopf gestellt haben, und mir dabei stets ein Schmunzeln verkneifen müssen. In meiner Naivität hatte ich mir eingebildet, dass es für einen Affen sicher viel lustiger ist, in ein großes, teures Schiff einzudringen als in ein billiges Boot wie meins, aber die Natur macht da keinen Unterschied. Ob klein oder groß, jeder hat ein Anrecht auf die gleichen Unannehmlichkeiten. Von diesem Tag an vergesse ich nie wieder, das Boot zu verschließen, bevor ich an Land gehe, und sei es nur für ein paar Minuten. Genau wie ich mich nie wieder vom Schlüssel der Sanitäranlagen trenne.

Am zweiten Weihnachtsfeiertag starten wir zu unserem Trip durch Südafrika, um die BALUCHON an die Atlantikküste zu bringen. Ich sitze bequem im Kofferraum des Geländewagens, mit dem Dylan und seine Familie nach Kapstadt fahren, wo sie Silvester feiern wollen. Mein kleines Boot kommt mir auf dem riesigen Anhänger, auf dem man problemlos zwei solcher Boote unterbringen könnte, ganz mickrig vor.

Meine Verdauungsprobleme werden langsam besser, aber ich bin ganz froh, dass zwei Kinder mit im Auto sitzen. Ihretwegen legen wir alle zwei Stunden eine Pinkelpause ein.

Anfangs ist die Fahrt für mich ziemlich stressig. Ich bin die Geschwindigkeiten an Land überhaupt nicht mehr gewöhnt und mehrfach werden wir von riesigen Lastwagen oder Pick-ups, auf deren Ladeflächen sich Arbeiter drängen, in geringem Abstand überholt. Im Großen und Ganzen verläuft die Reise dennoch sehr gut. Ich sehe atemberaubende Landschaften an mir vorbeiziehen, wüstenartige Gegenden, bei denen ich an Australien denken muss, das ich eigentlich auf diese Art durchqueren wollte (ich bedauere überhaupt nicht mehr, dass ich diese Option, über Land zu reisen, nicht hatte).

Wir haben nur ein kleines mechanisches Problem: Mitten im Nirgendwo platzt ein Kühlwasserschlauch und zwingt uns zum Anhalten. Dylan, der wie viele Südafrikaner hervorragend improvisieren kann, behebt die Panne mit Leichtigkeit.

Er ist ein hübsches Riesenbaby, mindestens 1,80 Meter groß und fast zwei Zentner schwer, kein Typ, mit dem man sich anlegt. Aber als er mit seiner Frau und seinen beiden Kindern am Straßenrand steht, wirkt auch er plötzlich ziemlich angespannt, und ich sehe, wie er für alle Fälle seinen Baseballschläger bereitlegt. In diesem Land gibt es einfach extrem viel Gewalt und Kriminalität, die von der rassistisch motivierten Aggressivität weiter genährt werden. Ich versetze mich in die Lage des Familienvaters: Ein liegengebliebenes Fahrzeug voller Weißer ist eine attraktive Beute, zumal er sicher denkt, dass ich ihm mit meiner Statur im Falle eines Überfalls keine große Hilfe sein werde.

Um weiterfahren zu können, müssen wir dringend das Kühlwasser wieder auffüllen. Zum Glück ist in der Ferne ein Windrad zu sehen, wie man es aus Western-Filmen kennt: eine Vorrichtung, mit der man Wasser zum Tränken der Tiere hochpumpen kann. Ich biete an, mit den kleinen Kanistern aus der BALUCHON Wasser zu holen – so kann ich mir auch ein bisschen die Beine vertreten. Am liebsten würde ich langsamen Schrittes dorthin schlendern, wie ein Cowboy in einer verlorenen Gegend fernab von seiner Ranch. Aber da die kleine Familie ganz offensichtlich nicht die Absicht hat, länger in dieser Ecke zu bleiben, beeile ich mich.

Nach zwei Tagen Fahrt und einer Übernachtung in dem wahrscheinlich am weitesten vom Meer entfernten Kaff in Südafrika erreichen wir unser Ziel. Es fühlt sich seltsam an den Atlantik wiederzusehen, fast zwei Jahre nachdem ich ihn verlassen habe.

Kapstadt ist ein wunderschöner Ort mit einem angenehmen Klima. Hier lässt es sich sicher rund ums Jahr gut leben. Überall gibt es Kunstwerke, moderne Gebäude stehen neben alten im viktorianischen Stil und alles wird von dem berühmten und sehr beeindruckenden Tafelberg überragt. Der für mich schönste Ort der Stadt ist das Museum für moderne Kunst, das auf den Grundmauern ehemaliger Betonsilos errichtet wurde – die Architektur ist einfach umwerfend!

Das einzig Schockierende für einen Hinterwäldler wie mich ist das direkte Nebeneinander von großem Reichtum und extremer Armut. In unmittelbarer Nähe von prächtigen Gebäuden, an denen riesige Leuchtreklamen für Banken und Luxusautomarken werben, lebt eine (natürlich ausschließlich schwarze) Bevölkerung in behelfsmäßigen Unterkünften aus Pappkartons und Plastikplanen in völligem Elend.

Eines Abends, nach einem Drink mit Freunden im Stadtzentrum, beschließe ich, zu Fuß zu meinem Boot zurückzukehren – anstatt ein Taxi zu nehmen, wie es dringend empfohlen wird. In fast allen Häfen, die ich angelaufen habe, wurde gebetsmühlenartig wiederholt: Auf keinen Fall abends allein ausgehen. Ich habe mich – zu Unrecht – von diesen Warnungen nie wirklich angesprochen gefühlt. Ich dachte, man würde mir an der Nasespitze ansehen, dass ich kein Krösus bin. Meine zurückhaltende Art schützt mich normalerweise vor verbalen Provokationen, die eskalieren könnten, und mein Aussehen, das eher dem von Quasimodo als dem von Esmeralda ähnelt, bewahrt mich definitiv vor dem Versuch sexueller Übergriffe. Nichtsdestotrotz ist Kapstadt bei Nacht dafür bekannt, eine der gefährlichsten Städte der Welt zu sein.

Auf einem belebten Boulevard stürzen sich zwei Jugendliche ohne Vorwarnung auf mich und greifen mich direkt an. Ohne nachzudenken versuche ich, mich so gut wie möglich zu wehren, den Schlägen auszuweichen und mich aus ihren Griffen zu entwinden, doch als ich zurückweiche, stolpere ich und lande mit allen Vieren in der Luft auf dem Boden. Einer der Angreifer packt mich an beiden Händen. Obwohl ich wie wild mit den Beinen strampele, bekommt der andere eine meiner vorderen Hosentaschen zu fassen und beginnt, mit aller Kraft ruckartig an ihr zu ziehen. Ich werde mehrmals vom Boden hochgehoben und am Ende reißt meine Hosentasche plötzlich auf und mein treues Schweizer Messer fällt heraus. Die beiden Schurken schnappen es sich und machen sich flugs aus dem Staub. Ich rappele mich schnell auf, ziehe mein Hosenbein hoch, das bis zum Knie aufgerissen ist, und renne so schnell wie möglich in die entgegengesetzte Richtung.

Alles ging so schnell, dass ich nicht einmal Zeit hatte, wirklich Angst zu haben. Meine Angreifer sahen eher nach armen Teufeln, die zu überleben versuchen, als nach blutrünstigen Banditen aus. Alles, was ich verloren habe, ist ein einfaches Schweizer Messer mit einer abgebrochenen Schere und einer Klinge, die schon so oft geschliffen wurde, dass ihr ein gutes Drittel ihrer ursprünglichen Größe fehlt (und eine Hose, die ihre besten Tage bereits hinter sich hatte). In meiner anderen Hosentasche befand sich mein Portemonnaie mit umgerechnet etwa 30 Euro. Mein altes, ramponiertes Handy war in meiner verschimmelten wasserdichten Tasche, die ich immer auf dem Rücken trage. Als ich wieder an Bord bin, frage ich mich, ob es für die beiden Jugendlichen nicht besser gewesen wäre, wenn sie statt dieser lächerlichen Beute mein dünnes Portemonnaie bekommen hätten.

Mehrere Tage lang denke ich immer wieder niedergeschlagen über dieses kleine Missgeschick nach: Ich wusste nicht, wie ich mich verhalten sollte, und es wäre natürlich dumm gewesen, ihnen nachzulaufen und hinterherzurufen, dass ich auch ein Portemonnaie dabeihabe. Anstatt froh zu sein, dass ich so glücklich davongekommen bin, fühle ich mich hilflos. Was kann man bloß gegen das Elend und die Aggressivität der Menschen tun?

VIERTER TEIL: DIE RÜCKREISE

KAPSTADT–ST. HELENA
JANUAR–FEBRUAR 2022

Seit etwa zehn Tagen studiere ich immer wieder den Wetterbericht. Nach zweieinhalb Monaten in Südafrika, in denen ich es mir habe gut gehen lassen und das Leben an Land genossen habe, wird mein Bedürfnis, wieder in See zu gehen, immer stärker. Allerdings sind die Vorhersagen nicht sonderlich gut und es stresst mich ein wenig, dass ich mich gedulden muss, um den Atlantik erneut in Angriff zu nehmen. Da erinnere ich mich an das alte Sprichwort, das normalerweise auf die Pariser gemünzt ist, die zum Segeln in die Bretagne kommen: »Wer zu sehr auf den Wetterbericht hört, bleibt im Bistro.« Dieser Spruch ist natürlich mit Vorsicht zu genießen, aber tatsächlich kommt es ziemlich selten vor, dass man hier, am untersten Ende Afrikas, eine knappe Woche lang perfekte Wetterbedingungen hat. Also: was muss, das muss! Ich packe den Stier bei den Hörnern, lege ein Datum fest und beschließe, mir den Wetterbericht erst am Morgen der Abreise anzusehen.

Nun steht mir noch eine letzte große Schwierigkeit bevor: Ich muss die nötigen Behördengänge erledigen, um den verfluchten Ausklarierungsbeleg zu bekommen, mit dem ich das Land legal verlassen kann. Eine Weile überlege ich einfach loszufahren und mir den Papierkram zu sparen. Das Risiko ist überschaubar: Die südafrikanische Regierung wird wohl weder ein schwer bewaffnetes Kriegsschiff auf mich ansetzen noch einen internationalen Haftbefehl gegen mich ausstellen. Und sollte ich beim Auslaufen aus dem Hafen kontrolliert werden, könnte ich einfach einen kleinen Tagesausflug anmelden. Allerdings könnte es sein, dass in diesen unruhigen Zeiten, in denen Corona überall auf der Welt ein riesiges Durcheinander verursacht, meine nicht ordnungsgemäß abgestempelten Papiere bei meinen nächsten Landgängen zu einem Problem werden. Daher beschließe ich, meinen inneren Schweinehund zu bezwingen und die Ausreiseformalitäten vorschriftsmäßig zu erledigen.

Nach dem persönlichen Psychodrama, das ich bei meiner Ankunft in Südafrika durchlebt habe, habe ich ziemlich viel daran gearbeitet, meine Verwaltungsphobie besser in den Griff zu bekommen (endlich!) und mich zumindest eine Zeit lang an die Spielregeln zu halten, seien sie auch noch so blödsinnig. Aber anders als bei den Einreiseformalitäten will ich es zu einem lustigen Erlebnis machen. Ich lasse mich nicht mehr ärgern. Aus dem Alter, in dem ich mich von selbstherrlichen Beamten herunterputzen lassen muss, bin ich längst heraus. Meine Strategie ist, mir für die Formalitäten (die zugegebenermaßen viel einfacher und weniger zahlreich sind als in Richards Bay) so viel Zeit wie nötig zu nehmen, mich wie ein geborener Idiot aufzuführen und den verschiedenen Abteilungen, die ich aufsuchen muss, die Arbeit nicht im Geringsten zu erleichtern.

Leider hindert mich mein freundliches Wesen daran, meinen teuflischen Plan in die Tat umzusetzen. Der Angestellte des Yachtclubs, den ich seit meiner Ankunft in Kapstadt kenne und der mich eineinhalb Tonnen Papier ausfüllen lassen soll, ist mir viel zu sympathisch, als dass ich es wagen würde, ihn wie geplant in den Wahnsinn zu treiben. Die arme Frau am Schalter der Port-Control wiederum scheint so viel Mühe zu haben, sich von ihrem Stuhl zu erheben, dass ich es nicht übers Herz bringe, das Formular absichtlich falsch auszufüllen, damit sie wieder und wieder aufstehen muss, um ein jungfräuliches Formular zu holen. Und der erstaunlich scharfsinnige Beamte der Einwanderungsbehörde durchschaut sofort, dass ich versuche, mich dumm zu stellen. Er füllt praktisch alle Papiere selbst aus. Der Typ besitzt eine sehr irritierende Abgeklärtheit oder Sinn für Humor: Er wirkt nicht im Geringsten überrascht, dass ich als Abfahrtszeit von Kapstadt sowas wie 8:22 Uhr und als Ankunftszeit in St. Helena 10:53 Uhr angebe.

Aber mein guter Vorsatz, einmal alles richtig zu machen, scheitert an einer der letzten Behörden, die ich aufsuchen muss: dem Zoll. Dort muss ich noch einmal jede Menge Papiere mit verrückten Fragen ausfüllen, etwa zum Namen meines Spediteurs (ich wusste bislang gar nicht, dass mein Fuhrbetrieb einen Namen hat), zur Art und Menge der transportierten Waren (?) oder auch zu Anzahl und Seriennummern der an Bord befindlichen Container. Ich beantworte all diese Fragen mit irgendeinem Blödsinn, was den Schalterbeamten jedoch völlig kalt zu lassen scheint. Offensichtlich kommt es nicht auf die Qualität der Antworten an, sondern darauf, dass die Formulare ausgefüllt sind. Am Ende befiehlt mir der extrem unsympathische Mann, meine Dokumente selbst zu scannen (Smartphone-Fotos sind nicht erlaubt) und sie dann per E-Mail an eine andere Abteilung zu schicken, die sich zweifellos im Büro nebenan befindet. Ironisch frage ich ihn daraufhin, warum ich mich physisch bewegen muss, wenn die Formalitäten doch per E-Mail erledigt werden. (Man sollte wissen, dass Ironie bei Zollbeamten, unabhängig von der Nationalität, keinerlei Wirkung zeigt.) Ich sehe es schon kommen: Wahrscheinlich muss ich den ganzen Nachmittag darauf warten, dass jemand auf meine E-Mail antwortet, dann einen Ort finden, an dem ich das Dokument ausdrucken kann, um dann noch einmal zu einer Schwachsinnsbehörde am anderen Ende der Stadt zu fahren, um es abstempeln zu lassen. Eine Zollbehörde, die nicht einmal über einen Scanner oder einen Computer verfügt, um eine E-Mail zu verschicken, kann man aber auch wirklich nicht ernstnehmen …

Was zu viel ist zu viel! Diesmal lasse ich mich nicht verarschen und beschließe, das Spiel zu beenden. Dann verschwinde ich eben ohne offiziellen Ausklarierungsbeleg aus Südafrika, Pech für mich. Immerhin habe ich meinen abgestempelten Pass und Dutzende Papiere mit karnevalsartigen Briefköpfen, die beweisen, dass ich mich bemüht habe, die Vorschriften einzuhalten. Das ist besser als nichts.

Am nächsten Morgen nutze ich die ruhige See und verlasse nach einem üppigen englischen Frühstück in der Bar der Marina das Becken des sehr exklusiven und sehr britischen Royal Cape Yacht Club. Ich werfe einen kurzen Blick auf den Wetterbericht, um sicher zu gehen, dass nichts Schlimmes auf mich zukommt: Das könnte klappen, auch wenn für die nächsten drei, vier Tage immerhin 30 Knoten Wind vorhergesagt sind. Aber der Wind kommt von achtern, also sollte das kein Problem sein.

Drei, vier Frühaufsteherfreunde stehen am Steg und schauen mir zu, wie ich mein Boot aus dem Hafen wrigge – ausnahmsweise mal ein diskreter Aufbruch. Der für den Vormittag angekündigte Wind bleibt aus. Den ganzen Tag über versuche ich, mit kläglichen Manövern aus der Bucht von Kapstadt herauszukreuzen. Die BALUCHON ist schwer beladen, für mindestens zwei Monate auf See. Das ist ihrer Leistung nicht gerade förderlich.

Die Nacht ist ein bisschen stressig. Frachter und Fischerboote fahren in allen Richtungen vorbei und der Wind lässt noch immer auf sich warten. Ich kann gerade noch so ausweichen, um eine Kollision mit einem großen, schnell fahrenden Boot zu vermeiden: Offenbar funktioniert mein AIS-Gerät nicht oder auf dem anderen Boot passt niemand auf. Das war knapp. Vor mir liegt eine schlaflose Nacht ...

Am nächsten Tag kommt endlich Wind auf, aber der Verkehr ist noch immer ziemlich dicht. Ich versuche, mich ein wenig auszuruhen, indem ich im 15-Minuten-Takt schlafe. Gegen Mittag wird der Wind ein wenig stärker. Mit einem kleinen Stück Segel steuert die BALUCHON aufs offene Meer. Ich nehme die Windfahne Bébert wieder in Betrieb und räume den elektrischen Autopiloten weg. Auch wenn ich jetzt dank meines kleinen, nagelneuen 50-Watt-Solarpaneels wieder ausreichend Strom habe, möchte ich den Autopiloten für die Fahrt durch die Kalmen und die Küstennavigation schonen. Und Bébert leistet, trotz seines völlig lächerlichen Preises von 25 Euro inklusive Lackierung, perfekte Arbeit. Man muss nur die Segelfläche ein bisschen öfter korrigieren. Manchmal reichen ein paar Grad Mastumdrehung, um das Boot richtig auszubalancieren. Das führt dazu, dass die Durchschnittsgeschwindigkeit niedriger ist als mit dem elektrischen Autopiloten. Aber da ich es nicht eilig habe, spielt das keine Rolle. Wer mit einer Windfahne segelt, muss genau auf sein Boot hören. Dadurch lernt man, viel besser zu trimmen. Es ist herrlich zu sehen, wie die BALUCHON bei allen Wind- und Seebedingungen perfekt läuft, ohne dass jemand das Ruder bedient, nur gesteuert von einem Stück Sperrholz, einem Stück Besenstiel, einer alten Angelrolle und zwei Stücken Schnur. Wenn ich überlege, dass manche Leute für komplizierte Autopiloten oder Windsteuersysteme ein Vermögen ausgeben ...

Trotzdem dauert es mehrere Tage, bis ich wieder richtig glücklich bin, auf offener See zu sein. Ich werde zwar dieses Mal nicht seekrank, fühle ich mich aber dennoch nicht besonders wohl. Wie immer brauchen mein Körper und mein Geist ein wenig Zeit, um sich an das Meer zu gewöhnen. Der BALUCHON ist dieses Problem fremd: Wie eine Tänzerin gleitet sie mit verblüffender Leichtigkeit über das Wasser. Der Wind ist etwas stark, aber die Wellen sind lang und sanft, nur wenige brechen.

Doch gerade als ich darüber nachdenke, dass der Atlantik weniger aggressiv ist als der Indische Ozean, trifft uns eine riesige Welle von wer weiß woher auf die Seite. Die BALUCHON legt sich sofort auf die Seite. Ich werde über die Fässchen mit den Lebensmitteln und gegen das Kajütdach geschleudert. Zahlreiche Gegenstände, die ich nicht ordentlich befestigt habe, fliegen durch die Gegend. Zum Glück habe ich das Luk richtig verschlossen. Ich komme mit ein paar blauen Flecken davon. Solche Schläge habe ich im Indischen Ozean schon zu Dutzenden abbekommen und wahrscheinlich war es sogar eine Welle wie diese, die der armen SKROWL vor sieben Jahren zum Verhängnis wurde. Das erinnert mich daran, dass ich konzentriert und vorsichtig bleiben muss.

Als sich das Wetter am Ende des fünften Tages beruhigt, kann ich mich endlich wieder über das offene Meer freuen, auch wenn der Wind jetzt etwas zu schwach ist und genau von achtern kommt. Ich muss abfallen, um wieder mehr Fahrt zu machen und Bébert die Arbeit zu erleichtern, indem ich ihm etwas mehr scheinbaren Wind verschaffe. Es macht mich glücklich, hier mit meiner tapferen BALUCHON ganz allein zu sein und mich nur vom Wind antreiben zu lassen. Ich genieße es, mit meinem Boot, dem Wind und dem Meer Teil eines Ganzen zu sein. Das klingt vielleicht ein bisschen kitschig, aber es fühlt sich wirklich harmonisch an. Den Gedanken, dass ich eines Tages wieder an Land gehen muss, versuche ich zu verdrängen.

Außerdem probiere ich, meine Ernährungsgewohnheiten umzustellen und bereite mir täglich eine Mischung aus Kartoffelpüree aus der Tüte und Biltong (gewürztes Trockenfleisch, eine südafrikanische Spezialität) zu. Ich habe mir in den Kopf gesetzt, dies zu meiner Nahrungsgrundlage zu machen; es sollte meinen Energiebedarf großzügig decken. Das Gericht ist nicht nur ziemlich günstig und sehr schnell zubereitet, sondern hat auch den Vorteil, dass man es sowohl kalt als auch warm essen kann. Doch nach fünf, sechs Tagen dieser etwas rustikalen Diät muss ich immer wieder fürchterlich aufstoßen, was von subtilen Gerüchen nach schlecht verdautem Industriepüree und Gewürzen begleitet wird. Mein Magen ist normalerweise recht anpassungsfähig, aber jetzt signalisiert er mir, dass er genug hat von meiner widerlichen Mischung, die eine gipsähnliche Konsistenz hat, aber viel weniger bekömmlich ist. Zum Glück habe ich noch einen Vorrat an chinesischen Nudeln, die nun erneut zu meinem Grundnahrungsmittel werden und die ich, je nach Tag und Laune, mit Thunfisch oder Dosensardinen (nach einer Pause von mehreren Monaten kann ich sie wieder essen) genieße. Das Biltong behalte ich als kleinen Snack für nächtliche Hungerattacken und die Beutel mit dem Kartoffelpüree für den Fall, dass ich eines Tages ein Loch im Rumpf der BALUCHON stopfen muss.

Die Leselust überkommt mich erst eine gute Woche nach der Abreise. Ich bin so zufrieden mit dem Nichtstun, dass mir eine knappe Stunde Lektüre pro Tag genügt. Auf dieser Überfahrt lese ich einen Simenon, eine Erzählband mit Abenteuern von Henry de Monfreid, einen völlig albernen Krimi und einen Liebesroman, der von den Leiden einer verheirateten Frau erzählt, die in der Mitte ihres Lebens feststellt, dass vor allem ihr mieser Ehemann an ihrem Unglück schuld ist, weil er ihr nicht oft genug sagt, wie schön und wunderbar sie ist und dass sie doch gar nicht so viel zugenommen hat. Die Gefühle dieses Dreckskerls werden in besagtem Roman natürlich nicht berücksichtigt. Aus männlicher Solidarität versuche ich, die Sichtweise der Autorin ins rechte Licht zu rücken und sage mir, wie schwierig es für manche Männer ist, ihren Panzer abzulegen, für dessen Aufbau sie so lange gebraucht und den sie nach jedem Schicksalsschlag so gut wie möglich wieder zusammengeflickt haben. All das führt mich zu dem Gedanken, dass die Liebe das letzte Abenteuer unserer Zeit sein muss. Es erfordert unendlich viel Mut und Kraft, die eigenen Schutzmechanismen aufzugeben und sich so zu zeigen, wie man ist. Vielleicht hat mir der Trip auf meinem stolzen Panzerschiff BALUCHON zu ein wenig Reife verholfen. Ich glaube, ich bin jetzt in der Lage, diesen Panzer, der mich oft so ungeschickt wirken lässt, hin und wieder abzulegen und endlich die blasse Haut meiner Seele in der Sonne eines anderen Menschen zu bräunen. Um mich auf die Atmosphäre in St. Helena vorzubereiten, höre ich mir auch eine Reihe von Podcasts über das Leben Napoleons an.

Am Ende des 23. Tages dieser angenehmen Etappe, auf der ich gar nicht erst versucht habe, die BALUCHON richtig in Fahrt zu bringen, sondern mich habe treiben lassen, komme ich in Sichtweite der Insel. Es ist Abend, und ich beschließe, die Insel in der

Nacht mit geringer Geschwindigkeit zu umrunden, um am frühen Morgen gemütlich am Ankerplatz von Jamestown anzukommen, dem einzigen Hafen von St. Helena. Ich schalte den elektrischen Autopiloten wieder ein, um die Windschwankungen bei der Annäherung an die Küste im Griff zu behalten, doch nach kaum einer halben Stunde fängt er an, merkwürdige Geräusche von sich zu geben, vergleichbar denen einer mit Kies befüllten Kaffeemühle. Das klingt nicht sehr vertrauenerweckend. Also tritt der treue, schweigsame Bébert erneut seinen Dienst an.

ST. HELENA

Von See aus bietet St. Helena einen imposanten ersten Eindruck: Unter einem grauen Himmel und fast ununterbrochenem, unfassbar trübsinnigem Nieselregen ragen karge Klippen direkt aus dem Ozean empor. Wenn Napoleon an einem Tag wie diesem hier angekommen ist, muss das eine seltsame Wirkung auf ihn gehabt haben. (Aber vermutlich ist mein Eindruck auch von der besonderen Aura beeinflusst, die den Namen dieser Insel in unserem Unterbewusstsein umgibt: Als Franzose besitzt man offenbar eine Art kollektives Gedächtnis, das einen an vergangene Niederlagen erinnert.)

Wie seit fast zwei Jahren überall auf der Welt muss man, bevor man einen Fuß auf irgendein Land setzen darf, seine weiße Weste vorzeigen und beweisen, dass man kein Corona im Gepäck hat. Glücklicherweise wird auf St. Helena, anders als in anderen angelsächsischen Ländern, die Reisezeit von der Quarantänezeit abgezogen – in meinem Fall 23 Tage –, sodass ich theoretisch schon am Tag meiner Ankunft an Land gehen könnte. Doch da die medizinische Infrastruktur der Insel nicht sehr ausgereift ist, werden die obligatorischen PCR-Tests nur donnerstags durchgeführt; die Ergebnisse liegen freitags vor. Zu meinem Pech komme ich an einem frühen Samstagmorgen an und muss deshalb sieben Tage lang an einer riesigen Muringboje warten.

Bei meiner Abreise aus Kapstadt hatte ich mir vorgenommen, diesen Zwischenstopp auszulassen und weiterzufahren, sollte ich zu weit vor einem Donnerstag ankommen. Aber während der Überfahrt haben zwei der drei Netzkabel für mein Tablet ihren Geist aufgegeben (Netzkabel sind überhaupt nicht für eine extrem salzhaltige Umgebung gemacht. Trotz aller Vorsichtsmaßnahmen ist ihre Lebenserwartung an Bord sehr begrenzt). Sollte mein letztes Kabel ebenfalls kaputtgehen, könnte ich meine Position auf See nicht mehr bestimmen, keine Seekarten mehr aufrufen, keine Musik mehr hören, keine Filme mehr ansehen und keine Fotos mehr machen (nicht einmal mehr lesen, denn meinen E-Reader lade ich ebenfalls mit diesem Kabel auf). Das ist an sich nicht so schlimm, denn für den Notfall habe ich das kleine batteriebetriebene GPS-Gerät dabei, das meinen Längen- und Breitengrad anzeigt. Allerdings habe ich es versäumt, vor der Abreise Ersatzbatterien zu besorgen ... All dies sowie die Tatsache, dass ich für die Weiterreise besser meine Wasser- und Nahrungsmittelvorräte auffüllen sollte, veranlassen mich dazu, doch einen Halt einzulegen. Außerdem wäre es ganz schön blöd, diese geschichtsträchtige Insel nicht zu besuchen!

Das Warten ist die Hölle: Die BALUCHON und die Muring verstehen sich auf Anhieb wie Pech und Schwefel. Sie werfen sich ständig gegeneinander, meist auf sehr brutale Weise. Ich versuche alles Mögliche, um sie auseinanderzubringen, aber da ist nichts zu machen. Der Ankerplatz ist durch die hohen Klippen recht gut vor dem Passatwind geschützt, aber dennoch einer gewissen Dünung ausgesetzt. Das Boot ist zu leicht, als dass der Wind es von der Boje fernhalten könnte, es kehrt wie ein Jokari-Ball immer wieder zu ihr zurück. Die BALUCHON erlebt mit dieser schönen, gelben Boje eine leidenschaftliche Romanze. Anstandshalber hätte ich mich zurückziehen und die beiden allein lassen sollen, aber ich bin zum Voyeur-Dasein verdammt und darf nicht an Land gehen, ja nicht mal einen Kopfsprung machen oder mich schwimmend von den heißblütigen Turteltauben entfernen. Ach, die Jugend!

Als die Ergebnisse des Coronatests endlich vorliegen, werden wir von einem kleinen Taxiboot abgeholt und an Land gebracht. Wir sind vier Boote, die einfahren. Endlich können wir miteinander reden und ich erfahre, dass in der Ukraine Krieg herrscht. Die Formalitäten sind dann im Vergleich zu Südafrika erstaunlich einfach:

Ich muss lediglich ein paar Informationsblätter für die Hafenbehörde, den Zoll und die Einwanderungsbehörde ausfüllen. In kaum einer Stunde ist alles erledigt. Und das mit britischer Höflichkeit. Die Beamten, mit denen wir es zu tun haben, entschuldigen sich fast für die lange Quarantäne, als seien sie für die weltweite Pandemie verantwortlich. Zu meiner großen Erleichterung reicht der unvollständige Schwung südafrikanischer Papiere als Clearance völlig aus. Doch das hat mich gar nicht am meisten beunruhigt: Wie ich kürzlich erfahren habe, ist eine Kranken- und Rückholversicherung für den Aufenthalt auf der Insel verpflichtend und so etwas habe ich nicht. Es wäre schon ziemlich blöd, wenn ich nur wegen dieses Details nach sieben mehr als lästigen Tagen des Wartens abgewiesen würde. Aber ein örtlicher Versicherungsmakler bietet mir für wenige britische Pfund eine Versicherung für die Dauer meines Aufenthalts auf der Insel an.

Ich verfalle sofort dem Zauber von St. Helena. Jamestown, der Hauptort, wirkt wie eine alte Provinzstadt, die in den 1960er-Jahren stecken geblieben ist – es gibt sogar Telefonzellen. Seit Beginn der Pandemie bringt das einzige Flugzeug, das die Insel alle zwei Wochen anfliegt, keine Touristen mehr her (sie dürften schon vorher nicht sehr zahlreich gewesen sein). Dieses glückliche Fleckchen Erde muss einer der wenigen Orte auf der Welt sein, der nicht vom Virus heimgesucht wurde und an dem die Menschen ein ganz normales Leben führen. Hier gibt es keine Masken, keine Abstandsregeln, keinen Gesundheitspass und all das. Alle grüßen sich, überall spürt man eine gewisse Harmonie und die Menschen beherrschen die Kunst, sich Zeit zu lassen. Da es in der winzigen Bank keinen Geldautomaten gibt, bieten mir die Kunden in der Schlange freundlich an mich vorzulassen, damit ich am Schalter ein paar britische Pfund abheben kann. Richtige Supermärkte gibt es nicht, nur ein paar mehr oder weniger gut sortierte Lebensmittelläden, die aber völlig ausreichen, damit ich den winzigen Laderaum der BALUCHON auffüllen kann. Frische Produkte findet man hier nur wenige, aber bei meinen rustikalen Essgewohnheiten stellt das für mich kein allzu großes Problem dar. Ich kaufe auch ein Ersatzladekabel für mein Tablet und Batterien für mein GPS-Gerät.

Der einzige kleine Wermutstropfen ist das völlig archaische Internet auf der Insel. In dem kleinen Restaurant, in das ich mich gesetzt habe, ist das WLAN extrem teuer und sehr langsam. Dennoch schaffe ich es bei einem guten Hamburger, einem Salat und einem kühlen Bier eine Nachricht zu versenden, in der ich meine Ankunft bekanntgebe. Anscheinend hat mein Tracker schon seit einer Weile nicht mehr gesendet, aber in den sozialen Netzwerken wurden bereits Nachrichten über mein Ankommen verbreitet. Nach nur einem Monat ohne Internet habe ich fast 300 Nachrichten und unzählige Kommentare auf meiner Seite. Normalerweise versuche ich zu antworten, aber in diesem Fall wird das eine Wahnsinnsarbeit. Zum Glück setzt sich jemand mit einem Laptop an den Nebentisch und sorgt beim Einloggen dafür, dass sein leistungsstarkes Gerät das Netzwerk auf meinem alten Smartphone komplett verschluckt. Puh! Ich werde die Nachrichten später beantworten.

Am nächsten Tag besichtige ich die Insel in Begleitung von Anne-Claire und Julien von der COLIBRI; dieses sehr nette junge Paar habe ich bereits in Neukaledonien getroffen. Die Besonderheit von Jamestown, das in einem sehr engen Tal liegt, ist eine beeindruckende Treppe, auf der man über 699 Stufen zur Spitze der Klippe gelangt. Als wir sie in Angriff nehmen, habe ich nicht den geringsten Zweifel, dass ich sie mit Leichtigkeit bewältigen werde, aber meine Beine sind anderer Meinung. Sie sind keine Anstrengung mehr gewohnt. Als ich das obere Ende erreiche, bin ich trotz zahlreicher Pausen völlig außer Atem und am Ende meiner Kräfte. Das ärgert mich sehr. Ich glaubte in einer guten körperlichen Verfassung zu sein. Stattdessen bin ich diese verdammte Treppe in der Geschwindigkeit eines alten Mannes hinaufgeklettert. Nachdem ich mich zwei Tage lang vom Muskelkater in meinen armen Beinen erholt habe, nehme ich das Monstrum erneut in Angriff. Ich brauche 20 Minuten, um es zu bezwingen – das ist erbärmlich. Der Rekord liegt bei fünf Minuten und ein paar Zerquetschten. Ich steige noch jämmerlicher wieder ins Dorf hinab. Zum Trost gönne ich mir einen heißen Tee und ein englisches Frühstück. Während der restlichen Zeit meines Aufenthalts beginne ich meine Tage ausnahmslos damit, diese blöde Treppe zu erklimmen. Meine Beine gewöhnen sich nach und nach an die Herausforderung. Nach etwa zehn Tagen schaffe ich es in vierzehn Minuten bis nach oben. Das ist sehr weit entfernt von der Referenzzeit und erinnert mich daran, dass sich unsere körperliche Fitness, genau wie unsere Intelligenz, nur im Vergleich zu den von anderen aufgestellten Werten messen lässt. Dadurch können wir lernen, uns selbst so zu akzeptieren, wie wir sind.

Natürlich kann man nicht nach St. Helena reisen, ohne Napoleons Wohnhaus zu besuchen. Als ich durch seine Gemächer schlendere, bin ich überrascht: Ich hatte ihn mir als kühlen, furchtlosen Feldherrn vorgestellt, der an harte Lebensbedingungen gewöhnt war. Doch am Ende seines Lebens auf St. Helena, mit nur 50 Jahren, war er fettleibig, depressiv und gesundheitlich angeschlagen. Scheinbar verbrachte er wie ein einfacher Hausmann seine Zeit damit, ständig seine Möbel und seinen superkitschigen Nippes neu zu arrangieren. Da wundert es fast, dass er nicht mit einer kleinen Schürze beim Rosenschneiden oder Marmeladeeinkochen beschrieben wird. Dieser Kontrast beeindruckt mich. Letztlich steckt jeder Mensch voller Widersprüche, ob Kaiser oder Amateursegler. In Wirklichkeit hat er sich vermutlich auf diesem viel zu kleinen Stück Fels mit der miserablen Internetverbindung regelrecht zu Tode gelangweilt und ist daran zugrunde gegangen.

Ein örtlicher Fischer bietet uns an, mit einem Walhai schwimmen zu gehen, der im Norden der Insel seine Wahlheimat gefunden hat. Das mutet vielleicht ein wenig »touristisch« an, aber eine solche Gelegenheit ergibt sich nicht alle Tage. Am besten wäre es wohl, man würde dieses wunderschöne Tier, das niemanden um irgendetwas gebeten hat, einfach in Ruhe lassen, aber ich bin so neugierig, dass ich auf das Angebot eingehe. Außerdem kann der gute Mann so sein Einkommen ein bisschen aufbessern, das durch die Maßnahmen im Zusammenhang mit der Pandemie geschmälert wurde. Tatsächlich ist es einfach unglaublich, diesen riesigen, gutmütigen Fisch mit seinen Pilotfischen aus nur wenigen Metern Entfernung zu beobachten. Noch Stunden nach dem Ausflug bin ich trotz meiner anfänglichen Zurückhaltung überwältigt von so viel Schönheit und Ruhe.

So charmant die Insel auch sein mag, muss ich meinen Aufenthalt doch verkürzen. Der Ankerplatz ist für ein so kleines, leichtes Boot wirklich unerträglich. Die brutalen Liebesspiele der BALUCHON und ihrer Freundin, der Muring, werden je nach Tag und Dünung zu wahren Autoscooter-Partien. Selbst ich, der ich an mangelnden Komfort gewöhnt zu sein glaubte, finde kaum noch Schlaf. Jedes Mal, wenn das Boot gegen die Boje stößt, wird mein Kopf wie bei einem Boxer heftig in die Schultern gedrückt. Meine Nackenmuskeln sind so verspannt, dass ich einen schmerzhaften steifen Hals bekomme. Höchste Zeit, über den weiteren Verlauf der Reise nachzudenken.

Vorausgesetzt, dass es keine zwingenden Gründe für einen Zwischenstopp gibt, erscheint es mir angesichts der Windkarte des Atlantiks und eines Boots, das nur mäßig hoch am Wind segelt, am einfachsten von St. Helena auf einer s-förmigen Route zwischen Afrika und Amerika direkt zu den Azoren zu segeln, die 4.000 Seemeilen weiter nördlich liegen. Dabei müsste ich versuchen, die Kalmen um den 24. westlichen Längengrad zu passieren, denn dort ist diese Wetterzone um diese Jahreszeit theoretisch am wenigsten breit. Für diese einfache, schnelle und problemlose Etappe, auf der praktisch immer guter Wind weht, würde ich nur etwa 50 Segeltage brauchen – ein Witz für die BALUCHON. Bei meiner Abreise aus Südafrika fand ich diese Option sehr reizvoll, aber jetzt, da sich meine Reise für meinen Geschmack ein wenig zu schnell ihrem

Ende nähert, kann ich mich mit dieser Wahl nicht mehr richtig anfreunden.

Manchmal stelle ich mir vor, wie es sein wird in die Bretagne zurückzukehren. Ich habe zwar eine Vielzahl von Projekten im Kopf, aber in der ersten Zeit werde ich mich dennoch mit den unvermeidlichen Problemen des Lebens an Land auseinandersetzen müssen: eine Arbeit oder eine Möglichkeit finden, etwas Geld zu verdienen, sich den sozialen Zwängen beugen, Termine vereinbaren, richtige Schuhe anziehen, die Steuererklärung machen und so weiter und so fort. All das motiviert mich nicht gerade, auf direktem Weg nach Hause zu fahren, zumal ich noch etwas Geld übrighabe und die Gewässer des Nordatlantiks wenigstens bis August ohne großes Schlechtwetterrisiko befahren werden können.

Kurz zuvor habe ich durch Zufall erfahren: Obwohl Brasilien seine Grenzen wegen Corona offiziell noch immer geschlossen hält, ist die Stadt Recife möglicherweise wieder geöffnet. Das weiß ich zwar nicht mit Sicherheit, aber die Aussicht auf einen Abstecher dorthin erscheint mir immer reizvoller. Nach mehrtägigem Hin und Her beschließe ich, mich auf den Weg nach Brasilien zu machen, das knapp 1.800 Seemeilen westlich liegt. Das Risiko hält sich in Grenzen: Wenn ich auf verschlossene Türen stoße, kann ich einfach den Sprung auf die Azoren versuchen oder bis nach Französisch-Guyana weitersegeln. Und die Vorstellung, nur spaßeshalber noch einmal über den Atlantik hin und zurück zu segeln, amüsiert mich sehr.

ST. HELENA–BRASILIEN
MÄRZ 2022

St. Helena zu verlassen, ist gar nicht so einfach. Einmal abgesehen davon, dass die Insel sehr liebenswert und ihre Einwohner extrem gastfreundlich sind, erweist es sich als unmöglich, die Knoten zu lösen, die die BALUCHON mit ihrer Freundin, der Muring, beim Drehen und Wenden während ihres Liebesspiels geknüpft hat. Ich bin gezwungen, das große Knäuel aus verdrehten Muringleinen mit einem Messer zu zerschneiden. Als sie endlich frei ist, getrennt von der charmanten gelben, jetzt mit roten Spuren bedeckten Boje, mit der sie so viele innige Momente erlebt hat, springt die BALUCHON ohne einen letzten Kuss wie ein Zicklein empor und folgt dem Ruf des Meeres. Ich muss sie ein wenig bremsen und sie zwingen, einen kleinen Umweg zu den anderen Booten am Ankerplatz zu machen, damit ich mich von den Freunden verabschieden kann. Olivier und Ghilian von der ARGO begleiten uns eine Weile mit ihrem Dingi. Der Himmel ist strahlend blau und der Wind genau richtig, nicht zu stark und nicht zu schwach. Kurs Westen also, zur zweiten Atlantiküberquerung mit der BALUCHON. Ich bin sehr zufrieden mit meinem Los.

Schon am ersten Abend, als ich in meiner Koje liege und durch das weit geöffnete Luk den Himmel betrachte, klatscht eine Welle gegen den Rumpf und bricht genau über mir. Ich bekomme einen halben Eimer Wasser ins Gesicht. Anstatt wie üblich zu grummeln, stürze ich mich auf das Tablet, das gerade lädt und ebenfalls nass geworden ist, und wische es so schnell wie möglich trocken – ich meine mich zu erinnern, dass die Elektronik sich nicht gut mit dem Salzwasser verträgt. Puh, es geht noch an. Glück gehabt! Doch zwei Tage später bringt es seinen Unmut über den Wasserschwall doch zum Ausdruck und gibt endgültig den Geist auf. Ich versuche es mit einer Operation am offenen Herzen wiederzubeleben, aber da ist nichts zu machen. Ruhe in Frieden.

Also hole ich mein altes, kaputtes Smartphone heraus, damit es die Arbeit übernimmt. Nachdem sich mein Laptop in Südafrika zum x-ten Mal verabschiedet hat, ist dies meine einzige Möglichkeit, eine Karte anzeigen zu lassen. Ich sollte also gut damit umgehen. Dennoch präge ich mir die Hafeneinfahrt von Recife ein und notiere die GPS-Koordinaten der Einfahrt. Schließlich bin ich nicht vor dem Gesetz der Serie geschützt.

Der Passatwind weht genau in die richtige Richtung, was uns dazu zwingt, mit Raumwindkurs zu kreuzen – das verlängert die Strecke ein wenig, ist aber nicht wirklich ein Problem. Wieder einmal brauche ich eine Weile, um mich auf die schöne Überfahrt einzustimmen. Eine kleine innere Stimme wiederholt immer wieder: »Ja, ja! Dieser ganze schöne achterliche Wind, der uns nach Westen bringt ... Den müssen wir natürlich auch in die andere Richtung bezwingen, wenn wir wieder nach Osten fahren, um nach Hause zu kommen. Hast du darüber schon mal nachgedacht, Monsieur Wir-werden-schon-sehen?! Und die Kalmen? Hast du Lust dort Tage über Tage zu verbringen? Und wie willst du gegen die Strömung ankämpfen, die entlang der brasilianischen Küste abwärts fließt, wenn der Wind dich im Stich lässt, hm? Sieh dir diesen guten Wind an, nimm Kurs auf Norden, segele auf Halbwindkurs und, zack, bist du in weniger als 50 Tagen auf den Azoren.«

Diese kleine Stimme geht mir ein wenig auf die Nerven: Warum stelle ich seit einiger Zeit meine Entscheidungen immer wieder in Frage? Dass man unentschlossen ist und die verschiedenen Optionen abwägt, ist normal. Aber wenn man einmal eine Entscheidung getroffen hat, warum sie dann noch einmal überdenken? Vor allem, wenn keine höhere Gewalt vorliegt. Ich versuche mich am Riemen zu reißen und die kleine Stimme zu ignorieren.

Nach etwa zehn Tagen begegne ich einem Frachter und tue etwas, das ich sonst nie tue: Ich versuche, mit meiner Handfunke Kontakt aufzunehmen. Ich glaube zwar, dass ich das Problem mit dem Tracker, der meine Position nicht anzeigt, vor der Abreise gelöst habe, aber ich bin mir nicht sicher und möchte jemandem mitteilen, wo ich mich befinde. Ich frage den Frachter, ob er eine E-Mail von mir verschicken kann. Der Mann, der Wache hält, antwortet mit einem sehr starken asiatischen Akzent und fragt mich dreimal hintereinander, ob ich Hilfe brauche und wie viele Personen an Bord sind. Ich antworte drei Mal hintereinander, dass ich keine Hilfe brauche und nur möchte, dass er eine E-Mail verschickt. Ich merke, dass mein Gesprächspartner zögert. Es entsteht ein langes Schweigen. Pech! Das war's dann wohl. Ich werde es bei einem anderen Schiff nochmal versuchen. Aber nach einer langen Minute meldet sich der Frachter wieder bei mir: »Haben Sie eine polizeiliche Genehmigung und eine Versicherung, um hier zu sein?« Die Frage verwirrt mich. Im ersten Moment weiß ich nicht, was ich sagen soll. Wäre ich ein ausgeglichener Mensch, der an den höflichen Austausch zwischen Gentlemen gewöhnt ist, würde ich ihm antworten: »Kümmere dich um deinen eigenen Kram, du Schleimscheißer. Verschickst du jetzt diese E-Mail für mich, ja oder nein?!« Aber meine guten Manieren und die Tatsache, dass ich nicht weiß, was »Schleimscheißer« auf Englisch heißt, hindern mich daran. Nach mehreren Sekunden bringe ich den ersten Satz hervor, der mir in den Sinn kommt: »Nein, denn ich bin von der Insel St. Helena geflohen, wo ich von fiesen Engländern gefangen gehalten wurde.«

Der Frachter antwortet nicht mehr. Ich verfluche mich innerlich. Das ist so typisch für mich: Entweder ich rede zu viel oder zu wenig. Genau wie bei den Frauen. Das macht mir echt zu schaffen. Bei meinem Hang, für einen guten Spruch meine eigene Großmutter zu verkaufen, ist klar, dass mein asiatischer Gesprächspartner die Anspielung nicht verstehen kann. Allein die Tatsache, dass ich mich – und sei es im Scherz – für einen gestürzten größenwahnsinnigen Kaiser ausgebe, muss ihn an meiner geistigen Gesundheit zweifeln lassen. Ich überlege, noch einmal anzurufen, um mich zu entschuldigen und zu sagen, dass es ein schlechter Scherz war. Schließlich lasse ich es sein und setze meine Reise fort. Doch seltsamerweise meldet sich der Frachter noch einmal: »Ok, ›BAL-HUTCHONG‹, wie lautet Ihre Nachricht?« Ich bin völlig überrascht und verunsichert. Zum Glück habe ich mich vorbereitet und die Adresse auf der Kajütenwand notiert. Nachdem ich mich ausgiebig bedankt habe, entfernt sich der Frachter. Hat er meine E-Mail verschickt? Hat er meinen Witz verstanden? Wenn nicht, wird er wahrscheinlich Interpol kontaktieren, um einen geflohenen französischen Häftling zu melden, der in einer Nussschale das Weite sucht. Hoffentlich kommt es nicht zu einem diplomatischen Zwischenfall …

Ich begegne noch zwei, drei weiteren Frachtern, hüte mich aber, nochmal den Mund aufzureißen und die Wache zu wecken. Heutzutage ist es nicht mehr üblich, grundlos darum zu bitten, Nachrichten zu verschicken. Jeder ernstzunehmende Seemann besitzt ein eigenes Satellitentelefon, mit dem er selbst Nachrichten verschicken kann. Ich tauche wieder in meine einsamen Betrachtungen ab.

Das quirlige Leben überall um mich herum beeindruckt mich. Der Südatlantik ist bei weitem der fischreichste Ozean, den ich bislang je gesehen habe. Jeden Morgen finde ich Hunderte kleine fliegende Fischen auf meinem Deck und schimpfe mit ihnen, dass sie besser aufpassen sollen und es doch dumm ist, sein Leben als Babyfisch so zu beenden. Eines Abends, während einer hektischen Jagd, springt ein ganzer Schwarm Goldmakrelen, wunderschöne, leuchtend blaue Fische von mindestens einem Meter Länge, aus dem Wasser. Plötzlich prallt ein riesiges Exemplar mit einem lauten Knall gegen den Rumpf der BALUCHON. Nach einem solchen Aufprall muss das Tier völlig benommen sein. Wahrscheinlich ertrinkt es gerade oder wird von seinen Freunden aufgefressen. »Verdammt, passt doch ein bisschen auf euch auf, Jungs!« Einen Wal dagegen sehe ich während der gesamten Überfahrt nicht einen einziges Mal.

Am Morgen des 22. Tages erblicke ich die Lichter von Recife. Der Passatwind hat sich seit St. Helena nicht um ein Grad verändert. Es sollte also einfach sein, bei diesem leichten, achterlichen Wind den Ankerplatz zu erreichen. Doch dann lässt der Wind nur drei Seemeilen vor der Küste nach und dreht komplett. Ich mache ein paar schlechte Kreuzschläge und versuche, so feinfühlig wie möglich zu steuern, aber die BALUCHON ist zu schwer beladen. Ich habe noch Nahrung und Wasser für fast einen Monat an Bord und der Schiffsboden muss allmählich verdammt eklig aussehen. Der Wind ist sehr schwach und kommt von vorn. Von hinten rasen große, dunkle Wolken heran, was auf ein etwas unklares Wetterereignis hindeutet. Wie in den Kalmen gilt auch hier für Unwetter Kopf oder Zahl: enorm viel Regen und keinerlei Wind oder enorm viel Regen und superstarker Wind.

Normalerweise ist eine solche Situation ziemlich nervenaufreibend, aber dadurch, dass ich mich konzentriere und auch die stärksten Böen recht sportlich bewältige, komme ich ein wenig aus meiner Komfortzone. Mein Geist und mein Körper brauchten ein wenig Abwechslung und eine kleine Stimulation, bevor ich in den Hafen einfahre. Jede Zehntelmeile, die ich vorankomme, befriedigt mich so sehr, als würde ich eine Partie Mensch-ärger-dich-nicht gewinnen. Nach fünf Stunden harter Arbeit erreiche ich den Eingang der Fahrrinne. Ein leichter Wind kommt auf, sodass ich ganz in Ruhe zum Cabanga Yachtclub segeln kann, der direkt hinter der Stadt liegt.

Ein Festrumpfschlauchboot kommt mir entgegen. An Bord ist Yannick, ein Bretone aus Pleumeur-Bodou, der seit 20 Jahren in Brasilien lebt. Er ist extra rausgefahren, um mich zu begrüßen – das ist wirklich nett! Wir plaudern über dies und das, während wir gemütlich durch die Fahrrinne zum Hafen segeln. Für die letzten Meter benutze ich meinen Wriggriemen, damit die großen Motoryachten nicht um ihre Rümpfe fürchten müssen und der Hafenmeister keine Verspannungen wegen eines Regelverstoßes bekommt. Doch dann fällt mir wieder ein, dass wir hier nicht in Frankreich und die Leute viel entspannter sind.

Der Empfang ist sehr angenehm. Yannick spendiert mir ein kühles Bier und ein Mittagessen in der Bar des Yachtclubs. Das Leben ist schön, was will man mehr? Der obligatorische Coronatest hat Zeit bis zum nächsten Tag.

BRASILIEN

Ah, Brasilien! Dieses Land würde ein nüchternes Nordlicht wie mich normalerweise nicht unbedingt ansprechen. Und tatsächlich habe ich tonnenweise Klischees über Brasilien im Kopf: Königreich des Fußballs, des Sambas, des Karnevals, der Extravaganz und der ständigen Party, der Federröckchen und der Abholzung des Amazonas-Regenwalds. Dass ich diesen absolut charmanten Stopp trotzdem sehr genieße, beweist, dass ich nicht mehr so verklemmt bin wie früher.

Der Empfang ist wieder einmal sehr herzlich, auch wenn nur wenige Brasilianer Segelfans sind. Wer sich hier ein Sportboot leisten kann, entscheidet sich im Allgemeinen für eine Motoryacht. Eine mit dem größten Motor, der größten Musikanlage, dem größten Barbecue, der größten Angelrute, dem größten Biercooler und dem größten Achterdeck mit so vielen Sonnenliegen wie möglich. Für viele ist das Wort »Boot« gleichbedeutend mit »Eindruck machen, Geschwindigkeit, Party, Alkohol, Essen, Sex und eine gute Zeit haben«. Trotzdem werde ich mit meiner kleinen BALUCHON super herzlich willkommen geheißen. Einige brasilianische Segler, die meine Reise verfolgt haben, haben den Cabanga Yachtclub über meine mögliche Ankunft informiert. Und Yannick, der der Präsident des örtlichen Segelverbands ist und den Segelsport in Brasilien zu fördern versucht, hat meine Ankunft gut vorbereitet. Alle sind sehr freundlich zu mir und gleichzeitig fasziniert von meiner Reise und meinem seltsamen Boot. Die Einreiseformalitäten sind unkompliziert, die Beamten sehr hilfsbereit und darauf bedacht, die Dinge so einfach wie möglich zu halten.

Damit ich mich für all die Gastfreundschaft bedanken kann, organisiert Yannick für mich einen kleinen Vortrag, bei dem ich von meiner Reise erzählen soll. Dieses Mal stresst es mich kaum vor Menschen zu reden. Die Tatsache, dass ich kein Wort Portugiesisch spreche und daher Yannick als Übersetzer brauche sowie das unkomplizierte, freundliche Publikum spielen dabei sicher eine große Rolle.

Das Land ist gerade dabei, sich von zwei aufreibenden Coronajahren zu befreien. Viele Menschen sind gestorben, aber nun wird die Pandemie allmählich eingedämmt, das spürt man überall. Die Maskenpflicht an öffentlichen Orten wird gelockert und nur beim Betreten bestimmter Behörden oder touristischer Orte muss man ab und zu seinen Impfpass vorzeigen.

Wie üblich unternehme ich viele einsame Spaziergänge durch die Stadt. Nach all der Zeit, in der Zusammenkünfte verboten waren, herrscht hier eine freudige Betriebsamkeit. Sogar der Karneval war zweimal abgesagt worden. Alle haben ein großes Bedürfnis, wieder unter Menschen zu gehen. Mehrfach wohne ich mehr oder weniger organisierten Straßenkonzerten bei und lasse mich unwillkürlich von der Stimmung anstecken. Inmitten der Menge schwinge ich schüchtern meine Hüften und stimme lautmalerisch in portugiesische Lieder ein, die alle mitsingen. Ich erlebe auch einen riesigen Tanzwettbewerb mit, bei dem Dutzende Gruppen junger Menschen mit modernen Choreografien gegeneinander antreten. Ihnen beim Tanzen zuzusehen, erfüllt mich, der ich das Rhythmusgefühl eines Couchtischs habe, mit unglaublicher Energie und Freude.

Trotz des freundlichen Empfangs verkürze ich meinen Aufenthalt in Recife ein wenig – es ist und bleibt eine sehr große Stadt mit vielen Problemen und Verschmutzung. Außerdem hat man mir mehrfach von einem Ort erzählt, den man sich unbedingt ansehen sollte, wenn man mit dem Schiff nach Brasilien reist: die Jacaré Marina, etwa 60 Seemeilen nördlich von Recife.

Der Abstecher lohnt sich tatsächlich. Der kleine, inmitten von Mangroven in einer Flussmündung versteckt gelegene Yachthafen, der von Nicolas, einem Franzosen, betrieben wird, ist ein kleines

Paradies. Hier treffe ich einige Bootsreisende, die wie ich langsam wieder in das Land einreisen können. Viele haben schon von meiner Reise gehört. Wenn man kurz davor ist, die Leinen für eine große Überfahrt zu lösen und bei dem Gedanken daran plötzlich ein flaues Gefühl bekommt, kann es beruhigend sein, Geschichten von anderen zu hören, die genau dies auf sehr viel kleineren Booten bereits getan haben. Ich werde sofort adoptiert und eingeladen, von meinen Zwischenstopps zu erzählen. Viele der Boote sind über die Kapverden aus Europa hergekommen und stehen am Anfang ihrer Reise um die Welt oder um den Atlantik. Ich spiele den großen Bruder, der vom Pazifik und vom Indischen Ozean erzählt; die Stimmung ist supernett.

Drei oder vier Boote planen eine Amazonas-Expedition. Sie bieten mir an, sie zu begleiten und die BALUCHON ins Schlepptau zu nehmen. Ich denke eine ganze Weile darüber nach. Die Vorstellung ist verlockend, aber durch diesen mehrwöchigen Abstecher würde ich den Sommer verpassen, die beste Jahreszeit, um nach Frankreich zurückzukehren. Dadurch würde sich meine Reise um ein Jahr verlängern. Außerdem hat mir mein Sohn gerade mitgeteilt, dass er demnächst nach Neukaledonien ziehen wird. Da ich ihn seit über drei Jahren nicht gesehen habe und ihn dann für eine Weile nicht sehen werde, beschließe ich, mich auf den Heimweg zu machen.

Als ich an einem meiner letzten Tage in Brasilien durch die Straßen von João Pessoa spaziere, das nur wenige Kilometer von Jacaré entfernt liegt, höre ich hinter mir das Klackern von Pferdehufen auf dem Asphalt. Ich drehe mich um und sehe einen etwa zwölfjährigen Jungen, der auf der Rückbank einer alten Kutsche hockt, die von einem völlig verlotterten, ausgemergelten Pferd gezogen wird. Der Junge beschimpft lautstark die Autos und Motorräder, die ihn von links und rechts überholen. Er hat eine unglaubliche Ausstrahlung. Dann und wann springt er herunter, um am Straßenrand ein paar Mülltonnen zu durchwühlen und seine Schätze dann in einem großen blauen Plastikfass auf seiner Kutsche zu verstauen. Dieser kleine Kerl scheint die Welt zu beherrschen. Er lacht über Leben und Tod, über das Hupen, das von allen Seiten ertönt, über die Abgase, über die vergehende Zeit, über die Götter und die Ideologien der Menschen. Er ist zweifellos ein König, der König von João Pessoa. Ich bin überwältigt, ergriffen vom Anblick dieses Jungen, der barfuß über den heißen Asphalt läuft und wie ein Teufel auf seinem altersschwachen Karren herumspringt.

Noch lange nachdem dieser König im Verkehr verschwunden ist, stehe ich reglos und staunend auf dem Bürgersteig. Ich hoffe, dass ich mich noch lange an diesen flüchtigen Moment erinnern werde. An den Anblick dieses Königs, dem glücklichsten aller Menschen, der wohl nur ein Herz, ein altes Pferd und eine klapprige Kutsche besitzt.

BRASILIEN–AZOREN
APRIL–JUNI 2022

Am Tag meiner Abreise sind wie üblich alle Freunde aus dem Yachthafen gekommen. Ich werde mit einem frisch gebackenen Brot, einem leckeren Bananenkuchen, selbstgemachter Marmelade und Bildern von Kindern beschenkt, die mir eine gute Reise wünschen – das ist so nett! Es ist gerade Gezeitenwechsel, ich müsste also mit der Ebbströmung aufs Meer hinausfahren können. Bye, bye, Brasilien! Angesichts all der winkenden Arme und der herzlichen Nebelhornsignale verspüre ich wieder einen großen Stich im Herzen.

Die BALUCHON schafft es problemlos aus der Flussmündung heraus. Dann segele ich hoch am Wind durch die lange Fahrrinne in Richtung Ozean. Das Boot krängt, die Gischt spritzt – das ist Sport und macht Spaß. Aber sobald die Fahrrinne hinter mir liegt, werde ich seekrank. Ich bin selbst schuld. Wenn ich nicht seekrank werden will, muss ich unbedingt zwei Regeln beachten: kein Alkohol am Vorabend und kein Kaffee am Morgen, sonst ist die Kotzerei vorprogrammiert. Nun hat mir aber am Vorabend jemand einen Abschieds-Caipirinha angeboten, den abzulehnen sehr unhöflich gewesen wäre. Und heute Morgen hat mir mein freundlicher Stegnachbar bei sich an Bord einen Kaffee spendiert. Ganz falsch, mein Junge! Da hast du dich wohl für ein alten, erfahrenen Seebär gehalten, was?! Tja, jetzt musst du dafür bezahlen, so läuft das. Ich bin noch nicht so weit, dass ich mein Frühstück abgeben kann, aber mir ist ziemlich flau. Hoch am Wind zu kreuzen hat die Sache natürlich nicht besser gemacht.

In der ersten Nacht bekomme ich keinen Schlaf. Überall sind Fischerboote unterwegs, und etliche Frachter fahren in beide

Richtungen an der Küste entlang; zwei- oder dreimal muss ich ein Manöver machen, um ihnen auszuweichen. Bei Tagesanbruch segele ich in nur wenigen Metern Entfernung an einer dunklen Masse vorbei: Es ist eine Jangada ohne Navigationslichter. Jangadas sind eine Art schmale Flöße von sechs, sieben Metern Länge mit einem Segel, das fast so rudimentär ist wie das der BALUCHON. Die Fischer fahren mit diesen Gefährten ziemlich weit aufs offene Meer hinaus. An Bord sind mehrere Personen. Ich rufe »Bom dia« und erhalte eine fröhlich klingende Antwort auf Portugiesisch.

Ich habe vor, auf Halbwindkurs mit dem Südostpassat zu segeln, um so weit wie möglich nach Osten zu gelangen. Dann habe ich das immerhin schon geschafft, wenn ich die Nordhalbkugel erreiche, wo die Passatwinde ihre Richtung ändern und aus Nordost wehen. Es ist das erste Mal seit meiner Abreise vor drei Jahren, dass ich Kurs auf Osten nehme. Der Äquator und damit die gefürchteten Kalmen liegen etwa 450 Seemeilen weiter nördlich. Ich bin bereit für den Kampf, so voller Energie, dass ich praktisch einen ganzen Diplodocus vertilgen könnte. Kurz vor dem Äquator habe ich, wie geplant, zwei Tage lang mit schwachen Winden und Böen zu kämpfen, bevor ich einen etwas zaghaften Ostwind bekomme. Langsam wechsele ich in die nördliche Hemisphäre. »Na sowas! Das war ja einfach! Auch dieses Mal waren die Kalmen ein Kinderspiel!«

In den nächsten Tagen gelingt es mir, zwei oder drei Breitengrade voranzukommen – trotz des schwachen Windes, der aber den Vorteil hat, dass er konstant aus derselben Richtung weht. Außerdem gibt es kaum noch Regengüsse. Allmählich werde ich ungeduldig. »He, ihr Passatwinde, kommt ihr nochmal wieder, oder was?« Aber die Passatwinde bleiben aus. Schlimmer noch, vier Tage später lässt mich der Wind erneut komplett im Stich. Ich klebe quasi auf einer Stelle fest und die Unwetter kommen zurück. Mehrfach verheddere ich mich in riesigen Algenfeldern. Der Wind ist zu schwach, um segelnd da herauszukommen. Fast jedes Mal muss ich den Wriggriemen zur Hilfe nehmen.

Um die Wahrheit zu sagen, habe ich bis jetzt noch keine größeren Plastikverschmutzungen auf See beobachtet, nur manchmal eine Fischerboje oder eine Flasche. In Küstennähe ist es allerdings meist katastrophal. Bei einem GPS-Ausfall in der Nähe der brasilianischen Küste muss man sich daher keine Sorgen machen: Je mehr man sich dem Land nähert, desto größer wird die Müllmenge, sodass man problemlos abschätzen kann, wie weit man noch von der Küste entfernt ist. Aber hier, mitten im Nirgendwo, funktionieren die Algenflächen offensichtlich wie Müllfallen: Sie sind komplett bedeckt mit Plastikflaschen, -bechern und -tüten. Ekelhaft! Und das Schlimmste ist: Einige dieser Abfälle sehen aus, als seien sie gerade erst weggeworfen worden, denn sie sind noch gar nicht von der Sonne ausgeblichen.

Es ist irrsinnig heiß. Ich kann nicht einmal das Smartphone einschalten, um meinen Standort zu bestimmen. Wegen Überhitzung schaltet es sich gleich wieder ab. Selbst die GoPro-Kamera, die man mir auf La Réunion geliehen hat und die ich einschalte, um die Plastikfelder zu filmen, gibt ihren Geist auf, begleitet von einem eigenartigen Geruch nach Verbranntem. Ich spüre, wie mein Herz durch das viele Pumpen rast. Mein Blut scheint sich mit jedem zusätzlichen Grad ein bisschen mehr zu verflüssigen. Das ist sehr anstrengend. Am meisten jedoch scheint mein Gehirn zu leiden. Das merke ich, als mir zweimal hintereinander ein einfacher Palstek misslingt, den ich normalerweise mache ohne darüber nachzudenken. Ich unterziehe mich einem kleinen Test, indem ich versuche, von 20 rückwärts zu zählen – ich brauche ewig, das ist beängstigend. Schon zu normalen Zeiten habe ich manchmal das Gefühl, dass meine Neuronen sich wegen nichts verklemmen, vielleicht sollte ich die verbleibenden lieber schonen. Ich hole den Haarschneider heraus, rasiere mir die Haare und den Bart komplett ab und wickele mir ein altes, mit Meerwasser getränktes T-Shirt um den Kopf. Ich versuche, mich weder körperlich noch geistig anzustrengen. Nichts leichter als das, schließlich bin ich ein Mann.

Meine Stimmung wird schlechter und langsam frage ich mich, was zum Teufel ich hier eigentlich mache. Auf eine so lange Überfahrt habe ich mich mental nicht vorbereitet. Um dieses Problem zu lösen, müsste ich mein Gehirn wieder in Gang bringen, aber bei dieser Hitze ist das wirklich zu viel verlangt.

Mehrmals am Tag kommt es zu mehr oder weniger heftigen Platzregen. Der Wind, der damit einhergeht, ermöglicht es uns, ein wenig voranzukommen. Ich nutze die Gelegenheit außerdem, um so viel Regenwasser wie möglich aufzufangen. Mithilfe einer kleinen Plane auf dem Cockpit kann ich meine Vorräte innerhalb von drei, vier Tagen wieder auffüllen.

Am Ende des fünften Tages, gerade als es dunkel wird und ich einzuschlafen beginne, geht ein weiterer Platzregen über uns nieder. Super! Den ganzen Tag hat es keinen gegeben, jetzt können wir weitersegeln. Ich verkleinere das Segel ein wenig, der Regen ist wirklich sehr stark. Dann schließe ich mich in die Kajüte ein, bediene die Pinne und versuche, nach Norden zu fahren, aber der Wind wird immer stärker. Steuern ist unmöglich. Ich muss das Segel noch weiter verkleinern, also noch einmal den Kopf durch das Luk stecken. Eine beispiellose Sturzflut geht über uns nieder. Ich habe das Gefühl unter einem riesigen Wasserfall zu stehen, kann aber nicht einmal sagen, ob das Wasser von oben, von unten oder aus einer bestimmten Richtung am Horizont kommt. Es ist nicht zu fassen, ich kann kaum atmen, der Wind scheint völlig verrückt zu spielen. Also ziehe ich mich schnell wieder in die Kajüte zurück. Das Segel ist nur noch taschentuchgroß, aber auch das ist noch viel zu viel. Ich muss erneut nach draußen und das restliche Segel auch noch einrollen. Dabei gelangt eine Menge Wasser ins Boot. Meine Stirnlampe bekommt so viel ab, dass sie gar nicht mehr funktioniert. Durch den Druck tropft es durch beide Luken. Das Boot liegt mit mehr als 45 Grad Krängung auf der Seite, obwohl es kein Segel mehr hat. Ich habe schon viele heftige Stürme erlebt, aber noch keinen wie diesen. Alles vibriert auf unfassbare Weise und wird sicher jeden Moment explodieren. »Das, mein Freund, ist das Ende der Fahnenstange!«

Ich finde die Notfalllampe und richte sie auf den Kompass, der sich in alle Richtungen dreht. Nach einer Viertelstunde zieht das Unwetter genauso schnell ab wie es gekommen ist. Augenblicklich richtet sich die BALUCHON wieder auf. Da ist kein Regen mehr, kein Wind, kein Lärm, nichts. Es herrscht absolute Stille. Ich bin noch immer ganz erschöpft. Ich öffne das Luk und leuchte auf die glatte, milchige See. Überall dampft es. Ich rolle das Segel aus, aber es weht kein bisschen Wind mehr. Alles trieft und hängt kläglich herunter.

Los, Pause! Ich rolle das Segel wieder ein, lege mich auf meine klatschnasse Koje und versuche zu schlafen.

»Noch ein bisschen Diplodocus, Monsieur?«

»Äh, nein danke, das reicht.«

Als ich am nächsten Tag aufwache, ist es hell und die See immer noch ruhig. Der Himmel ist strahlend blau und die Sonne knallt bereits. Ich hole meine Matratze und meine Kleidung an Deck, um sie auszuwringen und ein wenig trocknen zu lassen. Dann schöpfe ich das Wasser aus der Kajüte und wische sie, so gut es geht, trocken.

Offensichtlich habe ich mich zu früh gefreut. Die Kalmen sind noch nicht fertig mit mir. Am Nachmittag kommt ein wenig Wind auf: Nordwind.

»Hey! Das passt mir aber gar nicht! Der kommt aus der schlechtesten aller möglichen Richtungen!« Ich fahre einen jämmerlichen Kurs, mal Richtung Karibik, mal Richtung Gabun, ich segle quasi im Quadrat. Mit Mühe und Not schaffe ich es, jeden Tag zehn jämmerliche Seemeilen in die richtige Richtung zurückzulegen. Der Tagesdurchschnitt seit meiner Abfahrt liegt bei kaum 50 Seemeilen und bis zu den Azoren sind es noch über 2.600 Seemeilen.

Nach drei Tagen beginnt der Wind endlich auf Nordost zu drehen, was alles in allem hoffen lässt. Nach und nach wird er stärker und stabilisiert sich in seiner Richtung. Diesmal ist es soweit: Wir haben die Passatwinde erreicht. Jetzt sind wir wirklich im Nordatlantik. Ich gratuliere meiner kleinen BALUCHON. Sie hat sich nicht unterkriegen lassen und wir sind mit den verdammten Kalmen fertiggeworden. Dieser Gedanke gibt mir neuen Schwung und holt mich aus der trüben Stimmung, die mich seit einigen Tagen fest im Griff hat. Doch die Passatwinde zu erreichen, bedeutet noch lange nicht, dass nun der gemütliche Teil der Überfahrt kommt. Ich muss so weit wie möglich nach Norden kommen, was bedeutet, dass ich durch die gesamte Zone hoch am Wind segeln muss.

Klar, wenn ich wie geplant direkt von St. Helena aus gestartet wäre, wäre der Wind mehr von der Seite gekommen, was die Geschwindigkeit und den Komfort erheblich verbessert hätte ... Jetzt bezahle ich für meinen Umweg über Brasilien. Aber die kleine Stimme gibt nicht ihren Senf dazu, auch wenn sie wieder einmal Recht hätte. Sie weiß eben auch, dass sie nichts weiter als ein lästiger Angsthase ist. Außerdem: Was geschehen ist, ist geschehen, da muss man nicht noch einmal drauf zurückkommen.

Es rumst heftig. Der Wind hat sich mittlerweile bei 20 bis 25 Knoten etabliert. Die BALUCHON schlägt Pflöcke ein. Uns bleibt nichts anderes übrig, als mit voller Kraft vorzupreschen. Die Wellen überspülen uns regelmäßig, aber da sie von vorne kommen, kann ich das Luk einen Spalt offen lassen, ohne nass gespritzt zu werden. Zum Glück, denn es ist immer noch sehr heiß; im Boot komplett eingeschlossen zu sein, wäre eine echte Qual. Ein weiterer Vorteil des Hoch-am-Wind-Segelns: Die BALUCHON steuert sich selbst. Ich stelle Bébert, die Windfahne, ein.

Doch um die Einstellungen wirklich feinzutunen, brauche ich mehrere Tage. Das erfordert noch mehr Feingefühl, als wenn der Wind von achtern kommt. Obwohl das Neukaledonien-Segel schon ziemlich ausgebeult ist und beim Einrollen unschöne Falten wirft, gelingt es mir, nur durch eine kleine Drehung des Mastes, auf ziemlich präzise Weise den Kompromiss zwischen Kurs und

Geschwindigkeit zu finden. Das Ruder hat kaum noch einen Nutzen, es bremst uns mehr, als dass es uns nützt. Mein nächstes Boot wird ein klappbares Ruderblatt haben, soviel steht fest. Beim Segeln lernt man nie aus, genau wie in fast allen anderen Bereichen.

Trotz des kräftigen Windes ist die Geschwindigkeit ziemlich kläglich: Ich schaffe im Schnitt 60 Seemeilen pro Tag. Die BALUCHON ist wirklich nicht dafür geschaffen, hoch am Wind zu segeln. Ich beruhige mich, indem ich mir sage: Selbst wenn sie ein leistungsstärkeres Segel, ein besseres Rigg und einen Rumpf hätte, der besser an diesen Kurs zum Wind angepasst wäre, würde sie aufgrund ihrer geringen Größe und des kleinen Gewichts dennoch von jeder Welle ausgebremst.

Kurz nachdem wir den Breitengrad der Kapverden passiert haben, beginnt der Wind abzuflauen und geht auf etwa 10 Knoten zurück. Die Segelbedingungen verbessern sich schlagartig. Das fühlt sich ganz komisch an. Es rumst kaum noch und die Wellen spülen nicht mehr über das Deck. Aber das Tempo, das bisher nicht wirklich gut war, wird noch schlechter. Außerdem verliere ich praktisch zehn Grad Kurs aufs Ziel. Was hat mich nur zu dieser Fahrt bewogen?

Seit den Algenfeldern am Äquator werden wir von einer Gruppe etwa 20 Zentimeter langer, schwarzer Fische begleitet, die zu beiden Seiten der BALUCHON eine Art Dreieck bilden; auch zwei, drei Goldmakrelen sind mit uns unterwegs. Jetzt, wo keine große Gefahr mehr besteht, dass ich von brechenden Wellen getroffen werde, bringe ich Stunden damit zu, im offenen Luk stehend den Ozean zu betrachten. Ich fühle mich wie ein Staatschef, der von seiner eigenen Republikanischen Garde eskortiert wird. Das ist ein komisches Gefühl. Hoffentlich steigt mir das nicht zu Kopf und ich entwickle keine Chef-Allüren, wenn ich wieder an Land bin. Eines schönen Morgens, als die Sonne den Horizont gerade in ein flammendes Rot taucht, erscheint wie aus dem Nichts eine Gruppe

Delfine. Die Tiere spielen in der Heckwelle und im Kielwasser. Ich habe sie an ihren kleinen schrillen Schreien erkannt, die man aus dem Bootsinneren sehr gut hören kann. Es ist ein wunderschönes Spektakel, das einen sehr schönen Tag verheißt. Es ist die Summe aus kleinen Momenten wie diesen, die das Segeln auf hoher See zu einem so intensiven Erlebnis macht. Ich schwebe auf einer kleinen Wolke der Zufriedenheit.

Wie üblich haben die Delfine nach einer Weile genug davon mit diesem komischen Boot zu spielen, das sich im Schneckentempo fortbewegt, und verschwinden so schnell, wie sie gekommen sind. Die BALUCHON und ich sind wieder allein auf dem Ozean. Ich ziehe mich in meine Koje zurück, um mein Frühstück zuzubereiten. Als ich kurz darauf meinen Kopf durch das Luk strecke, um mir die Zähne zu putzen, spüre ich sofort, dass etwas anders ist. Ich beuge mich über Bord, kann aber meine Fischfreunde nicht mehr entdecken. Wo sind sie bloß hin, die Dummerchen? »Oh nein! Das waren bestimmt die Delfine! Wie konnten sie sich nur über meine Leibgarde hermachen?! Für wen halten die sich eigentlich? Es gibt wirklich keinen Respekt mehr!« Ich bin traurig. Ich hatte diese stille Eskorte, die uns seit über einem Monat nicht von der Seite gewichen ist, liebgewonnen. Verdammte Delfine!

Als ich die Passatwindzone etwa auf Höhe des Breitengrads der Bermudas passiere, dreht der Wind ein wenig auf West. Prima! Zum ersten Mal kann ich direkten Kurs auf mein Ziel nehmen. Die Azoren sind nur noch 600 Seemeilen entfernt. Endlich kann ich das Ende dieser Überfahrt absehen, die allmählich etwas lang und anstrengend wird. In meiner Begeisterung beginne ich wie ein Anfänger den Tag meiner Ankunft zu berechnen, was man niemals tun sollte, wie ich eigentlich weiß. Ich bin keine Wahrsagerin wie Madame Irma, der Wind tut nie, um was ich ihn bitte, und den Wetterbericht kann ich an Bord nicht einsehen – wie sollte ich da den Tag meiner Ankunft bestimmen können?

Und siehe da, zwei Tage später dreht der Wind wieder auf Nord und flaut komplett ab. Statt voranzukommen, entferne ich mich nun jeden Tag fast zehn Seemeilen mehr von meinem Ziel – das ist verrückt! Ich muss in eine Art Nebenströmung geraten sein, die direkt auf Florida zuzulaufen scheint. Trotz allen guten Willens kommt die BALUCHON nicht dagegen an, schon gar nicht bei diesem viel zu schwachen Wind. Langsam habe ich die Nase voll und verliere die Geduld. Zeitweise stehe ich praktisch am Rande eines Nervenzusammenbruchs. Das Glück ist mir wirklich nicht mehr hold. Ganz sicher ist da irgendwo jemand, der es auf mich persönlich abgesehen hat, anders kann ich mir das nicht erklären! Ich bin kurz davor, den lieben Gott oder einen seiner gut situierten Stellvertreter anzurufen, damit er zu meinen Gunsten eingreift, kurz, ich bin völlig von der Rolle.

Ich muss mich zusammenreißen. Ich weiß, dass der Mensch dazu neigt, an höhere Mächte zu glauben, die unser Schicksal beeinflussen können, aber normalerweise bin ich davon überzeugt, dass man sich nur auf eine einzige Person verlassen kann: sich selbst. Hinzu kommt, dass es mir noch immer unangenehm ist, um Hilfe zu bitten, so göttlich sie auch sein mag.

Ich versuche, etwas Abstand zu gewinnen. Ja, diese Überfahrt dauert länger als geplant, aber das ist kein Grund, den Kopf zu verlieren. Mit ein bisschen Geduld wird es mir gelingen, diese verdammte Strömung zu durchqueren, und irgendwann wird ja wohl auch der Wind wiederkommen! Langsam kriege ich den Kopf wieder frei und überlege mir eine neue Route, die die Strömung und den ungünstigen Wind berücksichtigt: Wenn ich Kurs auf Nordwest nehme und bis auf Höhe der Azoren segele, wo ich theoretisch Wind und vielleicht auch eine Nebenströmung des Golfstroms finden müsste, kann ich vielleicht endlich wieder Kurs auf Ost gehen. Diese Option verlängert die Strecke nur um 400 Seemeilen, was im Vergleich zu der bereits zurückgelegten Strecke ein Klacks ist. Warum sollte ich mich also deswegen aufregen?! Schließlich befinde ich mich nicht in einer bedrohlichen Situation: Das Boot ist in perfektem Zustand, ich habe keinerlei körperliche Probleme und das Leben ist schön. »Alles in bester Ordnung, man, du musst dich nicht so aufregen!« Ein Festessen, bestehend aus einer Dose kalter Ravioli, die ich mit Käsepulver bestreue, und einer Dose eingelegter Früchte, muntert mich so weit auf, dass ich vom Modus »Segler, der sein Ziel einigermaßen im Griff hat« in den Modus »Segler auf Abwegen, der irgendwann irgendwo ankommen wird« wechsle.

Nach drei Tagen schaffen wir es, wie von Zauberhand, aus dieser Nebenströmung heraus. Ich komme meinem Zielkurs gleich um 20 Grad näher und lege immerhin 30 Seemeilen pro Tag zurück. Das ist nicht irrsinnig viel, fühlt sich aber gut an! Wenigstens entferne ich mich nicht weiter von meinem Ziel. Normalerweise würde mich dieses Durchschnittstempo total deprimieren, aber die Zen-artige Sichtweise, die ich mir selbst auferlegt habe, hilft mir, stoisch zu bleiben. So oder so, man muss die Widrigkeiten nehmen, wie sie kommen. Meckern oder aufregen ändert nichts an dem Problem.

Nach und nach gewöhne ich mich an diese Art des unbeweglichen Reisens. Da ich nicht viel mehr tun kann als zu warten, verbringe ich meine Tage mit Lesen. Mit großem Vergnügen vertiefe ich mich erneut in die gesammelten Erzählungen von Jørn Riel (mein absoluter Lieblingsautor), die im hohen Norden spielen. Anschließend lese ich Hemingway, Kerouac, Blixen, Saint-Exupéry, Camus und die Krimis von Connelly, aber auch die sehr angenehmen *Träumereien eines einsamen Spaziergängers* von Jean-Jacques Rousseau. Seltsamerweise kann ich mich nicht daran erinnern, dieses Buch vor meiner Abreise heruntergeladen zu haben; vermutlich hat mir der Titel gefallen. Nachts höre ich Podcasts von France Inter in Endlosschleife, vor allem die spannenden Sendungen von Jean Claude Ameisen, *Sur les épaules de Darwin* (dt. Auf den Schultern von Darwin). In der restlichen Zeit betrachte ich das Meer, die Wolken, die Sonnenauf- und -untergänge, die Wellen und die Seevögel, kurzum, ich erlebe schöne, sinnliche Momente.

Wie schon auf einigen früheren Etappen habe ich jegliches Zeitgefühl verloren. Und da ich mit so geringer Geschwindigkeit unterwegs bin, verliere ich dieses Mal auch das Gefühl für den Raum. Eines Tages wird der Wind vielleicht wieder günstiger sein, aber im Moment ist mir das ziemlich egal. Ich hoffe nur, dass mein Tracker noch funktioniert, damit sich die Leute an Land keine Sorgen machen.

Da ich keine Ahnung habe, in welchem Wettersystem ich mich befinde, versuche ich es mit einem Sioux-Trick und mache jeden Tag zwei lange Kreuzschläge, um mich aus dem Wind zu drehen. Aber gerade als endlich die Azoren in Sicht kommen, dreht dieser Mistkerl zum ersten Mal seit zehn Tagen und setzt sich wieder genau vor mich. Dieses Mal nehme ich es mit Humor. Ich muss einen klaren Kopf bewahren, schließlich bin ich viel zu unbedeutend, als dass eine rätselhafte höhere Macht mir böse sein oder sich für mein Schicksal interessieren könnte. In was für paranoide Vorstellungen habe ich mich da von einer Woche nur reingesteigert? Ich bin einfach nur zur falschen Zeit am falschen Ort, das ist alles. Ich kann nichts anderes tun, als mich in Geduld zu üben und mich mit der Situation abzufinden. Fest steht nur, dass ich viel länger brauchen werde als die ursprünglich geplanten 45 Tage.

Ich mache eine Bestandsaufnahme meiner Vorräte und beginne sie zu rationieren. Ich rechne jetzt mit einer Gesamtdauer von 55 Tagen, was bedeutet, dass ich jeden Tag eine Packung chinesische Nudeln und eine Dose Sardinen oder Thunfisch essen kann – perfekt! Das sollte reichen. Ich habe auch noch einen Vorrat an südafrikanischem Tüten-Kartoffelpüree, aber allein der Gedanke daran verursacht mir sofort schreckliche Blähungen – das Zeug werde ich nur in größter Not anrühren.

Nach fast drei Jahren in den Tropen wird es nun immer kühler, vor allem nachts. Ich ziehe meine drei T-Shirts, mein einziges Sweatshirt und eine Art kleine Fleece-Weste übereinander – alles muss herhalten, damit ich vor der Kälte geschützt bin. Allerdings beraubt mich das meines einzigen Kopfkissens, das nichts anderes war als mein nunmehr fast leerer Kleidersack.

300 Seemeilen vor dem Ziel nimmt der Wind, der immer noch von vorne kommt, weiter ab. Das hat Einfluss sowohl auf meine Reisedauer, die ich nun mit 65 Tage neu berechne, als auch auf meine Ernährung, die ich auf eine halbe Packung Nudeln pro Tag und eine Dose Sardinen alle zwei Tage reduziere. Ich habe aber auch noch eine Packung Erdnüsse, ein Glas Essiggurken und eine Tüte Backpflaumen, kein Grund zur Panik also.

Um Wasser zu sparen, hole ich auch meinen kleinen manuellen Entsalzer wieder hervor, den ich seit der Überfahrt nach La Réunion nicht mehr benutzt habe. Doch das Wasser, das ich damit produziere, schmeckt ekelhaft – ich hätte das Gerät vor dem Wegräumen mit destilliertem Wasser ausspülen sollen, wie es sich gehört. Aber ekliges Wasser ist besser als gar kein Wasser.

Am Ende des 60. Tages erkenne ich den berühmten Berg der Insel Pico, der wie eine weibliche Brust aussieht. Nach so langer Zeit allein auf dem Meer müsste mich das eigentlich in helle Aufregung versetzen, aber ich bin so darauf konzentriert, die BALUCHON in diesem schwachen Wind voranzubringen, dass mich rein gar nichts aus der Fassung bringen kann. Selbst wenn ein paar Tänzerinnen aus dem Lido versehentlich mit dem Fallschirm auf meinem Vordeck landen und einen wilden Cancan aufführen würden, hätte das keine große Wirkung auf mich.

Zehn Seemeilen vor der Insel Faial herrscht komplette Flaute. Kein Lüftchen weht mehr. Das ist ziemlich hart, denn ich kann die Insel und die kleinen weißen Punkte der Häuser deutlich erkennen. Zum Zeitvertreib springe ich ins Wasser, um den Rumpf zu reinigen und so die Leistung meines Bootes zu verbessern (für den Fall, dass der Wind eines Tages wiederkommt). Doch das Wasser ist eisig. Ich schlottere vor Kälte und mein Kopf fühlt sich an, als sei er in einen Schraubstock eingespannt. Zu meinem Glück ist der Rumpf relativ sauber, sodass ich kaum zehn Minuten im Wasser bleibe. Obwohl die Sonne scheint und ich alle meine Klamotten angezogen habe, gelingt es mir nicht, mich aufzuwärmen. Ich sehne mich nach Land, einer heißen Dusche und einer warmen Mahlzeit!

DIE AZOREN

Ich liebe diese portugiesische Inselgruppe, die mitten im Atlantik liegt. Schon mehrfach habe ich dort Zwischenstopps eingelegt, mal freiwillig, mal unfreiwillig. Auf der Insel São Miguel bin ich zuletzt an Land gegangen, als ich von dem Frachter stieg, der mich nach dem Schiffbruch mit der SKROWL gerettet hat. Am Kai hatte sich ein ganzer Haufen Beamter eingefunden, nur um mich zu begrüßen und Formulare über meinen Unfall auszufüllen – sogar der französische Konsul war gekommen! Wenigstens hat mein kleines Missgeschick dieser Insel, auf der wahrscheinlich normalerweise nicht viel passiert, ein wenig Arbeit beschert. Trotz der Umstände habe ich sie in guter Erinnerung. Dieses Mal habe ich die Insel Faial anvisiert, vielleicht unbewusst, um Unglück abzuwenden, denn zu einem bestimmten Zeitpunkt wäre São Miguel windmäßig viel besser zu erreichen gewesen. Aber ich habe mich gegen den leichteren Weg und für Faial entschieden, den mythischen, unumgänglichen Treffpunkt all jener, die aus der Karibik über den Atlantik zurücksegeln.

Als ich am frühen Morgen meines 63. Tages auf See bei leichtem Nieselregen und Möwengeschrei in den Hafen von Horta einfahre, fühle ich mich ein wenig an die Bretagne erinnert – ein Vorgeschmack auf meine Heimkehr. Ich bin so froh endlich da zu sein, dass ich umgehend all die kleinen Schindereien dieser Überfahrt vergesse.

Ich werde von Magaly und Didier von der FALBALA empfangen. Wir sind uns auf meiner Weltumsegelung schon mehrfach begegnet und ich freue mich sehr, sie wiederzusehen! Sie haben sogar schon die Hafenmeisterei gebeten, mir einen kleinen Platz am Steg zu besorgen, denn in dieser Zeit, da etliche Segler von den Antillen zurückkehren, müssen die ankommenden Boote im Hafenbecken ankern. Aufgrund der kleinen Größe der BALUCHON erhalte ich eine Vorzugsbehandlung: Der Hafenmeister bewilligt mir einen Platz an einem Steg, der eigentlich für kleine lokale Motorboote reserviert ist.

Nach den Einreiseformalitäten, die in kaum 15 Minuten erledigt sind, und einer herrlichen, warmen Dusche werde ich auf der FALBALA zu einem Ti Punsch und einem Wiedersehensessen eingeladen. Wir haben uns seit Südafrika nicht mehr gesehen und tauschen Neuigkeiten über alle befreundeten Boote aus.

Als ich am frühen Nachmittag in meine Koje zurückkehre, strecke ich mich glücklich aus und falle sofort in einen erholsamen kleinen Schlaf. Doch als ich bei Einbruch der Dunkelheit aufwache, fühlt es sich an, als hätte mir jemand einen Tomahawk in die Stirn gerammt. Ich habe einen unglaublichen Kater. Der Begrüßungsdrink und das Glas Wein zum Essen haben meinem seit einer guten Woche fast leeren Magen offensichtlich stark zugesetzt – auch das Festland ist voller Stolpersteine.

Am nächsten Tag beginne ich mit dem Großreinemachen, die BALUCHON hat es dringend nötig: Schmutz und Schimmel sind in alle Ecken des Bootes vorgedrungen. Ich brauche fast zwei Tage, um es komplett auszuräumen, von oben bis unten zu säubern und alle meine Sachen wieder an Bord zu bringen, zu verstauen und festzuzurren (zum Glück habe ich nur ein Vier-Meter-Boot!). Vom Wasser aus reinige ich den Rumpf über der Wasserlinie. Nach der langen Fahrt hoch am Wind im Passat ist er komplett von Algen überzogen. Dieses Mal ziehe ich allerdings einen Neoprenanzug an – wir sind hier definitiv nicht mehr in den Buchten von Polynesien. Allmählich findet die BALUCHON wieder zu ihrem alten Glanz zurück.

Nach drei Tagen kehrt das kleine Fischerboot zurück, an dessen Platz ich liege. Man hat mich nicht vorgewarnt und ich muss schnellstmöglich den Platz räumen. Ich hasse es, andere warten zu lassen. Genau in dem Moment, als ich eilig meinen Wriggriemen anhebe, schießt mir ein stechender Schmerz in den Rücken. »Aaaauuh! Ich fass es nicht! Ein Hexenschuss!« Gekrümmt führe ich mein Manöver aus. Das nur rund 15 Meter entfernte Stück Kai zu erreichen, ist eine echte Tortur. Anschließend klettere ich mühsam in meine Koje und versuche, nicht mit der Wimper zu zucken. Besser, es passiert hier im Hafen als auf hoher See, versuche ich mich zu trösten. Aber die kleinste Bewegung verursacht mir Schmerzen.

Am nächsten Tag brauche ich eine gute Viertelstunde, um mich aus dem Boot zu hieven und auf den Kai zu klettern. Ich gehe wie ein alter Mann – kein schöner Anblick. Es dauert eine gute Woche, bis ich mich wieder aufrichten kann. Ich zwinge mich, jeden Tag mindestens eine Stunde im Laufschritt zu gehen, jeden Morgen im kühlen Wasser zu schwimmen und Übungen für den Muskelaufbau zu machen. Mein Körper hat mir ein kleines Warnsignal geschickt. Künftig werde ich besser aufpassen und disziplinierter sein müssen.

Da ich meinen vor Blicken geschützten Platz am Steg verlassen musste und nun am Kai direkt gegenüber der Hafenmeisterei und genau an der Straße liege, die in die Stadt führt, bin ich sozusagen auf dem Präsentierteller. Alle, die vorbeigehen und von den Abenteuern der BALUCHON gehört haben, bleiben stehen, um mit mir zu plaudern. Andere, fasziniert vom Anblick dieses seltsamen Bootes, sprechen mich ebenfalls an und wollen wissen, woher ich komme. Wie bei jedem Zwischenstopp lerne ich viele unterschiedliche Menschen jeden Alters und aller Gesellschaftsschichten kennen: junge Studenten auf Bildungsreise, Familien, Leute, die eine Auszeit nehmen, andere, die ihr Leben ändern, wieder andere, die fliehen oder zu sich selbst finden wollen, und alte Seebären. Manche kommen sogar mit ihren Kindern zu mir (ich bin mir allerdings nicht ganz sicher, ob es klug ist, mich Kindern als Vorbild zu präsentieren, aber ich spiele trotzdem mit und versuche, einen vernünftigen Eindruck zu machen).

Obwohl ich mehr als zwei Monate in völliger Einsamkeit zugebracht habe, bereiten mir diese Gespräche viel Freude. Da die BALUCHON jetzt sauber ist, keine Reparaturen oder Wartungsarbeiten benötigt und ich aufgrund meines Rückens nicht über die Insel marschieren kann, habe ich viel Zeit für diese wirklich netten Begegnungen und Plaudereien. Mein einziges Problem ist, dass ich mich von den Bars fernhalten muss, denn fast jedes Mal werde ich dort von den Crews auf einen Drink eingeladen. Seit der Tomahawk-Erfahrung am Tag meiner Ankunft und dem Warnschuss im Rücken versuche ich, ein halbwegs gesundes Leben zu führen und Exzesse aller Art zu vermeiden.

Sobald ich endlich in die Hocke gehen kann, ohne dass ich Gefahr laufe, nicht wieder hochzukommen, beginne ich, das Logo der BALUCHON auf den Steg zu zeichnen, wie es hier Tradition ist. Ich liebe den Anblick der mit all diesen vergänglichen bunten Bildern verzierten Stege. Was für eine charmante Idee, auf diese Weise seine Spur zu hinterlassen. Manche Zeichnungen sind jenen in der Sixtinischen Kapelle würdig, andere bestehen nur aus einem schnell dahin gekritzelten Namen und Datum. An manchen Stellen sieht man Kinderzeichnungen oder auch ein direkt auf den Asphalt geklebtes T-Shirt in den Farben eines Schiffes. Das alles rührt mich sehr, deprimiert mich aber auch ein wenig: Wenn jemand in Frankreich einen Kai so verzieren würde, bekäme er wahrscheinlich eine hohe Geldstrafe, müsste für die Instandsetzung und Reinigung aufkommen und erhielte womöglich ein lebenslanges Verbot, sich dem Ort seines Vergehens zu nähern. Der Gedanke an die baldige Rückkehr in das Land der düsteren Vorschriften macht mich ganz traurig. Naja, tröste ich mich, es ist nicht wirklich verboten. Es ist nur verboten, sich erwischen zu lassen; das macht es vielleicht noch lustiger.

AZOREN-BRETAGNE
JULI-AUGUST 2022

Jetzt ist es bereits eine Woche her, dass ich Horta verlassen habe. Normalerweise sollte ich mich schon wieder an das das Leben auf See gewöhnt haben und die Fahrt genießen, aber ich bin missmutig. Dabei bin ich kurz davor, meinen alten, verrückten Traum von der Weltumsegelung abzuschließen. Mein tapferes kleines Boot hat mich fast bis in den Heimathafen gebracht. Ich sollte mich freuen, auch darüber, in meine kleine Werft zurückzukehren und in die winzige Hütte daneben, in der ich wohne und in der man stellenweise kaum aufrecht stehen kann. Alles muss mittlerweile von Brombeeren und Spinnweben überwuchert sein. Ich sollte mich auf meine Bücher und Werkzeuge freuen und darauf, wieder Feuer in meinem alten Ofen zu machen, mit meinem von Patina überzogenen japanischen Wasserkessel Tee zu kochen und morgens in der Werkstatt den Duft von Holzstaub einzuatmen. Ja, ich sollte glücklich sein, in die Welt zurückzukehren, die vor dieser Reise die meine war.

Aber ich verspüre ein gewisses Unbehagen. Der graue, tiefhängende Himmel und der fehlende Wind spielen dabei sicher auch eine Rolle. Aber vor allem gehen mir allerlei Fragen durch den Kopf: Wird mein Leben noch dasselbe sein wie zuvor? Habe ich mich nicht zu sehr verändert? Natürlich habe ich das! Von einer so langen Reise kehrt man nie unverändert zurück und natürlich wird der Blick der anderen auf mich nicht mehr der gleiche sein. Wie werden sie mich jetzt wohl sehen? Diese Reise hat mich gelehrt, etwas weniger ungeschickt zu kommunizieren und weniger Angst vor anderen Menschen zu haben. Vielleicht ist es das, was mir Sorgen bereitet: die Angst vor der Rückkehr in mein einsames Leben als Quasi-Eremit? Dabei war ich vorher nicht unglücklich, ganz im Gegenteil. Ich versuche all diese unbeantworteten Fragen zu verdrängen und sage mir, dass das Ende eines Abenteuers zwangsläufig der Beginn eines neuen ist, aber es hilft nichts, ich bleibe missmutig. Ich ärgere mich ein wenig, dass ich nicht zu meinem üblichen Glücksgefühl zurückfinde und den letzten Abschnitt meiner Reise nicht richtig genießen kann.

Genau in diesem Gemütszustand, versunken in diese Grübeleien begegne ich ihr. Der Himmel ist noch immer genauso trist. Es ist kühl, und der schwache Wind, der tagelang von vorn kam, hat gerade genug gedreht, damit ich am Wind segeln kann. Die BALUCHON erreicht jetzt eine Geschwindigkeit von 3 Knoten, was nicht gerade berauschend ist, aber im Vergleich zu den vergangenen Tagen immerhin etwas. Zunächst halte ich sie für etwas anderes, denn die Imitation ist perfekt. Auf den ersten Blick sieht sie aus wie all die anderen Vögel, die sich auf dem Wasser ausruhen. Erst als sie wenige Meter vom Boot entfernt vorbeischwimmt, fällt mir ihr seltsames Aussehen auf. Unter der Wasserlinie hat sich ein großes Algenbündel wie ein kleiner Rock um sie gelegt, ähnlich wie bei den hawaiianischen Vahine-Figuren. Durch ihren gleichbleibenden Ausdruck und den verwaschenen blauen Schnabel wird mir schließlich klar, dass es sich um eine große Plastikente handelt, wie Jäger sie benutzen, um echte Enten anzulocken. Zuerst glaube ich an eine Halluzination, weil es mir so unwirklich vorkommt, so etwas hier zu sehen, fernab von jeglichem Stück Land, auf dem man Enten jagen könnte.

Diese Ente verkörpert meine Art, die Hochseeschifffahrt anzugehen; sie ist gewissermaßen ein Bruder im Geiste. Sie muss Hunderte, ja Tausende Seemeilen zurückgelegt haben, um bis hierher zu gelangen. Mit Sicherheit hat sie starke Stürme erlebt, Schifffahrtsrouten sicher überquert und ihre Reise ist noch lange nicht zu Ende. Wahrscheinlich wird sie irgendwann unter dem Gewicht des Bewuchses an ihrem Bauch untergehen oder irgendwo an einen fernen Strand gespült.

Ich hätte sofort ein Manöver machen sollen, um sie einfangen und an Land zu schleppen, aber nach all den Trödeltagen bin ich so darauf fixiert voranzukommen, dass ich zu lange zögere. Als ich wieder klar denken kann, ist sie nur noch ein kleiner Punkt in der Ferne, der immer länger in den Wellen verschwindet.

Mehrere Tage lang muss ich immer wieder an sie denken: Wir hätten eine gutes Seemeilenfresser-Team abgegeben, die BALUCHON, die Ente und ich. Wir hätten uns sicher viel zu erzählen gehabt. Es wäre so schön gewesen, zu dritt im Zielhafen einzulaufen – schade. Diese verpasste Gelegenheit ist wohl das, was ich auf dieser Überfahrt am meisten bedauere.

Nach etwa 20 trüben Tagen erreiche ich die berühmte Schiene von Ouessant, eine Art Autobahn, auf der Dutzende und Aberdutzende Frachter in hoher Geschwindigkeit das Meer durchpflügen und in den Ärmelkanal ein- oder aus ihm ausfahren. Jetzt ist Schluss mit Träumen und Trübsalblasen. Die Rückkehr in die Wirklichkeit überwältigt mich und reißt mich paradoxerweise wieder einmal aus meinem Trübsinn. Jetzt sollte ich besser einen klaren Kopf haben. Für ein kleines Boot ist dieses Fahrwasser immer sehr beeindruckend, vor allem bei dieser ziemlich starken Dünung und dem schwachen Wind. Mühsam erreiche ich eine Geschwindigkeit von 2 Knoten, während die Frachter mit 15 Knoten unterwegs sind. Das erfordert ein wenig Konzentration. Man kann diese Übung mit dem Überqueren einer regulären Autobahn auf einem Tretroller vergleichen – es ist ein wenig gefährlich.

Als die Küste in Sichtweite kommt und keine Kollisionsgefahr mehr besteht, erhalte ich über UKW einen Funkruf des Kontrollzentrums, das sich um den Seeverkehr hier kümmert. Der sehr höfliche, aber auch ziemlich genervte Mann am anderen Ende der Leitung teilt mir mit, dass das Segeln in dem Gebiet, in dem ich mich befinde, verboten ist. Ich bin überrascht, denn auf meiner Karte ist kein Sperrgebiet verzeichnet, und ich bin schon des Öfteren hier entlanggefahren. Ich antworte, ebenfalls sehr höflich, fühle mich aber hilflos und verunsichert. Mein Gehirn kann nicht akzeptieren, dass man einem Schiff verbieten kann, auf dem Meer zu fahren, und vor allem, dass man mir, Kapitän meines eigenen Bootes, Befehle erteilt. Außerdem verstehe ich nicht, von welchen Vorschriften mein Gesprächspartner redet. Ich löse das Problem, indem ich meine Funke und meinen AIS-Sender einfach ausschalte. Jetzt bin ich bin wieder unsichtbar und fahre weiter, als sei nichts geschehen.

Die mühsame Fahrt durch den Ärmelkanal, die entlang der Nordküste der Bretagne führt, verläuft wie üblich: Ich bin den ziemlich starken Gezeitenströmungen erst in die eine, dann in die andere Richtung ausgesetzt. Wind ist noch immer keiner da, also geht es nach klassischer Art zwei Schritte vor, einen Schritt zurück. Aber im Großen und Ganzen bewege ich mich in Richtung Heimat. Ich setze sogar den kleinen 420er-Spinnaker, den mir der Lehrer der Segelschule in Horta geschenkt hat. So falle ich während des Gezeitenwechsels nicht zu weit zurück. Ich befinde mich jetzt nahe der Küste. Nicht nahe genug, um Wolf, Fuchs und Wiesel singen zu hören, aber nahe genug, um Handyempfang zu haben. Ich kann meine E-Mails abrufen und Nachrichten verschicken. Das hilft mir allmählich aus der Einsamkeit heraus. Ich erhalte einen Anruf von meinem Kumpel Hervé Le Merrer: »Da du ohnehin bei mir in Trébeurden vorbeikommst, halt doch mal kurz an. Wir feiern ein bisschen im kleinen Kreis.«

»Okay, warum nicht!«

Zwar widerstrebt es mir nach wie vor, mich diesem von unzähligen Felsen übersäten Küstenabschnitt zu nähern, aber die Aussicht, mit ein paar Freunden zu feiern, klingt verlockend, zumal ich ahne, dass es bei meiner Ankunft in Saint-Brieuc ziemlich viel Medienrummel geben könnte. Ein Mindestmaß an Zurückhaltung wird mir helfen, nach und nach in das Leben an Land zurückzufinden. Aber im Moment wird es gerade dunkel und ich stecke in einer Flaute vor der Île de Batz fest. Ein Zwischenstopp in Trébeurden erscheint mir unter diesen Umständen etwas schwierig. Ich bin kurz davor aufzugeben und im Schneckentempo weiter in Richtung Saint-Brieuc zu segeln, doch da eilen mir schon Freunde, die gerade in der Ecke sind, zu Hilfe: Das Segelboot PIERRICK II, das auf dem Weg in die Bucht von Morlaix ist, macht einen Umweg, um mich an den Haken zu nehmen und zu einem kleinen Ankerplatz nahe Carantec zu schleppen. Dort werden wir schon von der FRI, einem befreundeten Boot mit Yann und J.-P. an Bord, erwartet. Wir feiern unser nächtliches Wiedersehen mit einer ordentlichen Portion Nudeln mit Käse und einem Gläschen Rum.

Am nächsten Tag fahren wir zusammen nach Trébeurden, wo wir von einer ganzen Reihe von Booten und sogar Schnellbooten mit Journalisten empfangen werden, die der BALUCHON entgegengekommen sind. Etwas sagt mir, dass es hier Informationslecks gegeben haben muss und es nicht mehr nur um eine kleine Feier unter Freunden geht ... Aber der Empfang ist wirklich nett: Am Steg heißen mich zahlreiche Leute willkommen und wünschen mir eine gute Rückkehr in die Bretagne. Viele erkenne ich wieder, wir plaudern fast den ganzen Abend.

Am nächsten Morgen kommt André Gentil, einer meiner Segelhelden, der vor einigen Jahren eine fabelhafte Weltumsegelung über die drei Kaps gemacht hat, mit Croissants zum Frühstück vorbei. Ich habe ihn nie zuvor getroffen und bin sehr gerührt, ihn persönlich kennenzulernen. Mir stehen fast die Tränen in den Augen. Ich spüre, dass auch er gerührt ist. Eine lange Umarmung hilft uns sensiblen Seglern, unsere Gefühle zu verbergen. Einige Stunden später kommt Olivier de Kersauson höchstpersönlich aus Brest angefahren, nur um mich zu begrüßen. Wenn das so weitergeht, muss ich schnell einen Termin beim Kardiologen vereinbaren, mein kleines Herz muss gerade einiges aushalten.

Nach einem eintägigen Zwischenstopp mache ich mich gemächlich wieder auf den Weg nach Saint-Brieuc. Hervé, der jeden Fels in der Gegend kennt, zeigt mir eine Passage, die mir etwas Zeit sparen soll. Er begleitet mich auf seinem sehr hübschen kleinen Einmaster, einem Cotre de Carantec, doch gerade als wir das offene Meer erreichen, lässt uns der Wind im Stich. Durch die Gezeitenströmung trete ich inmitten der Brecher auf der Stelle, was meinen Adrenalinpegel hochschnellen lässt. Was für eine blöde Idee, hier entlangzufahren! Und das alles nur, um auf einer dreijährigen Reise eine Stunde zu sparen. Vor meinem inneren Auge sehe ich meine kleine BALUCHON schon an diesen spektakulären rosa Granitfelsen zerschellen, nur 50 Seemeilen vor dem Ziel. Gerade als ich den Wriggriemen nehmen und umkehren will, kommt mir ein wohlmeinendes kleines Schlauchboot zu Hilfe und zieht mich im Nu aus der Brandung. Uff! Glück gehabt. Wo ist nur meine Vorsicht hin, mit der ich früher jeden noch so kleinen Felsen weiträumig umfahren habe?

Für das letzte Stück der Strecke sieht es gut aus. Der Wind dreht Nord und wird endlich stärker. Die BALUCHON kommt wieder in Fahrt und schnellt über das Wasser – zum ersten Mal seit der Abfahrt aus Brasilien. Jetzt muss ich sie nicht länger schonen, wie ich es, aus Angst, etwas kaputt zu machen, fast während der gesamten Weltumsegelung getan habe. Diesmal gebe ich Gas, rolle fast das gesamte Segel aus und lasse den Wind mit 25 Knoten hineinblasen. Es ist eine wahre Freude, mein kleines Boot durch die Gischt pflügen zu sehen.

Am frühen Morgen fahre ich bei auffrischendem Nordostwind mit voller Geschwindigkeit in die Bucht von Saint-Brieuc ein. Der Himmel ist blau, die Sonne wunderschön.

Die Nacht verbringe ich im Tiefwasserhafen von Saint-Quay-Portrieux, wo ich darauf warte, dass das Wasser hoch genug steht, um zu meinem Heimathafen zu gelangen (und unbewusst vielleicht auch, um die Reise ein wenig zu verlängern).

Am nächsten Tag erreichen wir, in Begleitung zweier mutiger Segelfreunde, die dem Wind und der ziemlich rauen See trotzen, um mir entgegenzukommen, in kürzester Zeit die Hafeneinfahrt von Saint-Brieuc. Dort werden wir von zahlreichen kleinen Booten, Kajaks und Jollen erwartet. 200 bis 300 Menschen stehen am Kai, bretonische Musik erklingt, Gwenn ha Dus werden geschwenkt. Ich habe am ganzen Körper Gänsehaut.

Die Schleusentore öffnen sich. Der Wind weht genau richtig. Ich könnte sogar mit dem Segel in die Schleuse fahren, aber das ist strengstens verboten – alle Manöver müssen mit dem Motor durchgeführt werden. Aus Respekt vor den Schleusenwärtern und der Hafenleitung, die immer etwas steif sind, rolle ich das Segel ein und lege die letzten Meter mit dem Wriggriemen zurück. Das ist zwar auch nicht erlaubt, aber ich nutze meine knappe Viertelstunde Bekanntheit und lege mich richtig ins Zeug. In Anbetracht der Menschenmassen wird man mich wohl kaum zurechtweisen. Außerdem hätte es mir gar nicht gefallen, diese Weltumrundung im Schlepptau eines anderen Bootes beenden zu müssen. Künftig werde ich nicht mehr ohne Motor durch Schleusen fahren, versprochen!

Sieben Jahre, nachdem ich mit der SKROWL genau hier losgefahren bin, schließen sich die riesigen Holztore langsam hinter der BALUCHON unter dem Applaus der Schaulustigen und den Klängen einer Bagad, einem traditionellen, bretonischen Musikensemble. Noch einmal verspüre ich das Gefühl der Unwirklichkeit, das mich auf dieser Reise so oft begleitet hat. Die Emotion überwältigt mich. Ich bin so verwirrt, dass ich nicht genau weiß, ob ich träume oder meine Reise wirklich gerade beendet habe.

ANHANG

TECHNISCHE DATEN

Rumpflänge: 4,00 Meter
Gesamtlänge: 4,30 Meter
Wasserlinienlänge: 3,77 Meter
Breite: 1,63 Meter
Tiefgang: 90 Zentimeter
Leergewicht: 500 Kilo
Bauweise: Okoumé-Sperrholz, 9 Millimeter, äußere Schutzschicht aus 400 Quadratmeter Glasfasergewebe
Segelfläche: 11 Quadratmeter
Mast: Carbonfasern, Länge: 7,30 Meter, Gewicht: 7 Kilo

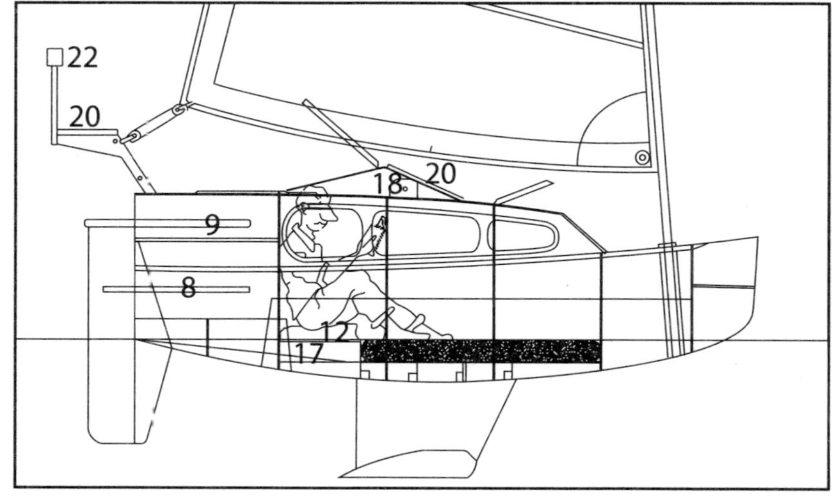

1: Lebensmittelcontainer
2: 5-Liter-Trinkwasserkanister
3: Reiseapotheke
4: Ausrüstung und Reparaturmaterialien
5: Container mit Campingkocher, Elektrogeräten (Smartphone, Tablet, Kamera, E-Reader, Tracker …)
6: Notfalltasche
7: Elektrischer Autopilot
8: Pinne
9: Ruderblatt
10: Werkzeugset
11: Grundnahrungsmittel (Tee, Kekse, Müsliriegel …)

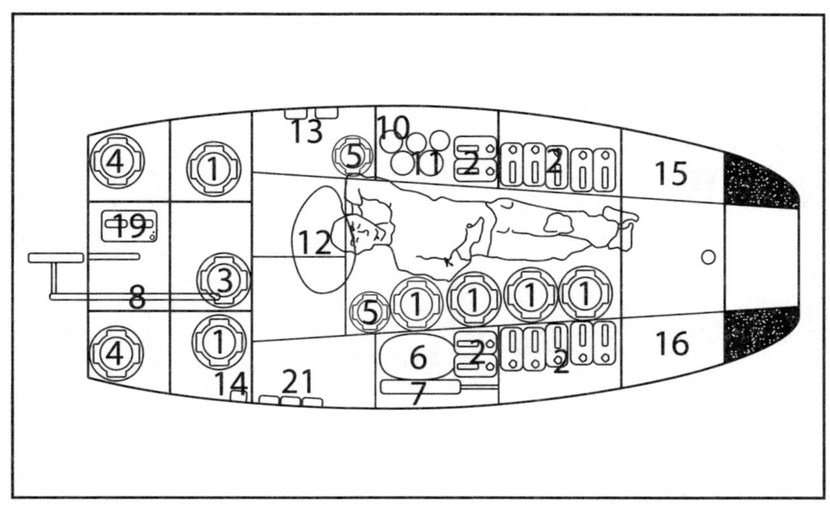

12: Kleidersack/Kopfkissen
13: Solar-Laderegler
14: elektrische Anzeige
15: Ölzeug, Neoprenanzug
16: manuelles Entsalzungsgerät, Laptop
17: Angelzeug, Tauchmaske, Schnorchel
18: Teekessel
19: Batterie
20: Solarpaneele
21: AIS-Geräte
22: Navigationslicht

Als Staufach dient mir ein aufgeschnittener Plastikkanister.

Meinen Teekessel bewahre ich außerhalb der Kabine in einem kleinen Hohlraum unter einem Solarpaneel auf.

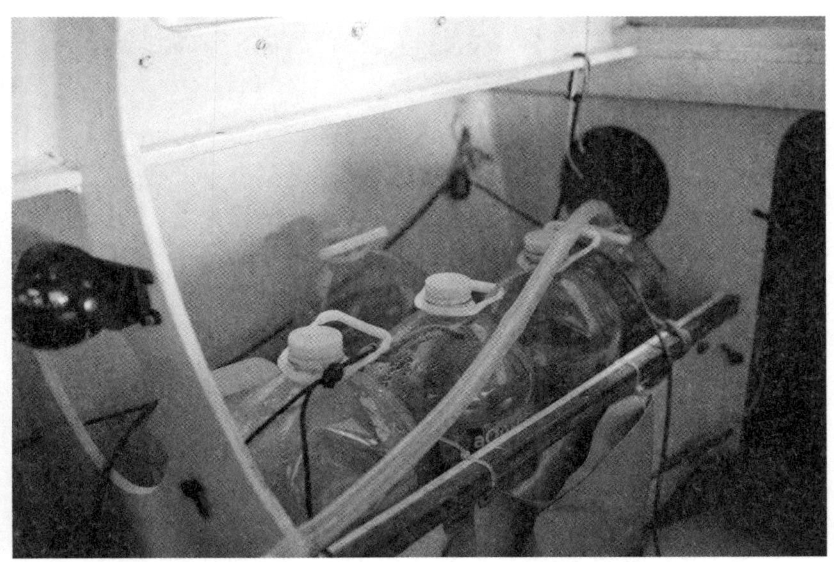

Das Trinkwasser kann direkt aus dem Supermarkt in ein passendes Fach auf der BALUCHON *sortiert werden. So benötige ich keinen großen Tank.*

Lebensmittel und weitere Verbrauchsgüter lasche ich links und rechts von meiner Koje in großen Containern fest.

Vorderansicht der BALUCHON. *Durch die Scheibe erkennt man Zahnbürsten, die ich als Knebel benutze, um das Luk zu schließen.*

Die BALUCHON *passt perfekt in meine kleine Werkstatt.*

DIE AUTOMATISCHE WINDSTEUER-ANLAGE BÉBERT

Diese behelfsmäßige Vorrichtung, die ich in Folge meiner Elektrizitätspanne nach meiner Abreise aus Neukaledonien gebastelt habe, ist natürlich nicht mit einer richtigen Windsteueranlage vergleichbar, da sie ohne Flettner arbeitet (ein Miniruder, das auf das Hauptruder des Bootes einwirkt) und direkt auf das Ruder wirkt. Das funktioniert selbstverständlich nur, wenn das Boot nicht zu schwer beladen ist, richtig auf dem Wasser liegt und perfekt eingestellt ist. Die Steuerleinen sollten außerdem weder zu stark noch zu wenig gespannt sein, was anfangs ein bisschen Herumprobieren erfordert.

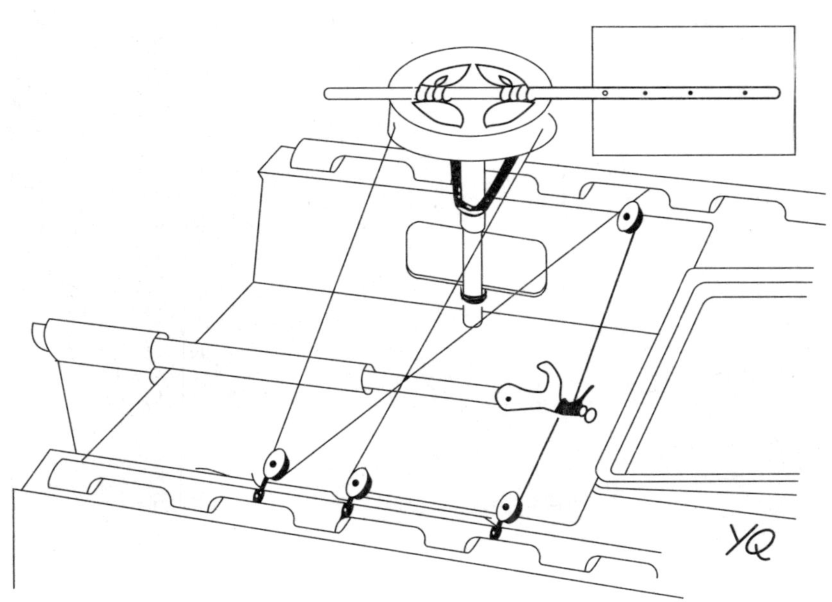

Die Erfahrung zeigt, dass die Fläche der Windfahne ungefähr der im Wasser liegenden Fläche des Ruderblatts entsprechen sollte, damit sie auch bei wenig Wind funktioniert. Meine Windfahnenfläche entsprach ungefähr der Hälfte meines Ruderblatts, wodurch ich das Segel etwas früher verkleinern und somit die Durchschnittsgeschwindigkeit des Bootes verringern musste.

Manche empfehlen, die Windfahne mit einem Gegengewicht auszustatten, doch in meinem Fall war das nicht nötig und, ehrlich gesagt, verstehe ich nicht ganz, wozu es gut sein soll. (Es liegt wohl in der Natur des Menschen, einfache Dinge zu verkomplizieren.)

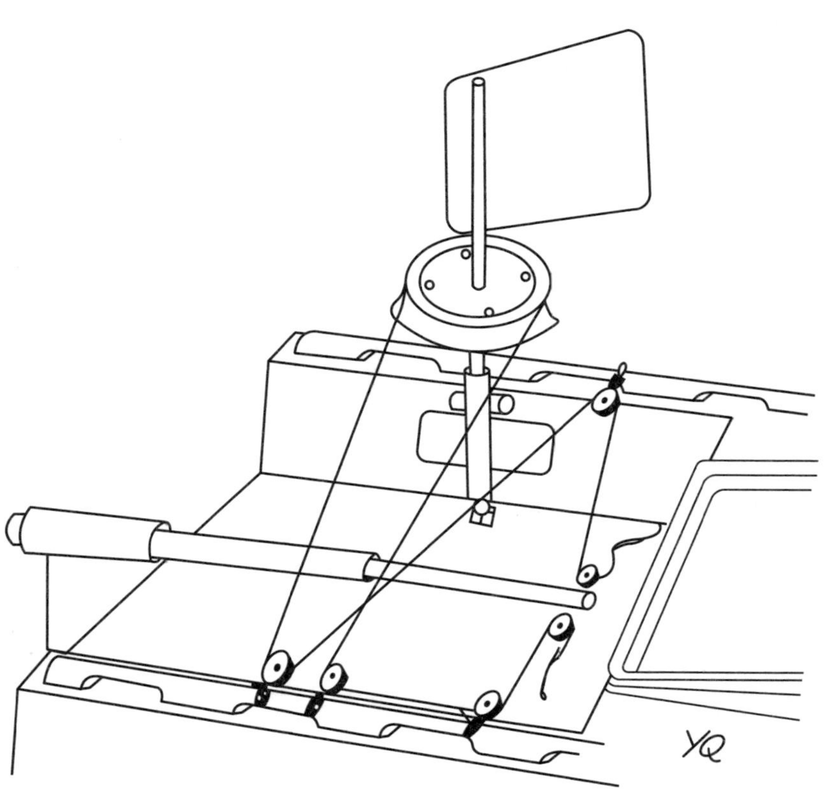

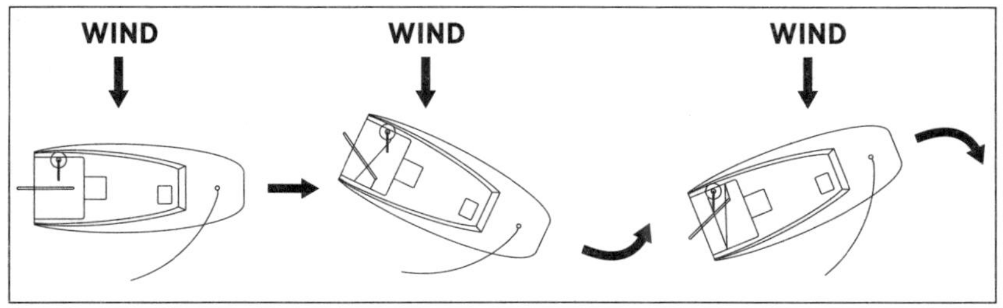

Ich halte es durchaus für möglich, dieses Prinzip auf ein viel größeres Boot zu übertragen, aber dafür braucht man natürlich eine entsprechende Windfahnenfläche – ein kleines Segel, wie z. B. das eines Optimisten, kann effektiv als Windfahne dienen.

Bébert I hat die BALUCHON rund 7.000 Seemeilen weit zwischen Neukaledonien und La Réunion perfekt gesteuert. Bébert II hat diese Aufgabe auf der restlichen Reise bis zur Rückkehr in die Bretagne erledigt, also 9.500 Seemeilen weit (den elektrischen Autopiloten habe ich nur nach meiner Abreise aus Südafrika zwei Tagen lang benutzt). Ein elektrischer Autopilot als Ergänzung ist zwar nicht unbedingt notwendig, aber in Küstennähe und in den Kalmen, wo Windstärke und -richtung häufiger wechseln, ist er praktischer.

Das Rigg der BALUCHON, das ich extrem vereinfachen wollte, besteht lediglich aus einem Carbonmast, der sich um die eigene Achse dreht und in einem Loch steckt, das vom Deck bis zum Rumpf reicht. Am Boden dieses Lochs befindet sich ein kleiner Edelstahlhaken, der als Drehpunkt dient. Die Drehbarkeit auf Höhe des Decks wird durch einen einfachen Ring aus Epoxidharz gewährleistet, der von Zeit zu Zeit geschmiert werden muss.

Das einzige Segel wird um den Mast gerollt (es ist das gleiche Prinzip wie beim Rollreffsystem, über das die meisten modernen Sportsegelbooten verfügen). Da es kein Vorsegel gibt und somit keine Kompression im Mast, sind auch keine Wanten vonnöten.

Der Mast arbeitet also nur mit Biegung, ähnlich einer Angelrute. Das macht das gesamte Rigg sehr viel geschmeidiger und dadurch auch viel solider als ein herkömmliches Rigg mit Wanten.

Mit Hilfe der zwei Spieren, die an beiden Seiten des Bootes befestigt sind, kann das Segel, je nach Kurs, mehr oder weniger gespreizt werden.

DANKE

Dem Yachtclub Pays de Saint-Brieuc (ehemals ANL) für die Organisation einer Tombola zu meinen Gunsten vor meiner ersten Abreise.

Jérôme Delaunay, Schiffsarchitekt, der spontan und unentgeltlich die Stabilitätskurve der BALUCHON überprüft und eine Kielvariante vorgeschlagen hat.

Hervé Le Merrer, dem Meister des Ruderns, für seine Ratschläge und den geliehenen Tracker.

Christophe Even für seine Initiative, einen Blog einzurichten, der von der Reise der BALUCHON erzählt.

Jean-Yves Le Fourn für die Hühnerzeichnungen auf meinem Rumpf und meinem Segel.

Sophie Mathat dafür, dass sie regelmäßig nach den Spinnen gesehen hat, die während meiner Abwesenheit mein Atelier besetzt hatten, und ab und zu meinen Briefkasten geleert hat.

Stéphane Leroux, der mir während der Reise ein Notfall-Handfunkgerät zukommen ließ.

In Guadeloupe

René und Maca, meinen Stegnachbarn, für die vielen Mahlzeiten auf ihrem Boot und die Leihgabe einer Gabel für den Rest meiner Reise.

Louis und Jean.

Auf den Marquesas

Sämtlichen Schiffen, die während des Lockdowns dort waren, für den Empfang und die Verpflegung bei meiner Ankunft.

Joselito und Tepua aus der Hanamenu-Bucht in Hiva-Oa für die Schnitzereien auf meinem Wriggriemen.

Der Person, die mir fast täglich ganze Säcke voller Früchte gebracht hat (ihren Vornamen habe ich leider vergessen).

Der MMS-Werft dafür, dass sie die BALUCHON aus dem Wasser gehoben hat.

Dominique für die Spende eines GPS-Notfallgeräts.

Tahiti – Inseln unter dem Winde

Der wunderbaren Diane Jüllich für ihre Videos über meine Reise und die Organisation einer Crowdfunding-Initiative im Internet.

Allen, die diese Crowdfunding-Initiative mit ihren Spenden unterstützt haben.

Dem Yacht-Club von Tahiti für seinen Empfang und seine Hilfe.

Olivier de Kersauson und Jean-Charles Corre.

Violeta de Raiatea und Cyrille Pham.

In Neukaledonien

Laurent von Pacifique Accastillage, Valérie von Aquanature, Roberto und Pascal (die Gang vom K1-Steg) sowie dem gesamten Team der Port Moselle Marina.

Christophe Florentin, der mir freundlicherweise während des Wartens am Quarantäne-Ankerplatz seinen WLAN-Router geliehen hat.

Dem Cercle Nautique Calédonien, dem Musée maritime in Nouméa und dem Marinestützpunkt der Marine nationale für die Organisation von Vorträgen über meine Reise.

Cécile, Fanny, Catherine, Leïla, Estelle, Myriam, Véronique, Théo, Luc und Isabelle, meinen ersten Leser:innen, denen ich den Entwurf des ersten Teils dieses Buches zu lesen gegeben habe, für ihre konstruktiven und nachsichtigen Rückmeldungen.

Luc und Isabelle sowie Olivier vom CNC für die Erstellung einer PowerPoint-Präsentation zur Veranschaulichung meiner Vorträge.

Dem Wachmann der Bernheim-Bibliothek in Nouméa, der mich bei meinen ersten Schreibversuchen regelmäßig geweckt hat.

Pierre für das Fahrrad, das er mir für die gesamte Dauer meines Aufenthalts geliehen hat.

Raymond für die Schaumstoffmatte, die mir als neue Matratze gedient hat.

Den Ärzten Bertrand und Daniel, die mir eine anständige Reiseapotheke zusammengestellt haben.

Der Person, die mir einen Karton mit gefriergetrockneten Mahlzeiten geschenkt hat, die ich auf der nächsten Etappe sehr zu schätzen wusste.

Maïté Russeil und Pierre Vuduc für ihre zahlreichen Aufmerksamkeiten.

Pierrot, Gwendal und Christophe für die Ausrüstung und die Angelratschläge.

Frédéric Giraldi für die Kamera.

Olivier Papet.

Roger, Eric, Isabelle und Sulian.

Gaëtan vom CNC, dafür, dass er mir, während ich das Unterwasserschiff der BALUCHON gereinigt habe, für ein paar Tage die Schlüssel zu seinem Boot geliehen hat.

Auf La Réunion

Ein riesiges Dankeschön an Benoît von der Segelmacherei am Hafen.

Bastien für das Ausleihen eines Fahrrads.

Régis Henry, von der Firma BIP 974, für die Spende einer Batterie.

Jacques Jean, von der Firma SOS Pare-brise+, für seine willkommene finanzielle Unterstützung.

Arthur, bretonischer Gastronom, Bierbrauer und Musiker in Bellemène.

Gilles dafür, dass er mir ein echtes Gabiermesser geschenkt hat.

Dem Club Nautique Portois für die Organisation eines Vortrags.

Romain, Rémi und Mathieu für die Erstellung eines Dokumentarfilms über mein Abenteuer.

Isabelle und Luc, nochmals, für ihre unzähligen Aufmerksamkeiten.

Bernard, Zahnarzt, für die kostenlose Zahnbehandlung und -pflege.

Jean-Marc.

Galice für die Behandlung meines Fußes und die Medikamente.

In Mayotte

Dem ACHM.

Jean-Luc.

In Südafrika

Anne und Hervé von der OLICÉCANTE.

Tristan, Théo und Ghilian von der ORIALIS

Charlotte Lavery für das Erstellen eines Youtube-Videos.

Kirsten, Direktor des Zululand Yachtclubs.

Gary und Graig.

Dylan.

In Brasilien

Yannick Olivier, Vorsitzender der FPVela.

Dem Yachtclub Cabanga in Recife.

Nicolas von der Marina in Jacaré.

Dem Frachter, dem ich auf der Überfahrt von St. Helena nach Brasilien begegnet bin, dafür, dass er meine E-Mail verschickt hat.

Auf den Azoren

Magaly und Didier von der FALBALA.

Sophie, Nicolas und ihren Söhnen von der COCO-PANACHE.

Emidio, Lehrer an der Segelschule in Horta, für die Spende eines 420er-Spinnakers.

In der Bretagne

Thierry und Christelle vom Segelboot PIERRICK II.

Yann, dem Oktopus, und J.-P., dem Pottwal, von der FRI.

Hervé Le Merrer, dem Yachtclub und dem Rathaus von Trébeurden.

Stéphane Tricoire.

Dem kleinen Schlauchboot, das so freundlich war, mich aus der Brandung zu schleppen.

Dem Yachthafen von Saint-Quay-Portrieux.

Dem Rathaus von Saint-Brieuc und der CCI 22.

Didier Reihl, Didier Corfec und Eugène Magne.

Vielen Dank auch an alle, die auf mich zugekommen sind, um mit mir zu reden, mir einen Drink oder ein Essen auszugeben; die es mir ermöglicht haben, für einen Moment aus meinem Schneckenhaus herauszukommen. Viele Namen und Gesichter habe ich vergessen, aber an die Wärme dieser Begegnungen werde ich mich immer erinnern.

Bibliografische Information der Deutschen Nationalbibliothek
Die Deutsche Nationalbibliothek verzeichnet diese Publikation in der Deutschen Nationalbibliografie; detaillierte bibliografische Daten sind im Internet über http://dnb.dnb.de abrufbar.

1. Auflage
ISBN 978-3-667-12840-9

Aus dem Französischen von Sarah Pasquay
Lektorat: Cati Erdmann, Johanna Schwarz
Coverbilder: Mathieu Genon (oben), Remy Ravon (unten)
Fotos: Yann Quenet, außer: Bildteil Foto 11: Remy Ravon;
Bildteil Foto 15/16: Mathieu Genon; Fotos S. 208–210: Mathieu Genon
Zeichnungen: Yann Quenet
Einbandgestaltung: Uwe Beyer
Satz: Axel Gerber
Karte: Inch3, Bielefeld
Druck: Print Best, Viljandi
Printed in Estonia 2024

Delius Klasing Verlag
Siekerwall 21, D - 33602 Bielefeld
Tel.: 0521/559-0, Fax: 0521/559-114
E-Mail: info@delius-klasing.de
www.delius-klasing.de

VON STÜRMEN, PLEITEN UND DEM MUT, SEINE TRÄUME ZU VERWIRKLICHEN

Kleines Budget, kaum Segelerfahrung, mitten im Leben stehend – viele wollen Claudia Clawien und Jonathan Buttmann davon abraten, einfach auszusteigen und um die Welt zu segeln, mit kaum mehr als dem Leitgedanken »Learning by doing« im Gepäck. Und doch wagen die beiden den Schritt in das Abenteuer ihres Lebens: Sie kündigen ihre Jobs, kaufen ein 40 Jahre altes Stahlboot und stechen von Berlin aus in See – Kurs Südsee. Was sie zu diesem Zeitpunkt noch nicht wissen: Am Ende werden sie sieben Jahre unterwegs sein, unvergessliche Begegnungen mit besonderen Menschen und fremden Kulturen erleben, der Schönheit und Offenheit der Welt begegnen, aber auch auf Armut und die Auswirkungen des Klimawandels treffen sowie mit einer klammen Bordkasse kämpfen – und bei all dem trotzdem ihre eigenen Lebensträume verwirklichen. Denn wenn man einmal den Entschluss gefasst hat, seine Träume zu leben, dann gibt man sie nicht mehr auf!

EIN BEWEGENDES BUCH ÜBER DEN MUT, EINFACH LOSZULASSEN – FÜR ALLE, DIE NACH INSPIRATION SUCHEN!

256 S., Format 14,2 x 22,0 cm, gebunden
Euro 26,90 (D), ISBN 978-3-667-12769-3
E-book: 21,99 Euro – www.delius-klasing.de

CLAUDIA CLAWIEN
JONATHAN BUTTMANN

SIEBEN FARBEN BLAU

Wie aus einer kleinen Auszeit auf dem Segelboot ein siebenjähriges Abenteuer wurde

DELIUS KLASING

LESEPROBE

ZWEITER TEIL: HELLBLAU
MIT VOLLGAS IN DIE ENTSCHLEUNIGUNG

KAPITEL 3: KURS SÜD – FLUCHT VOR DEM WINTER

Gurgelnd füllt sich die Schleuse von Bremerhaven und hebt die frisch getaufte INTI langsam auf das Niveau der Nordsee. Benommen von all den Abschieden stehen wir still an Deck. Schleusen sind keine Herausforderung mehr für uns. Tief in Gedanken darüber, was vor uns liegt, bedienen wir routiniert die Leinen und Fender. Jetzt geht es wirklich los. Bremerhaven wird der letzte Hafen in Deutschland sein – das nächste Ziel ist die Küste Galiziens in Nordspanien. Dazwischen liegen die Nordsee, der Englische Kanal und die Biskaya, alle drei gehören zu den anspruchsvollsten Seegebieten der Welt. Sie sind berüchtigt für wechselhaftes Wetter und starke Gezeiten. Sind wir und unsere INTI bereit für diese Aufgabe? Die INTI ist noch nicht fertig, viele Provisorien sind verbaut, doch zumindest alle wichtigen Teile funktionieren. Doch wird das reichen? Die Ratschläge der vielen Segler, die wir bisher trafen, reichten von »Macht euch bloß nicht so viele Gedanken« bis zu »Mit dem Kahn wollt ihr über den Atlantik? Ihr seid wahnsinnig!«. Wir haben uns entschlossen, uns nicht weiter verunsichern zu lassen. Das Boot muss zuverlässig funktionieren, dazu haben wir alle notwendigen Teile zum Betrieb unter Segeln und Motor inspiziert oder erneuert. Um schlechtes Wetter frühzeitig richtig einschätzen zu können, ist eine Amateurfunkanlage mit speziellem Modem installiert. Herbert, unser Lehrer aus dem Amateurfunkkurs, will uns auf See regelmäßig mit Wetterinformationen versorgen. Um im Notfall Hilfe rufen zu können, haben wir eine UKW-Funkanlage, eine Rettungsinsel und eine EPIRB installiert. So fühlen wir uns gewappnet, die ersten größeren Fahrten auf hoher See zu meistern. Alles Weitere wird sich unterwegs ergeben.

Wir haben keine Angst in diesem Moment, im Gegenteil, wir sind voller Vorfreude und Abenteuerlust! Vielleicht sind wir naiv, vielleicht können wir die Gefahren, die vor uns liegen, nicht richtig einschätzen. Manche schütteln verständnislos die Köpfe über unsere Sorglosigkeit. Uns bereitet der nächste Abschnitt unserer Reise keine Sorgen, dennoch haben wir Respekt vor dem, was vor uns liegt. Genau so wollen wir die nächsten Etappen auch angehen: Schritt für Schritt und mit der gebotenen Ehrfurcht vor den Naturgewalten.

Bis zum großen Sprung über die Biskaya liegen viele Häfen und Marinas auf unserem Weg, in denen wir Schutz suchen und auf gutes Wetter warten können. Wir müssen zwar durch drei der gefährlichsten Seegebiete, aber diese sind gut dokumentiert, und es kann überall schnell Hilfe geholt werden. Kopfzerbrechen bereitet uns die Jahreszeit. Vor uns liegen gut 1.000 Seemeilen bis nach Spanien, und es ist bereits Ende August. Der Herbst naht, und damit wird die See ungemütlicher, und die Gefahr steigt mit jedem weiteren Tag, dass Winde auffrischen und Stürme über das Meer toben. Doch heute strahlt die Sonne, und es ist angenehm warm. Das Schleusentor öffnet sich, die Ampel springt auf Grün, und wir gleiten hinein in die erste Etappe unserer Reise.

Das Wetter ist günstig, und wir machen gleich zu Beginn möglichst viel Strecke. Nordseeinsel für Nordseeinsel zieht an uns vorbei, und zum Ende des Tages tauchen wir in unsere erste Nachtfahrt ein. Beleuchtet vom Vollmond, schaukeln wir durch eine bleierne, dunkle See. Wie die Lämpchen einer Lichterkette ziehen die vielen Frachter und Containerschiffe an unserer Rechten vorbei, zu unserer Linken blinken in regelmäßigen Abständen die Leuchttürme der Inseln auf. Das aufgewühlte Wasser hinter unserem Heck sieht aus wie ein Sternenhimmel – Meeresleuchten durch phosphoreszierendes Plankton.

Vor uns liegen Strecken, in denen wir viele Tage am Stück durchsegeln müssen, daher wollen wir unseren persönlichen Wachrhythmus für die Nachtfahrten finden und üben. An Schlafen ist in dieser Nacht jedoch nicht zu denken, die neuen Eindrücke sind viel zu aufregend für uns. Im Morgengrauen passieren wir müde, aber glücklich, die holländische Insel Ameland. Deutschland und unsere erste Nacht auf See liegen nun hinter uns. Nach 30 Stunden Fahrt gräbt sich unser Anker tief in den Schlick hinter der Insel Vlieland, und die INTI schaukelt uns gemächlich in den wohlverdienten Schlaf.

In Tagesetappen geht es weiter die niederländische Küste entlang. Die Segelroutine wird sicherer, doch wir zahlen auch das eine oder andere Lehrgeld. Ein zu spät gerefftes Vorsegel zerfetzt in einer Bö, und unsere Körper sind voller Beulen und blauer Flecken. Muskeln, von deren Existenz wir bisher nichts ahnten, haben auf einmal einen Muskelkater.

Ernsthaft an unserem Vorhaben zu zweifeln beginnen wir, als wir in den Hafen von IJmuiden einlaufen. Lässig fahren wir unsere INTI an den Anleger, am Ufer wartet ein freundlicher Helfer, um die Leinen entgegenzunehmen. Claudia wirft die Vorleine, doch vom Helfer kommt nur ein verdutztes: »Und nu?« Schwungvoll und professionell hatte Claudia die Leine hinübergeworfen, doch vergessen, sie zuvor am Boot zu vertäuen. Jetzt muss die Leine zurück zu uns, festgemacht und erneut hinübergeworfen werden. Wir schämen uns in Grund und Boden. »Macht euch keine Gedanken wegen der blöden Leine!«, ruft uns der Helfer mit einem Lachen entgegen. »Wir stellen uns noch viel blöder an als ihr, kommt auf einen Kaffee rüber, wenn ihr fertig seid.« Beim gemeinsamen Kaffee hellt sich unsere Stimmung schnell wieder auf. Seine Frau und er sind jedoch gerade ratlos. Auch sie sind aus ihrem bisherigen Leben ausgestiegen und sind auf dem Weg ins Mittelmeer, trauen sich die Strecke aber nicht allein zu. Ihr teuer gemieteter und vermutlich eher Hochglanzschiffe gewohnter Skipper hat sie heute sitzen gelassen und ist einfach kommentarlos von Bord gegangen. Immer wieder hat er ihnen zuvor eingeredet, dass ihr schönes, altes, aber eben auch sehr individuelles Stahlschiff nicht zu so einer Reise tauge. Auch wir mussten uns solche Schauergeschichten anhören, und das, obwohl unser Boot, genau wie das unserer neuen Freunde, aus einer der renommiertesten Werften an der Nordsee kommt und speziell für raues Wetter gebaut wurde. Gerade deshalb sind die Yachten dieser Werften beliebt bei Weltumseglern. Bei verwöhnten Charterskippern dagegen nicht, da sie meist etwas behäbiger und mit weniger Luxus ausgestattet sind. Es wird eine lange und lustige Nacht mit den beiden, in der wir nicht nur versuchen, ihnen die Ängste zu nehmen, sondern auch den Kontakt zu einem befreundeten und, wie wir wissen, wesentlich entspannteren Skipper herstellen. Einige Wochen später erhalten wir von den beiden eine glückliche E-Mail aus dem Mittelmeer!

Der Sommer scheint uns wohlgesinnt, und ein perfektes Wetterfenster tut sich auf. So zögern wir nicht lange und starten zu unserer nächsten Nachtfahrt. Zusammen mit unseren Freunden am Steg haben wir die Windsteueranlage installiert und unsere ersten Erfahrungen damit ausgetauscht. Unsere Anlage von Aries besteht ihre erste Prüfung hervorragend, sicher navigiert sie uns die Küste Belgiens entlang Richtung Frankreich. Wesentlich gelassener verbringen wir unsere zweite Nachtfahrt mit Lesen und gelegentlichem Ausschauhalten nach Schiffen und anderen Hindernissen.

Frankreich begrüßt uns unfreundlich. Zunächst läuft noch alles gut, als wir im Hafen von Calais bei Muscheln und Weißwein unsere zweite erfolgreiche Nachtfahrt feiern. Am nächsten Morgen hämmert es an unser Boot, und wir vernehmen das laute Trappeln von Militärstiefeln an Deck. »Aufstehen, Polizeikontrolle!« Während wir schlaftrunken im Cockpit sitzen, durchwühlen schwer bewaffnete Beamte unser Schiffsinneres und hinterlassen Chaos. »Ihr kommt aus Marokko und habt Drogen dabei«, schnauzt es uns in brüchigem Englisch entgegen. »Nee, da wollen wir erst noch hin«, denken wir uns, sagen aber lieber nichts. Claudia, immer noch im Nachthemd, kramt ihr bestes Französisch heraus und setzt ihr Sonntagslächeln auf – das scheint die Beamten zu besänftigen. Sie lassen uns in Ruhe und machen sich auf den Weg zum nächsten Boot. Noch ein Stahlboot aus Deutschland, die anderen Yachten bleiben unbehelligt. Anscheinend sind Stahlboote ein beliebtes Ziel von Drogenfahndern, denken wir uns. Auf dem gesamten Weg die europäische Küste entlang werden wir von der Küstenwache kontrolliert, das ruppige Vorgehen in Calais ist jedoch glücklicherweise eine Ausnahme. Meist wollen die Beamten nur unsere Papiere sehen, es überrascht uns jedoch, wie streng die Außengrenzen Europas überwacht werden.

Der unfreundliche Empfang in Calais beschleunigt unsere Weiterfahrt, und am nächsten Morgen durchqueren wir den Ärmelkanal nach Dover. Damit liegt die Nordsee hinter uns, jetzt müssen wir durch den Englischen Kanal bis zum Westzipfel Englands, um von dort über den Golf von Biskaya zu starten. Schon die Überfahrt nach Dover zeigt uns die Tücken des Kanals. Starke Strömungen schieben oder bremsen uns, und wenn der Wind gegen die Strömung weht, bauen sich ungemütliche Wellen auf, die uns mächtig durchschütteln. Dazu kommen allerlei Fähren und Frachtschiffe, die sich durch dieses Nadelöhr zwängen. Die vielen gemütlichen Küstenstädte Englands machen die Strapazen wieder wett. Hier herrscht echte Seefahrerstimmung, gepaart mit viel historischem Flair. Die an raues Wetter gewöhnten Engländer scheinen unser Vorhaben besser zu verstehen als die Deutschen, ihnen liegt die Seefahrt im Blut. Schmunzelnd müssen wir daran denken, dass der erste private englische Weltumsegler Sir Robin Knox-Johnston von der Queen zum Ritter geschlagen wurde. Der deutsche Wilfried Erdmann hingegen wurde bei seiner Ankunft als Erstes nach seinem Segelschein gefragt. Als er daraufhin sagte, er habe keinen, wurde sein Boot festgesetzt, und für lange Zeit glaubte ihm niemand, dass er die Welt allein umsegelt hätte.

Das Segeln an der südenglischen Küste gefällt uns, stellt uns aber auch vor neue Herausforderungen: Wegen der vielen navigatorischen Besonderheiten muss jeder Schritt genau berechnet werden. Einmal vertun wir uns bei der Berechnung der Strömung. Mit vollen Segeln schießen wir durch das Wasser, der Blick auf das Ufer zeigt uns jedoch, dass wir rückwärtsfahren. Wir haben die Strömung falsch berechnet, und sie kommt uns mit voller Wucht entgegen. Jeder Fehler im Englischen Kanal hat unmittelbare Folgen – die besten Voraussetzungen also, um richtig navigieren zu lernen. Im Lauf der Zeit werden wir immer sicherer im Umgang mit unserem Schiff und in der Einschätzung der Naturgewalten. Abends laden gemütliche Pubs zum Bier ein, und an den Stegen sind viele Segler zu finden, die auf ihren Booten leben und gern einen Plausch mit uns halten. Wir könnten noch ewig so weitermachen, doch der Herbst sitzt uns im Nacken. Zwar scheint noch häufig die Sonne, aber es wird merklich kühler und unbeständiger. Wir beeilen uns, nach Westen zu kommen. Spanien ruft!

Mitte September fällt unser Anker in der quirligen Studentenstadt Falmouth, kurz vor der Westspitze Englands. Um uns herum liegen Fahrten- und Wohnboote in allen Formen und Farben. Voller Vorfreude steigen wir ein in diese besondere Seefahrtsatmosphäre an der Grenze zum Atlantischen Ozean. Vor uns liegt jetzt die Biskaya und damit unsere erste mehrtägige Überfahrt auf einem Ozean. Kein einfaches Unterfangen, denn die Biskaya ist berühmt und berüchtigt für ihr unbeständiges Wetter und die starken Stürme. Besonders tückisch ist auch der gewaltige Seegang, der sich in dieser Region aufbauen kann. Der Meeresboden ist übersät mit Schiffswracks, und viele Schauergeschichten ranken sich um dieses Extremrevier. Aufregung macht sich in uns breit, und sicherheitshalber kontaktieren wir ein paar befreundete Segler, um gemeinsam mit ihnen das Wetter zu begutachten. Die einhellige Meinung lautet: »Sofort los, und nehmt genug Diesel mit, viel Wind zum Segeln werdet ihr nicht haben!« Wir überlegen nicht lange, kaufen Proviant, tanken voll und stechen an einem Freitag, dem 13., in See.

Ob das gut ist – nach dem Glauben der Seefahrer bringt es Unglück, an einem Freitag loszufahren, und dann auch noch an einem 13.! Wir fahren dennoch los, und siehe da, schon am Kap unterhalb von Falmouth scheint sich der Aberglaube zu bewahrheiten: Statt der prognostizierten 2 bis 3 Windstärken weht es mit strengen 6 bis 7 Windstärken direkt von vorn. Der Regen fliegt waagerecht, die INTI stampft sich in den steilen und ungemütlichen Wellen fest. Wir kommen nicht voran und beginnen uns zu fragen, ob wir nicht lieber umkehren sollten. Nach drei Stunden Gegenankämpfen, Kreuzversuchen und Hoffen auf den richtigen Wind geben wir auf. Mit dem Wind im Rücken rast die INTI zurück in Richtung Falmouth. Per Telefon verabreden wir uns mit Freunden im Pub, diese Schlappe muss begossen werden. Doch nach einer halben Stunde müssen wir die Segel wieder dichter holen, schon wieder Wind voll auf die Nase! Da ist er nun also: der vorhergesagte Wind. Neue Situation, neue Entscheidung – wir gehen zurück auf Kurs Spanien! Jetzt geht es gut vorwärts, doch völlig durchgeweicht werden wir in dem immer noch beachtlichen Seegang ordentlich durchgeschüttelt. Es dämmert langsam, doch als wir die Positionslaterne im Mast anschalten wollen, geschieht nichts. Kopfüber verkeilt im Schiffsrumpf, misst Jonathan Kabel durch und findet den Fehler, während Claudia versucht, rollende Zwiebeln und Möhren für das Abendessen zu bändigen. Verkeilt im schrägen Winkel, jongliert sie mit Töpfen und Pfannen und absolviert ein echtes Glanzstück an Kochakrobatik. Das Essen bleibt jedoch unangetastet, denn es passiert etwas, das wir vor unserer Reise nicht für möglich gehalten hatten und das uns nachhaltig zu denken gibt: Jonathan wird seekrank.

Aus dem Logbuch der INTI

Erste Nacht auf See, Jonathan
Was ist nur los mit mir? Noch nie habe ich mich so schrecklich gefühlt wie gestern. Lethargisch, antriebslos und kotzübel. Nichts ist hängen geblieben, nicht einmal ein Schluck Wasser. Kaum geschluckt, legte er den Rückwärtsgang ein, und das noch kalte Wasser ging über die Reling. Wir wurden gewarnt, bei Seekrankheit gibt es nur zwei Zustände: die Angst vor dem Sterben oder die Angst davor, mit diesem Elend noch länger am Leben zu bleiben. So ist es tatsächlich … Aber ich seekrank? Ich war doch immer derjenige, der durchgehalten hat, immer Spaß bei Seegang, guter Dinge auf einem wild schaukelnden Postboot in Griechenland, während meine Freunde schon grüngesichtig auf den Horizont starrten. Ist die Reise jetzt zu Ende? Schließlich habe ich eine Verantwortung zu tragen, nicht nur für mich, sondern vor allem auch für Claudia. Vielleicht hat mir genau das irgendwo tief in meinem Unterbewusstsein Stress bereitet und mich seekrank gemacht. Vielleicht war es auch nur die verdammte Sicherung der Positionslaterne, die gleich dreimal rausgeflogen ist. Oder der Dieselgeruch? Ich weiß es nicht. Auf jeden Fall war ich total bewegungsunfähig, und Claudia musste das Schiff in so einer Nacht allein meistern. Ich erinnere mich noch, wie ich sie, eingekeilt in meiner Koje, beobachtete. Dick eingemummelt, mit fliegenden Locken und festgegurtet an das Cockpit, damit sie bei all dem Geschaukel nicht über Bord geworfen wird. Was machen wir hier bloß? Ich will aufs Sofa und fernsehen, war mein letzter Gedanke, dann hat das Seekrankheit-Zäpfchen angefangen zu wirken, und ich bin eingeschlafen.

Als ich zum Sonnenaufgang verschlafen den Kopf aus der Kajüte streckte, um nach Claudia zu schauen, stand sie ganz entzückt im Morgengrauen. »Das Meer ist wunderschön«, erklang es. Ich trete nach draußen, und da war sie: die lang ersehnte Ozeandünung. Meine Seekrankheit und all die Bedenken waren verflogen. Wir standen glücklich im Sonnenaufgang, während sich die INTI sanft in den lang gestreckten Atlantikwellen hob und senkte. Als wäre es so nicht schön genug, begann um uns herum auch noch das große Delfintheater. Eine Delfinschule tanzte um unser Boot herum, als wollten sie uns im Atlantik begrüßen. Sie sprangen, spielten mit unserer Bugwelle und streckten ihre freundlich grinsenden Gesichter zu uns heraus. Augenblicklich waren die Strapazen des letzten Tages wie weggeblasen. Die Sonne hielt den ganzen Tag an, sodass wir unsere durchnässten Sachen trocknen und uns wieder richtig aufwärmen konnten. Zwei Erfahrungen muss ich mir unbedingt dick unterstreichen: Seekrankheit, erscheint sie auch noch so aussichtslos, geht irgendwann vorbei, und ich muss lernen, loszulassen. Claudia beherrscht den Kahn auch ohne mich!

Zweite Nacht auf See, Claudia
Jonathan liegt in der Koje, und ich staune über einen gigantischen Sternenhimmel. Der Halbmond geht gerade unter, wie eine Orangenscheibe am Cocktailglas fällt er ins Meer. Ich zähle die Sternschnuppen, die Luft wird wärmer und weniger feucht. Wie haben die das bloß mit den Delfinen gemacht? Alle schreiben von ihnen, und ich habe mir gewünscht, sie auch zu sehen – und dann, pünktlich zum Sonnenaufgang, waren sie da, wie bestellt. Ein absolut einmaliges und faszinierendes Schauspiel!

Dritte Nacht auf See, Jonathan

Wir schaukeln 150 Meilen vor La Coruña, und wie wir schaukeln! Die letzten 20 Stunden waren von der harten Sorte. Als würde der Atlantik uns auf die Probe stellen, zeigte er uns noch einmal seine Zähne. Die letzten Stunden der Nacht schossen die Delfine noch wie wild um unser Boot herum, erhellt durch das Meeresleuchten zogen sie phosphoreszierende Schweife durch das Wasser. Als wir nach einem friedlichen Morgen die Wetterdaten checkten, sah die Welt leider nicht mehr so positiv aus: Sturmwarnung in Südengland, und auch bei uns Starkwind mit »very rough seas«. Der Wind sollte zudem noch auf Südwest drehen, also wieder direkt von vorn. Wir banden sicherheitshalber direkt das zweite Reff ins Segel, und schon ging es los. Die See wurde immer wilder, und der Wind nahm deutlich zu. Wir konnten unseren Kurs gerade noch so halten, und die INTI schoss voll gerefft und mit ordentlich Schräglage durch die tosende, graue See. Ein ausgewachsener Sturm wurde es dann aber glücklicherweise nicht, daher machten wir uns auch nicht allzu viele Sorgen. Das Bewegen im Schiff wurde allerdings zu einer echten Herausforderung. Beide machten wir die Erfahrung, aus dem Klo herauskatapultiert zu werden, denn bei einem bestimmten Krängungswinkel fliegt unweigerlich die Klotür auf und man selbst wie eine Rakete hinterher. So muss sich eine Kugel im Flipper bei vollem Einsatz fühlen! Im Augenblick ist es 4 Uhr nachts, der Wind hat endlich wieder in eine günstigere Richtung gedreht, und das Wetter hat sich auch deutlich beruhigt. Wir schaukeln in tiefschwarzer Nacht mit 5.000 Metern Wasser unter dem Kiel, und ich bin gespannt, was der Atlantik morgen für uns bereithält.

Vierte Nacht auf See, Claudia
Noch 60 Meilen bis La Coruña, und wir sind zuversichtlich, im Morgengrauen Land zu sichten. Am heutigen Tag war erst einmal Entspannung angesagt. Der Wind flaute auf 4 bis 5 Windstärken ab und drehte so, dass wir ihn gemütlich von schräg hinten hatten. Die Wellen, die unter uns hindurchrauschten, waren beachtlich, wahrscheinlich hervorgerufen von dem Sturm, der die See nördlich von uns immer noch heftig beutelt. Die Wetterdaten sprachen von vier Metern, einzelne Wellen können aber durchaus deutlich höher sein. Es ist schon beeindruckend, wenn so ein großer, blauer Berg hinter uns angerollt kommt, die INTI dann aber erstaunlich sanft anhebt und wieder hinter sich absenkt. Ozeandünung, lang gestreckt und gewaltig, ein berauschendes Spektakel. Schiffe haben wir kaum welche gesichtet, und so hatten wir genug Zeit, die Seele baumeln zu lassen, zu lesen, zu schlafen und mal wieder richtig zu essen. Außerdem hatten wir endlich Zeit, das Chaos des letzten Tages aufzuräumen und kleinere Reparaturen durchzuführen. Vor allem aber wird es merklich wärmer: Spanien, wir kommen!

Tag vier – Die letzten Meilen, Jonathan
Die letzte Nacht entwickelte sich doch nicht so entspannt wie angenommen. Kaum waren die letzten Zeilen geschrieben, zeigte sich am Horizont eine wilde Show aus funkelnden Lichtern. An der Stelle, an der die Biskaya ziemlich abrupt von 5.000 auf 200 Meter Wassertiefe ansteigt, tummelten sich die Fischerboote. Aber was für Fischer mochten das sein? Schleppen sie Netze hinter sich her oder Leinen oder sonst irgendwelches Gerät? Da war doch was mit Lichterführung ... Grün-weiß oder rot-weiß ... scheint hier niemanden zu interessieren, Hauptsache hell und Disco. Wir schlängeln uns durch und hoffen, uns nicht zu verhaken. Leider war

es kurze Zeit später auch mit dem Segeln vorbei, denn der Wind schlief vollständig ein. Das ist besonders unschön in dieser Gegend, wo das Meer schlagartig flacher wird und die Wellen immer höher werden. Unter Motor und ohne Segel verliert das Boot an Stabilität und wir wurden mal wieder ordentlich durchgeschaukelt. Segel bergen in der Achterbahn, in der Dunkelheit den Winkel der Wellen einschätzen und dazu noch navigieren. Müde knurrend saß ich an der Pinne, denn mit der Welle wollte der Autopilot einfach nicht mehr den Kurs halten. Claudia durfte derweil im Inneren des Schiffes eine Riesensauerei beseitigen. Während wir oben die Segel und Leinen bändigten, hatte unter Deck eine kleine Schaumparty stattgefunden. Ein sauber verzurrter Feuerlöscher hatte sich gelöst und war direkt auf den Auslöseknopf geknallt.

Langsam tauchen die Lichter der Küste auf, und im Morgengrauen erhebt sich die felsige Küste Galiziens mit dem Torre de Hercules aus dem Dunst. Was für ein Anblick! Stolz, die Biskaya gemeistert zu haben, nehmen wir Kurs auf den Hafen von La Coruña.

KAPITEL 4: VOM REGEN IN DIE TRAUFE – GALIZIEN UND DIE KÜSTE PORTUGALS

Mit immer noch hohen Wellen im Rücken laufen wir in den Hafen von La Coruña ein. Die Marina liegt im ruhigen Wasser, wir freuen uns auf das Anlegen, das Ausschlafen, Wäsche waschen und Flanieren in den Gassen. Doch aus dem schnellen Anlegen wird erst mal nichts. Ein größeres Motorboot nähert sich uns bereits im Hafenbecken und kommt längsseits an unsere INTI. »Buenos días«, schallt es uns entgegen. Schon wieder eine Kontrolle in europäischen Gewässern. Woran das wohl liegen mag? Sehen wir verdächtig aus? Ist unser Boot zu schäbig? Wir können es uns nicht erklären. »Los papeles«, die Papiere. Geduldig reichen wir diese an die Männer weiter. Dicke Schutzwesten umhüllen ihre Körper, ein Jüngerer macht Fotos von der INTI. Die Kontrolle ist glücklicherweise schnell vorbei, mit einem lässigen »Bienvenidos en España« ist das Boot auch wieder abgerauscht und wir im Hafen vertäut.

Nachdem wir die INTI aufgeräumt haben, wandert unser Blick zu den anderen Booten. Hier liegen ganz unterschiedliche Yachten. An manchen weht die englische Flagge, wir sehen holländische und sogar US-amerikanische Boote. Neben uns turnen fünf Kinder an Bord herum, die Eltern sind dabei, Berge von Wäsche an der Reling und sonstigen Schnüren aufzuhängen, munter lacht die zerzauste Mutter zu uns herüber: »Wenn ihr waschen wollt, die Maschinen sind da drüben, bei den Duschen!« Das passt ja, denn genau das brauchen wir jetzt. Alles beides, eine Dusche für uns und eine Waschmaschine für unsere salzverkrusteten Klamotten. Die, so hoffen wir, bald in den untersten Ecken des Kleiderschranks verschwinden können, denn wir sind endlich in der Wärme angekommen!

Was für ein wohliges Gefühl, am Abend in leichter Kleidung durch die schummerig beleuchteten Gassen zu schlendern, umweht vom Duft von gegrilltem Fisch und Fleisch. Gerüche von dezentem Knoblauch und frischem Schmalzgebäck dringen in unsere Nasen. Aus der ein oder anderen Bar erklingen Gitarrenklänge, schmachtender Gesang neben melancholischen Akkordeonklängen. Übermüdet von der hinter uns liegenden Passage gleiten wir durch die schmalen Gassen, viele Worte fallen nicht. Wir sind beide für uns damit beschäftigt, zu realisieren, was wir die letzten Tage geleistet haben. Wir sind im Süden angekommen! Das hatten wir uns so lange gewünscht, die gefürchtete Biskaya liegt hinter uns, ohne Mastbruch, Wassereinbruch, Unfälle, zerfetzte Segel oder schrecklichen Streit. In einer kleinen Tapasbar, im milden, gelblichen Kerzenschein vor alten Steinwänden fallen wir auf harte Holzstühle, die wir kaum noch spüren. Wir hängen in einer Wolke der Glückseligkeit, gepaart mit der schweren Müdigkeit, die nach einem Glas Rotwein und Tintenfisch in Knoblauch ihre Vollendung findet. Wir schweben zurück zu unserer INTI und fallen in einen tiefen, traumlosen Schlaf.

Während der nächsten Etappen hält unsere Euphorie an, wir verwöhnen uns mit saftigem Schinken, herzhaftem Käse und frischem Obst, ankern in malerischen Buchten und machen immer mehr Bekanntschaften mit Seglern, die das Gleiche vorhaben wie wir. Darunter sind Familien, Paare und selten auch Einhandsegler.

Eine französische Familie klagt über dauerhafte Müdigkeit, die Eltern unterrichten ihre Kinder an Bord, das erlaubt das französische Bildungssystem. Was einfach klingt, hat dennoch seine Tücken: Bei dem sonst immer fröhlichen Vater zeichnet sich eine Sorgenfalte auf der Stirn ab, er berichtet von Lateinstunden, Physikunterricht, Lehrmaterial für Eltern und Schüler, das kistenweise auf der Yacht verstaut ist. Allabendlich kramt er einen uralten Calvados aus der Bilge, eine Mitgabe vom selbst brauenden Onkel aus der Normandie. Sein Grinsen wird breiter und breiter, sein lichter Schädel überzieht sich mit einer leichten Röte, während die lustige Gesellschaft aus Schweden, Deutschen und Franzosen sich ausgelassen zuprostet. Wir alle sind in Portosin gestrandet, der Wind schließt eine Weiterfahrt aus, er weht direkt auf die Nase. Für uns aber kein Grund, Trübsinn zu blasen. Eine kurze Busfahrt bringt uns nach Santiago de Compostela, dem berühmten Wallfahrtsort am Ende des Jakobsweges mit der Kathedrale, in der die Reliquien des heiligen Jakobus zur Schau gestellt werden. Doch es ist wie schon oft zuvor, Streit ist vorprogrammiert. Meistens lassen wir uns treiben und planen Ausflüge nicht, sie passieren einfach spontan. Jetzt müssen wir Bustickets besorgen, zu einer bestimmten Uhrzeit aufstehen, uns dazu gesellschaftstauglich anziehen – das stresst uns. Wir zicken uns wegen Kleinigkeiten an. Zerknirscht einigen wir uns dennoch darauf, in einem gemütlichen Café zu frühstücken. Um uns herum tanzen die Glücklichen, die den beschwerlichen Weg bis hierher auf sich genommen haben, bunte Seidenschals wehen im Wind, Menschen umarmen sich, fassen sich an den Händen, singen christliche Lieder. Unsere Laune ist noch immer trüb, doch als wir das Frühstück hinuntergewürgt haben und die Rechnung ordern, gibt es eine Überraschung! Wir hatten ihn schon wahrgenommen und mit Abstand beobachtet: Am Nachbartisch sitzt ein schwergewichtiger US-Amerikaner, wiegt seinen Kopf zu den Gesängen, Glatze und Bart, im T-Shirt einer Baseballmannschaft mit den obligatorischen Shorts, Socken in den Sandalen. »Die Rechnung ist schon bezahlt«, erfahren wir von der Bedienung. Der Mann wirft uns Kusshände zu, »Jesus liebt dich!«. Die düsteren Wolken, die noch Sekunden zuvor über unseren Köpfen hingen, lösen sich schlagartig auf. Wir blicken uns an und müssen grinsen.

Santiago de Compostela entpuppt sich als lebendiger Ort, entrückt tummeln sich hier die Pilger, erfüllt vom spirituellen Flair. Vor uns erhebt sich die mit Ornamenten verschnörkelte Kathedrale, ein wuchtiges, erdverbundenes Gebäude, das Demut aufkommen lässt. Im Innenraum pendelt ein überdimensionaler Weihrauchschwenker hin und her, die schweren Ketten werden von Nonnen und Mönchen bedient, ein betäubender Geruch hängt in der Luft, schwere Rauchschwaden behindern die Sicht. Nachdem wir die Reliquien des heiligen Jakobus betrachtet haben, wird es Zeit, in unser ruhiges Zuhause zurückzukehren.

Die nächsten Wochen verbringen wir damit, weiter gen Süden zu segeln, doch immer wieder stellen sich neue Hindernisse in unseren Weg. So kämpfen wir mit einem Fischernetz im Propeller, müssen die INTI an Land stellen, um den Schaden zu beheben, sind wochenlang in einer Marina eingeweht, Wellen höher als Hochhäuser schlagen an die Wellenbrecher. Der Weltrekord im Surfen wird derweil in Nazaré gebrochen, ein paar Meilen von unserem Hafen entfernt, 30 Meter ist die gesurfte Welle hoch.

Wir üben uns in Geduld, bis der Hafen von Póvoa de Varzim endlich wieder geöffnet wird und unserer Weiterfahrt nichts mehr im Weg steht. Doch schon die Wellen vor der Einfahrt lehren uns das Fürchten und überziehen unsere Gesichter im Farbspektrum von Gelb bis Grün. Es schaukelt und schwankt, der Himmel ist grau, und es hängt Nieselregen in der Luft. Weiter draußen sieht es dann doch besser aus, die Wellen werden konstanter, und der Plan reift in uns, bis an die Algarve weiterzuziehen. Wir beschließen, die Nacht durchzufahren. Vor Lissabon kommt Schiffsverkehr auf. Im Abstand von nur wenigen Hundert Metern passieren wir Ozeanriesen, schlängeln uns an Kreuzfahrtschiffen vorbei, die wie Weihnachtsbäume behängt und beleuchtet sind, und gelangen am Morgen in ruhigeres Fahrwasser.

Gegen Mittag machen wir die hässliche Strandpromenade von Portimão aus, Hochhäuser und bebaute Strandabschnitte. Unserer Laune tut das keinen Abbruch, denn am Ponton der Marina warten Freunde auf uns. Wir hatten uns im Internet kennengelernt und gleich gespürt, dass die Chemie stimmen könnte. Auch sie sind mit einem Stahlboot gestartet und hängen schon eine Weile hier. Gemeinsam verbringen wir ein paar Tage und genießen die Wärme. Genau wie wir reflektieren sie die Überquerung der Biskaya. Unsere

Stahlboote haben diese Aufgabe sehr gut gemeistert, und der Salzbuckel wächst. Mit Ehrfurcht sind wir aufgebrochen und stolz angekommen. Das verbindet uns. Zum neuen Selbstbewusstsein gesellen sich andere Eindrücke und Erfahrungen. »Ich mag es ja kaum sagen, es klingt so komisch«, fängt Claudia eines Abends an. »Was denn?«, fragen sie neugierig. »Mitten auf der Biskaya, dort, wo auch in den Seekarten unzählige Wracks verzeichnet sind, hörte ich auf einmal Stimmen.« Tom bekommt große Augen. »Das war bei dir auch so? Ich hatte schon an meinem Verstand gezweifelt.« Es mag das plätschernde Wasser am Rumpf gewesen sein, aber da waren auch Stimmen, ebenso wie sanfte Klaviermusik und ein leiser Ruf ihres Namens. Das Meer birgt viele Geheimnisse.

Bald reift ein neuer Plan in uns: Marokko! Warum eigentlich nicht? Wir werden mutiger, merken, dass wir bereit sind, Neues zu wagen, uns abseits der gängigen Ziele zu bewegen. Mit einem lachenden und einem weinenden Auge verabschieden wir uns von unseren neuen Freunden und stechen wieder in See.

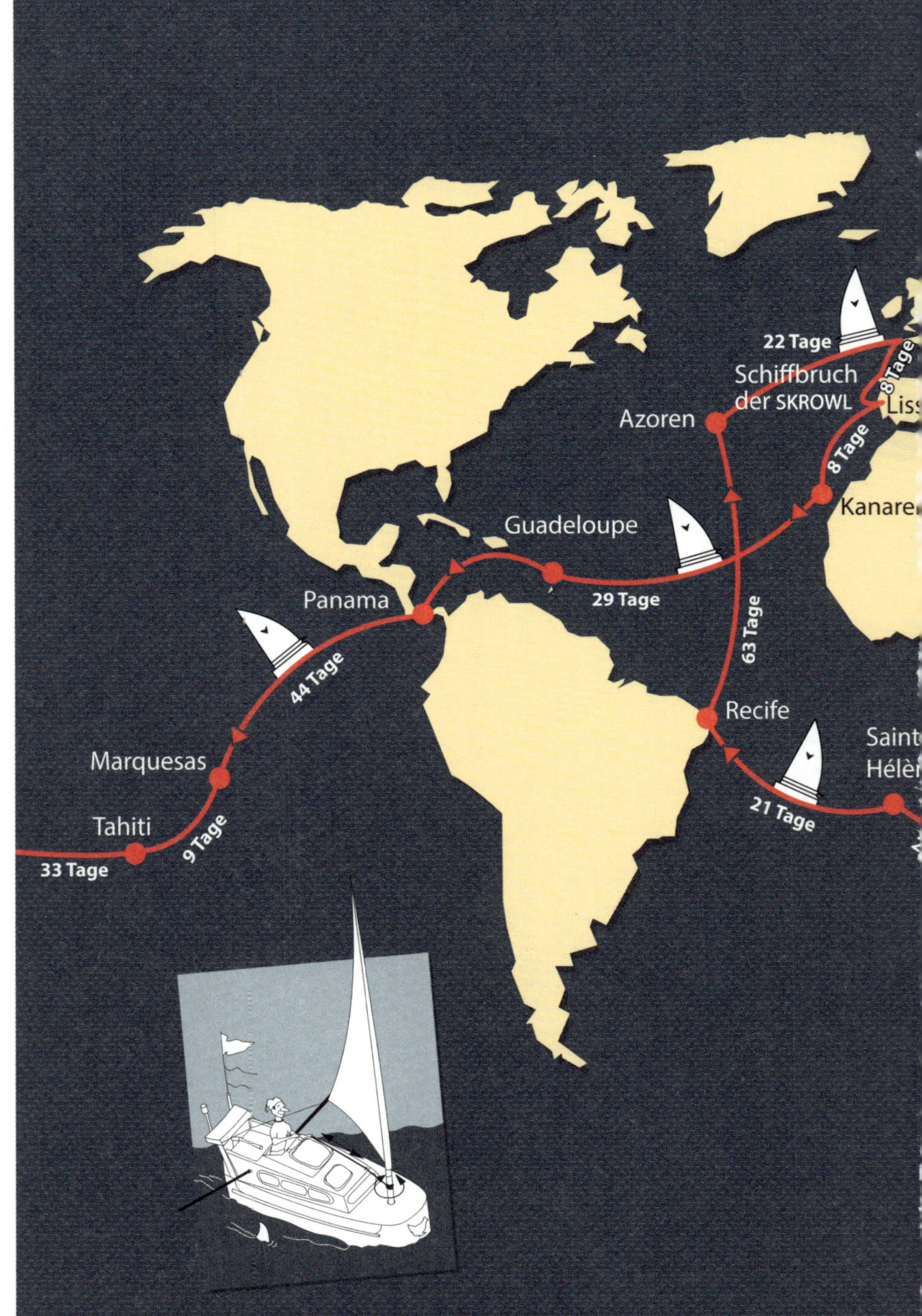

22 Tage
8 Tage
Schiffbruch der SKROWL
Azoren
8 Tage
Kanare
Guadeloupe
29 Tage
Panama
63 Tage
44 Tage
Recife
Marquesas
21 Tage
Tahiti
9 Tage
33 Tage